알고 떠나는
호주 여행 지식 가이드

현장에서 다 못한 이야기

알고 떠나는
호주 여행 지식 가이드

펴 낸 날 2022년 1월 28일

지 은 이 손희욱
펴 낸 이 이기성
편집팀장 이윤숙
기획편집 이지희, 윤가영, 서해주
표지디자인 이지희
책임마케팅 강보현, 김성욱
펴 낸 곳 도서출판 생각나눔
출판등록 제 2018-000288호
주 소 서울 마포구 잔다리로7안길 22, 태성빌딩 3층
전 화 02-325-5100
팩 스 02-325-5101
홈페이지 www.생각나눔.kr
이 메 일 bookmain@think-book.com

• 책값은 표지 뒷면에 표기되어 있습니다.
  ISBN 979-11-7048-343-4 (03960)

호주의 진정한 모습을 담은 여행 지식 가이드북

알고 떠나는 호주 여행 지식 가이드

손희욱 지음

생각나눔

"진정한 여행은 새로운 풍경을 찾는 것이 아니라,
새로운 시각을 갖는 것이다."

"The only true voyage of discovery would be
not to visit strange lands
but to possess other eyes."

- 마르셀 프루스트(Marcel Proust) -

목차

프롤로그

동네에 꽃 향이 한창이다. 노르스름한 새순과 파란 하늘의 조화, 눈과 코를 동시에 사로잡는 봄이다. 나는 멜버른의 봄이 좋다. 이곳을 사랑한다. 그래도 서울에서 30대 중반까지 살았으니 나는 엄연히 뼛속까지 한국 사람이다. 이방인 취급은 받지 않을 만큼 이곳에서 살았지만, 여전히 다른 두 문화 사이 높은 담 위에 서 있는 경계인이다.

"멜버른? 거기 어디 유럽에 있는 도시 아닌가?" 2006년 아내가 멜버른으로 직장을 옮길 것 같다고 얘기했을 때 내가 처음 뱉은 말이다. 그만큼 나는 호주에 관해 아는 것이 없었다. 세 살짜리 딸과 아내를 호주로 보내고 거의 같은 시기, 나 또한 업무상 홍콩으로 떠나야만 했다. 순식간에 가정이 공중분해 돼버린 것이다. 인생이 우연의 총합이라 할 수도 있겠지만, 우리 가족의 이민은 꼭 그렇지만은 않았다. 살벌한 경쟁을 부족한 능력으로 근근이 버티고 있던 나는 이미 새로운 곳에서의 삶을 꿈꾸고 있었는지도 모른다. 단지 기회와 용기가 없었을 뿐이었다. 숨 막히던 사무실에서 스트레스 수치가 최고점을 찍을 때면 대학 시절 영어 실력을 좀 늘려보겠다고 1년간 살았던 캐나다로의 이민을 생각하기도 했다. '마니토바 주 닭 공장에서 몇 년을 일하면 영주 비자를 받을 수 있다.' 등의 소리에 '내가 과연 할 수 있을까?'라는 생각에 빠지기도 했었다.

이런 시기, 아내의 이직 소식은 설렘과 동시에 두려움이었다. 낯선 곳에 대한 두려움과 새로운 삶에 대한 기대가 뒤섞였던 것 같다. 고민 끝에 나는 남고, 아내와 어린 딸은 함께 떠나기로 했다. 우선 몇 년 살아보고 판단하자는 생각이었다. 이 기회를 놓친다면 나중에 힘들 때마다 후회할 것 같았기 때문이었다. 이렇게 2년간의 생계형 이산가족 생활은 시작되었다. 스마트폰도 없었고, 특히 호주의 인터넷이 좋지 못했던 시절 떨어져 사는 가족의 모습을 보는 것은 지금처럼 쉬운 일이 아니었다. 어린 딸의 가장 예쁜 시절을 함께하지 못한다는 억울함과 주말 아침 혼자 사 먹는 설렁탕에 질려갈 무렵 나는 서울이냐 멜버른이냐를 선택해야만 했다.

매년 12월 14일은 우리 가족에게 특별한 날이다. 2002년 결혼해 가족을 만든 날이자 2006년 딸과 아내를 호주로 보내면서 가족이 잠시 떨어지게 된 날이다. 그리고 2008년 내가 호주로 오면서 다시 뭉친 날이기도 하다. 그날 나는 멜버른행 편도 티켓을 들고 비행기에 올랐다. 그렇다, 여행은 언제나 왕복 티켓이지만 이민은 다르다. 그러기에 여행을 떠나는 흥분보다는 앞으로의 삶을 고민하는 11시간 비행이었던 것으로 기억한다. 기존에 했던 일을 그대로 가지고 온 아내와는 달리 나는 모든 것을 처음부터 다시 시작해야만 했다. 시간이 지날수록 예전 우리 할머니들이 늘 하시던 말씀이 떠올랐다. "사람은 뭐든 기술 하나는 가지고 있어야 한다!" 나는 가진 기술이 없었다. 또한, 언어 장벽은 내가 기존에 했던 금융 관련 직업을 호주에서 구하기 거의 불가능하게 만들었다. 2년간의 준비 시간이 있었음에도 바쁘다는 핑계로 이곳에서 먹고살 준비에 소홀했던 것이다. 게다가 호주라는 사회에 대해서도 무지했었다. 그러다 보니 모든 것에 불안했다. 그 불편함의 원인을 당시에는 몰랐지만 이제 와 생각해보니 그것은 제대로 알지 못하는 사회에 대한 '두려움'이었다.

얼마 후 조그만 카페를 시작했다. 멋진 카페라기보다는 샌드위치를 만들어 파는 허름한 가게라고 하는 게 더 맞겠다. 3년 후 우여곡절 끝에 가게를 정리했다. 아무 경험도 없던 나는 결국 혹독한 신고식을 치른 셈이었다. 제법 비싼 수업료를 내고 그나마 커피 만드는 기술 하나는 배웠다. 솔직히 지금 생각하면 당시 내가 만들어 팔았던 커피가 부끄럽기 짝이 없지만, 그 덕에 동네 카페에서 바리스타로 일할 수 있게 되었다. 커피를 제대로 알게 된 것은 그때부터라고 봐야겠다. 바리스타

일은 정해진 시간만 했기에 내 사업을 할 때보다 시간적 여유가 많았다. 그 이유는 자기 사업을 해보신 분들은 아마도 잘 아실 것이다.

시간의 여유는 나를 바꿨다. 한국과 달리 여기서는 만날 친구도 거의 없었고, 야근이나 회식은 아예 없다. 미치도록 재미없고 지루한, 진짜 '저녁이 있는 삶'이라고나 할까? 그동안 못 읽었던 책들에 손이 가기 시작했다. 그러면서 내가 앞으로 살아갈 호주라는 사회에 대해 알고 싶어졌다. 호주 역사에 관한 몇 권의 책을 사서 읽기 시작했다. 처음에는 도대체 무슨 말인지 내 짧은 영어로는 이해하기 힘들었다. 책과 함께 인터넷에서 각종 자료를 찾아 읽었다. 하나씩 배워가는 재미는 쏠쏠했다. 아마도 이 시기에 호주 역사에 관해 보고 들은 내용을 내 나름의 기록으로 남기고 싶다고 생각했던 것 같다. 지금은 파트타임 바리스타이자 여행 가이드다. 코로나로 막힌 여행길이 다시 열리면 풀타임 여행 가이드의 길을 가고 싶다.

2021년 수교 60주년을 맞는 호주는 한국인들에게 과연 어떤 나라일까? 호주 통계청 자료에 따르면 2019년 호주를 찾은 한국인은 28만 명이 넘는다. 이 숫자는 호주에 오는 사람들을 출신 국가별로 구분할 때 열 번째에 해당한다. 거기에 호주에 거주하는 한국 출생 인구가 11만 명이 넘는다. 결코 적은 숫자가 아니다. 아마도 주변에 호주에 아는 사람이 살거나, 여행, 유학 혹은 워킹홀리데이를 갔다 와본 사람들을 흔히 찾을 수 있을 것이다. 또한, 2018년 호주 외교통상부 자료에 따르면 한국은 중국, 일본, 미국에 이어 네 번째로 큰 무역 상대국이다.

여행 가이드로 일하면서 가끔 이런 질문을 한다. "호주 하면 딱 떠오르는 게 뭐가 있으세요?" 대부분 캥거루, 코알라, 오페라 하우스, 넓은 땅에 적은 인구, 자연경관이 아름답고 살기 좋은 곳…. 뭐 이런 좋은 이미지를 많이 말씀해주신다. 그러나 조금만 더 이야기를 나눠 보면 호주에 관한 나쁜 이미지도 쉽게 들을 수 있다. 인종차별이 심하다, 죄수들의 후예다, 원주민을 다 죽이고 땅을 빼앗았다, 게으른데 풍족한 자원 덕에 잘 먹고 잘산다…. 뭐 딱히 틀린 말은 아니지만 그렇다고 호주를 그렇게 비하할 필요까지는 없어 보인다. 왜냐하면, 앞서 언급한 안 좋은 이미지들은 과거 호주의 모습일 수는 있지만, 현재의 모습은 아니기 때문이다. 호주는 자신들이 가졌던 부끄러운 역사를 더는 감추려 하지 않는다. 또한, 과거 잘못한 점에 대해 진심 어린 사과와 반성이 뒤따르고 있으며, 그것을 시정하기 위한 정부와 민간차원에서의 지속적인 노력이 진행 중이다. 보다시피 호주에 관한 좋은 이미지의 대부분은 자연환경에 관한 것이고, 나쁜 이미지는 주로 역사에 관한 것임을 알 수 있다. 즉, 우리가 호주 역사에 대해 잘 모르기 때문에 나타나는 현상이라고 나는 믿는다.

몇 해 전 유럽을 여행한 적이 있다. 나는 보통 여행 전에 그 나라의 역사나 문화에 관한 책을 찾아본다. 유럽 각 나라에 관한 서적은 다양하고 많았다. 관련 전공자들도 많고, 여행객도 많다 보니 그럴 수 있다고 생각한다. 그래서 호주에 관련된 책을 검색해봤다. 여행과 워킹홀리데이에 관한 내용이 주를 이룬다. 물론 호주 역사가 세계사에서 차지하는 비중이 워낙 적기도 하겠지만, 그래도 호주 역사를 체계적으로 정리한 책을 찾기 힘들었다는 점이 놀라웠다. 그 많은 유학생, 워킹홀리데이, 여행자들이 거쳐 갔고, 지금도 11만 명이 넘는 한국 출신이 거주하는 호주에 관해 우리는 너무나 모르고 있었던 것이다.

호주는 나에게 두 번째 고향이다. 그러다 보니 그 역사를 정리하는 데 있어 비판보다는 애정이 앞섰다는 것을 부인하지 않겠다. 이 책은 호주 역사의 흐름을 시간에 따라 정리했다. 백인들, 그중에서 영국인이 이 땅에 오게 된 당시 시대적 배경으로부터 시작해 선주민 문명과의 충돌, 자신들이 가졌던 외부 세계에 대한 두려움으로 표출했던 인종차별 정책 그리고 거친 자연 속에서 여러 민족이 함께 공존하며 마침내 유라시아 최초의 다문화주의 사회를 만들어 온 호주의 진정한 모습을 여기에 담아보고자 한다. 그럼, 이제부터 호주를 보는 새로운 시각을 찾아 함께 떠나지 않으시겠습니까?

제 1 장

헬 영국, 그들이 호주로 오게 된 그 시절 런던

한 나라의 국기(國旗)는 그 나라의 정체성을 상징한다. 이렇게 중요한 국기에 호주는 아직 영국의 상징인 유니언잭을 사용하고 있다. 그만큼 호주를 이해하는 데 있어 영국의 역사는 빼놓을 수 없는 부분이다. 로마와 앵글로색슨 시대를 거쳐 정복왕 윌리엄 1세가 1066년 노르만 왕조를 개창하면서 본격적으로 시작된 영국 역사 모두를 여기서 다룰 수는 없지만, 최소한 영국 백인들이 호주로 오게 되는 18~19세기 영국의 상황을 살펴보는 것은 호주 역사를 이해하는 데 꼭 필요한 과정이다.

18세기 영국은 속칭 '명예혁명'으로 불리는 내전 끝에 권리장전의 승인(1689)과 함께 의회 권력이 더욱 강화되기 시작했다. 스튜어트 왕조의 마지막 앤 여왕(재위 1702~1714)이 사망하자, 그의 남동생 제임스가 새로운 왕으로 거론되었다. 그러나 제임스는 가톨릭 신자이기에 신교인 영국 국교와 맞지도 않았고, 또 명예혁명으로 간신히 쌓아온 의회의 힘을 약하게 만들 수 있다는 우려를 낳고 있었다. 결국, 제임스 1

세(재위 1603~1625)의 외손녀 피가 섞인, 영어도 할 줄 모르던 독일계 먼 친척 하노버 왕가의 자손을 왕으로 앉힌다. 그가 바로 조지안 시대 (Georgian England)를 열게 되는 조지 1세다. 의회의 입장에서는 자신들이 다루기 쉬운 상대를 선택했다고 볼 수 있다. 조선 말 세도 정치가들이 강화도령 철종을 앉힌 것과 비슷하다고 해야 할까.

조지 1세(재위 1714~1727)부터 조지 4세(재위 1820~1830)까지 이어지는 116년의 시기를 영국 역사에서는 조지안 시대(Georgian England)라고 부른다. 정치혁명에서 산업혁명으로의 전환의 시기이자, '군림하되 통치하지 않는다(A sovereign who reigns but does not rule)'는 입헌군주제가 확립된 시기다. 그리고 무엇보다 우리의 주제인 호주 역사를 이해하는 데 있어 이 시기는 특히나 중요하다. 제임스 쿡 선장이 호주 대륙의 동쪽 해안선을 탐험(1770)했고, 인류 최초 국가 차원의 대규모 이주를 실행하기 위해 11척의 작은 목선들이 영국의 포츠머스를 떠나 지금의 시드니로 향한 'First Fleet'의 역사적 항해(1788)가 모두 이 시기에 있었기 때문이다. 조지안 시대는 19세기 영국을 세계 최강 대국으로 자리매김하는 데 확실한 발판을 마련했다.

조지안 시대는 문화적 우아함과 경제적 성장을 가져온 시기였다. 그러나 모든 영국인에게 해당되지는 못했다. 사회적 계급에 따른 빈부의 격차는 극에 달했다. 18세기 전반기(1700~1750) 런던은 코벤트 가든 (Covent Garden)을 기점으로 서쪽으로는 부촌, 동쪽은 빈촌이 형성됐다. 서쪽은 계획적으로 도심이 개발되었다. 장기 임대계약으로 소유권과 사용권 개념이 확립되었고, 건물을 짓는 데 있어서도 규격화된 기준이 마련되었다. 반면 동쪽의 가난한 지역은 사정이 달랐다. 대충 지은 가축우리 같은 판잣집이 무계획적으로 난립했다. 이곳 주민들은 썩어가는 공동주택에 단기 임대 형식으로 거주하면서 대규모 슬럼가를 형성했다. 당시 대표적인 슬럼가로는 지금의 런던 중심 Covent Garden, St Giles, Holborn 같은 지역을 들 수 있다. 세계 최고의 도시로 여겨지던 당시 런던은 그 명성과는 다르게 최악의 악취로도 유명했다. 하수도 시설이 없다 보니 오물이 그대로 흘렀고, 슬럼가 주변은 대낮에도 쥐 떼들이 출몰했다.

참고로 1800년대 후반, 세계에서 가장 부자 도시였던 호주 멜버른 시내를 여행하다 보면 검은색(Bluestone - 여기서 블루스톤은 원석을 자를 때 나타나는 푸른색, 청색 때문에 붙여진 이름이다. 그러나 시간이 지나면 다시 검은색을 띠게 된다.) 돌을 깔아 만든 좁은 골목길(Lane)을 볼 수 있다. 도시를 캔버스 삼아 그려놓은 멋진 그림(Graffiti)과 힙한 카페, 레스토랑들로 유명한 이곳이 사실은 예전 화려한 도시의 하수구 역할을 했었다는 것을 아는 여행객들은 많지 않을 것이다.

〈멜버른 시내에 위치한 호시어 레인(Hosier Lane)〉
우리에게는 TV드라마 『미안하다, 사랑한다』의 한 장면으로 더 유명하다.
지금도 한국 여행객들 사이에서는 '미사거리'로 더 잘 알려져 있다.
예전 그대로의 블루스톤이 깔린 대표적인 골목으로, 옛날에는 이 좁은 길을 통해 밤에 분뇨를 수거했다.
사진 출처: 혼초 인스타그램 @honcho_seung

도시는 넘쳐나는 빈민으로 가득 찼고, 심지어 시체를 묻을 공간마저
부족했다. 제대로 장례를 치를 수조차 없는 사람들을 던져버렸던 구덩

이들이 런던 시내 한복판에서 악취를 뿜어내고 있었다. 당시 이런 구덩이를 '빈민들의 구멍(Poor's Holes)'이라 불렸고, 1790년대까지 이 구덩이들은 그대로 방치되고 있었다. 이런 밑바닥 인생 중에는 굶주림을 피해 St. George's 해협(영국과 아일랜드 사이의 바다)을 건너온 아일랜드 막노동꾼들도 많았다.

산업혁명과 더불어 기존의 전통적 농촌은 붕괴하기 시작했다. 특히 16세기부터 시작된 인클로저 현상이 막대한 영향을 끼쳤다. 양모 산업이 발전하면서 지주들은 자신의 영지에 농사를 짓는 것보다 양을 키우는 것이 더 많은 수익을 창출할 수 있다는 것을 알게 되었다. 그래서 양을 방목하기 위해 울타리를 치고 그 땅에서 대를 이어 농사를 짓던 소작인들을 내쫓기 시작했다. 그럼 이들은 어디로 가야 한다는 말인가? 이들은 떼를 지어 몰려다니는 거지 떼(Vagabond)가 되기에 십상이었고, 또는 대도시 공장으로 일자리를 찾아 떠날 수밖에 없었다. 몸뚱이 하나밖에 없던 이들은 결국 도시 빈민으로 전락하는 경우가 허다했다. 그러기에 토머스 모어가 『유토피아』에서 "양이 사람을 잡아먹는다."라고 표현한 것은 당시 사회를 극단적으로 잘 표현했다고 볼 수 있다.

이런 상황을 타개하기 위해 당시 영국에서는 어떤 조치들이 취해졌는지 잠시 살펴본다. 경제적 욕심으로 자신의 영지에서 소작인들을 내쫓은 지주들은 과거 자신이 누렸던 영주로서의 대접을 받지 못하게 되었다. 시골에서 나름 방귀깨나 뀌던 시절이 그리웠을까? 이때 스피넘랜드라는 지역의 지주와 치안판사 들이 모여 소작인들의 과도한 거주지 이동을 막기 위한 법을 하나 만들어 내는데, 그것이 바로 유명한 「스피넘랜드법(Speenhamland System)」이라는 일종의 구빈법이다. 즉, 빵을 쥐서 먹고살게는 해준다는 내용이다. 이러다 보니 이제 사람들은 일하려 하지 않았다. 가만히 있어도 굶어 죽지는 않으니 몸을 쓰려 하지도 않았다. 결국 노동 생산성이 급격히 떨어지고, 사람들에게 동기부여도 주지 못하는 이 법에 대한 엄청난 비난이 쏟아졌다. 결국, 1795년 시작된 이 법은 1834년에 와서 폐지되기에 이른다. 그 후 「신 구빈법(1834)」이 도입되는데, 이는 기존 방식과는 다르게 먹고 살려면 무조건 일을 해야만 했다. 구빈소에서는 일하지 않으면 굶어 죽게 내버려두었다.

어리다고 예외는 아니었다. 보통 6살이 넘은 아이들은 공장에서 일하기 시작했다. 산업혁명은 당시 아동 착취를 시스템화했다. 어린이들은 주로 작업환경이 열악한 면직물 공장에서 일했다. 그러나 당시 의사들조차 불쌍한 아이들이 아닌 자본가의 편에 서있었다. 이들이 발행한 어느 보고서의 일부다. "면직물 공장에서 발생하는 보풀, 석탄에서 나오는 먼지나 화학물질 인(Phosphorus) 등은 인간의 폐에 해롭지 않다. 또한, 쉴 새 없이 돌아가는 기계들이 내뿜는 열기로 30도가 훌쩍 넘는 실내 작업장에서 15시간 넘게 일해도 이 때문에 아이들이 피로감을 더 크게 느끼지는 않을 것이다. 그러므로 10살짜리 아이가 밤새 이런 곳에서 일해도 위험하지 않다." 이게 도대체 무슨 소리인가! 이런 처참한 모습이 바로 찰스 디킨스의 소설 『올리버 트위스트』에 나오는 장면이다. "Please Sir, I want some more." 배고픈 아이들이 올리버를 통해 먹을 것을 조금만 더 달라고 사정하던 그 순간이 바로 산업혁명 하에 급변하던 영국 사회의 어두운 그림자였다.

한국에서 서민들의 고단한 삶을 그나마 위로해주는 것은 무엇일까? 퇴근 후 동료들과 간단하게 소주 한잔하는 것이었다. 조지안 시대 고달픈 런던의 노동자들에게 우리의 소주와도 같은 존재는 다름아닌 향나무 열매(Juniper Berries)를 향료로 쓰는 곡물주 진(Gin)이었다. 당시 브랜디, 포트 와인 같이 수입에 의존했던 고급술은 관세가 붙어 일반 런던 빈민들은 마실 엄두도 못 냈다. 그러나 진은 영국 내에서 쉽게 구할 수 있던 옥수수를 주재료로 만들었기에 대중적으로 높은 인기를 누렸다. 1700년대 중반 런던에는 120명당 진을 파는 술집이 하나씩 있었고, 매년 3천만 리터가 넘는 진이 소비되었다고 한다. 도시 빈민의 급격한 증가와 무절제한 음주는 어쩌면 너무나 당연하게 범죄율 증가로 이어졌다.

당시 도시 빈민 계급을 뜻하는 '프롤레타리아(Proletariat)'의 어원을 따지자면 '가진 것이라고는 자식밖에 없는 사람들'을 말한다. 이들은 무리나 군중을 의미하는 'mob'으로 불렸고, 공포와 멸시의 대상이었다. 1797년 조지 3세 시대에 최초로 런던의 범죄자 숫자를 조사했던 페트릭 콜쿠완(Patrick Colquhoun)의 논문에 따르면, 11만 5천 명 정도가 범죄에 의존해서 살고 있었다고 한다. 이는 런던 전체 인구의 약 1/8 해당했다. 이 수치에는 좀도둑, 강도, 문서 위조범 등과 같이 확실하게 범죄자로 구분될 수 있는 사람들과 쓰레기 더미를 뒤져서 먹을 것을 구하던 빈민들과 떠돌이 집시 등도 포함된 수치다. 또한, 이 논문은 런던에만 인구의 약 6%에 해당하는 5만 명의 매춘부가 있다고 주장했다. 그러나 이 숫자에는 상당수의 결혼하지 않은 동거녀들이 포함되어있었다. 당시 영국 사회에서 정식으로 결혼하지 못한 여자들은 빈민층으로 전락하기 일쑤였고, 이혼이 거의 불가능했기에 정식으로 결혼하지 않고 같이 사는 중산층 이하 시민들이 많았다. 아마 이 당시 기준으로 지금의 런던을 조사한다면 도대체 매춘부가 몇 명이나 나올지 궁금하기도 하다.

범죄율의 증가와 함께 이들 빈민 군중들은 사회의 위협적 존재로 부각되었다. 특히 프랑스 대혁명 이후 자코뱅 주의(Jacobinism)의 확산은 이런 분위기를 더욱 확대했고, 심각한 사회 문제로 인식하는 데 기여했다. 그렇다면 당시 왜 그렇게 범죄율이 증가했을까? 지금까지 살펴본 것을 토대로 정리해보자면 우선, 산업혁명으로 영국 사회에 급격한 변화가 있었다. 도시화가 급격히 진행되었고, 그에 따라 빈민의 숫자도 급증했다. 또한, 출산율의 증가로 인구가 급증했다는 점도 들 수 있다. 당시 인구 변화를 간단히 살펴보자. 1700~1740년 사이 잉글랜드, 웨일스 인구는 대략 6백만 명 수준으로 일정하게 유지되고 있었다. 그러나 그 후 본격적으로 인구가 증가한다. 특히 런던의 경우 1750~1770년 사이 두 배의 인구 증가를 보였다. 결국, 1851년에는 영국의 인구는 1천8백만 명까지 증가했다. 그 덕에 영국 인구의 평균연령은 낮아졌고, 산업혁명에 밑거름이 되는 노동시장을 젊은이로 가득 채울 수 있었다. 당시 영국 사회는 이러한 급격한 변화를 감당할 수 있는 사회보장 시스템을 미처 갖추지 못하고 있었다. 직전까지 영국이 가지고 있던 빈민 구호 체계로는 산업혁명이 가지고 온 전례 없던 변화를 충족시킬 수 없었다.

당시는 범죄의 예방과 처벌에서도 미흡했다. 공식적인 범죄 기록이 관리조차 되지 않았고, 지금은 너무나 당연하게 생각하는 지문을 이용한 범죄 수사도 없었다. (지문은 1880년대 후반부터 사용되기 시작했다) 영화에서 보듯이 몽타주 또한 그림으로 그려졌고, 그것조차 없는 경우가 허다했다. 그러기에 수배자의 모습이 구두로 전해졌으니 얼마나 범인 검거가 어려웠을지, 동시에 범죄자들은 얼마나 쉽게 도망 다닐 수 있었을지 상상하는 건 그리 어렵지 않다.

눈여겨봐야 할 부분은 또 있다. 1829년까지 영국에는 지금과 같은 경찰이 없었다는 것이다. 경찰은 당시 내무장관이었던 로버트 필(Robert Peel)에 의해 'Police Act(1829)'가 도입되면서부터 시작되었다. 그전까지 치안은 지역 교구 단위로 관리되었다. 1700년대 말 런던에는 약 2천 명 정도의 'Charlies'라고 불렸던 일종의 경비원들이 치안을 담당했었다. 이들은 보통 늙고 가난한 사람들로써 다른 할 일이 없었기에 교구에서 이들에게 일자리를 줬다. 이들은 마치 마부의 복장 같은 긴 외투에 망토를 둘렀고, 랜턴을 들고 런던 골목을 순찰했다. 위험이 닥치면 나무로 만든 딸깍이로 소리를 내어 주변에 도움을 요청했고, 걸을 때마다 딸깍거리는 소리를 내어 자신들이 순찰하고 있다는 것을 도둑들에게 미리 경고했다. 이들은 가난했기에 단돈 몇 푼에 매수되기 일쑤였다. 이들이 과연 범죄를 저지하는 데 도움이 되었을까? 상황이 이러하니 범죄 검거의 수단으로는 예전 방식인 현상금 사냥꾼이 주로 이용되었다. 그들은 스스로 위험을 감수하면서 범죄자를 검거했다.

1700년대 영국 사회를 그을렸던 수많은 반란, 봉기, 범죄에도 불구하고 1820년대 말까지 영국 의회는 경찰 도입을 주저했다. 지배층은 개인 범죄자는 현상금 사냥꾼에게 맡기고, 집단적 봉기나 반란은 '소요 단속법(Riot Act)'이나 군대에 의존하는 것이 더 효과적이라고 생각했기 때문이다. 그리고 지배층들은 경찰의 도입으로 자신들의 권리가 침해될 것을 우려했다. 그들은 범죄자들의 생사보다는 자신들의 재산 보호에 더 큰 관심이 있었다. 당시 영국의 법률 체계가 다른 유럽 국가들보다 상대적으로 유연했기 때문에 경찰의 도입은 기존의 방식보다 범죄자들에게 쓸데없이 더 많은 권리를 줄 수도 있으리라 생각했던 것이다. 지금의 미란다 원칙 같은 것을 생각해볼 수 있다. 조지안 시대 범죄 피의자들은 프랑스, 이탈리아, 독일의 피의자들보다 더 많은 기본권을 가지고 있었다. 영국의 피의자들은 자백을 위한 고문을 당하지 않았고, 보석이나 재판 없이 영구적으로 구속되지도 않았다. 그리고 판결 전까지는 무죄 추정의 원칙을 따랐다. 영국인들은 법의 관대함으로 무고한 사람이 범죄자로 전락하는 것을 막을 수는 있지만, 동시에 범죄자들에게도 유리하다는 것을 알았다. 그기에 처벌을 극적으로 강화해 범죄를 예방하고자 했다. 즉, 형법은 자유사상에 따라 관대했지만, 일단 죄가 확정되면 무자비한 집행을 했다. 이것이 바로 자비심 없는 교수형의 확대 집행이었다. 1660~1819년 사이 교수형에 해당하는 범죄가 무려 6배 이상 증가했다. 자산가들의 증가와 함께 인간의 목숨보다 재산의 보호가 더욱 중요했다. 예를 들어, 1803년까지 살인미수는 경범죄에 해당하였지만, 문서위조는 사형에 처했다. 수표, 어음, 채권, 주식 등 문서들이 과거 금이나 은처럼 재산의 거래나 증거물로 사용되기 시작하면서 이들의 위조 범죄에 교수형과 같은 엄벌이 절실했다. 여자 상속인을 유괴하는 것도 교수형에 처했다. 유괴범이 사형에 처해졌던 이유는 그 여성을 겁탈해서가 아니라 그녀의 가족들이 쌓아올린 재산을 강탈했기 때문이었다.

사형의 집행은 많은 군중 앞에서 공개적으로 이루어졌다. 그렇다면 이러한 사형집행이 범죄를 예방하는 데 도움이 되었을까? 그럴 수도, 그렇지 않을 수도 있다. 그러나 기록에 의하면 당시 공개 처형은 대규모 군중이 모이는 일종의 구경거리였음이 분명했고, 소매치기의 교수형이 진행되는 동안 그 군중 사이에서는 그가 훔쳤던 푼돈보다 더 많은 액수가 소매치기의 대상이 되곤 했던 것으로 보인다. 런던과 미들섹스(Middlesex) 법원의 자료에 의하면 1750년대에 비해 1780년대에 사형 선고는 2배 이상 증가했다. 그렇다고 이 숫자로 공개 사형 집행이 범죄를 단념하게 만드는 데 실패했다고 단정할 수만은 없다. 왜냐하면, 그 시기 인구가 급격히 증가했고, 빈곤율이 높아졌기 때문이다. 만일 공개 사형 집행이 없었다면 더 많은 사형 선고가 있었을 수도 있기 때문이다. 그러나 눈여겨볼 것은 18세기를 거치면서 사형집행률이 눈에 띄게 떨어졌다는 것이다.

이유가 무엇일까? 우선 판사들이 사소한 죄목에 대해서는 감형해주는 경우가 많아졌다. 어쩌면 그들도 사소해 보이는 죄목으로 사람 목숨을 빼앗는 것에 심적으로 부담을 가졌을 것이다. 그리고 국왕의 사면권 행사도 영향을 끼쳤다. 이를 이용해 국왕은 자신이 신민들을 진심으로 아낀다는 모습을 강조해서 보여줄 수 있었다. 즉, 강력한 법과 관대한 사면권을 채찍과 당근으로 이용했다. 그렇다면 사형 집행이 줄어든다는 의미는 무엇일까? 그것은 바로 감옥에 가둬야 할 죄수가 늘어나고, 그에 따라 더 큰 감옥이 필요하다는 의미다. 그러나 18세기 영국에는 감옥이 절대적으로 부족했다.

〈런던, Middlesex 법원의 사형 선고, 집행 내역〉

연도	사형선고	사행집행	집행율
1749 ~ 58	527	365	69.3
1759 ~ 68	372	206	55.4
1769 ~ 78	787	357	45.4
1779 ~ 88	1152	531	46.1
1789 ~ 98	770	191	24.8
1799 ~1808	804	126	15.7

19세기 들면서 감옥은 지금의 교도소 역할을 하기 시작했다. 제러미 벤담(1748~1832)에 의해 제안된 파놉티콘(Panopticon)이 최초로 적용되기 시작했고, 감옥은 범죄자를 사회와 분리하고 교화시키는 체계를 갖추기 시작했다. 그러나 18세기 조지 3세 시대의 감옥은 말 그대로 감옥이었다. 죄수를 교화시키는 것보다는 그저 사회로부터 일정 기간 격리하는 데 목적을 두었다. 조지안 시대 감옥 절반 이상은 국가가 아닌 귀족들에 의해 사적으로 운영되었다. 귀족들이 감옥의 실질적 운영자인 간수들에게 일정 금액을 받고 감옥을 대여해주는 시스템이었다. 그러므로 감옥에서 일하는 간수들은 지금과 같은 공무원이 아닌 일종의 개인 사업자였다. 간수들은 악의에 찬 지주처럼 죄수들로부터 알아서 이익을 착취해야 했다. 그러니 돈 있는 죄수들은 그렇지 못한 죄수보다

더 편하게 지낼 수도 있었다. 예를 들어 가난한 죄수들은 철심이 박힌 쇠사슬을 목에 매야 했다. 간수들은 많은 족쇄를 일단 채우고 돈을 받고 그것을 하나씩 풀어주면서 이익을 챙겼다. 이런 비인도적인 '사슬의 거래(trade of chains)'는 1790년대까지 존재했다. 죄수들은 음식과 음료도 사서 먹었다. 감옥 내 술을 파는 곳(the prison taproom)은 당연히 싸구려 진(gin)을 팔았지만, 간수들에겐 중요한 소득의 원천이었다. 그뿐만 아니라 침구류, 물, 심지어 맑은 공기조차 모두 거래의 대상이었다. 이렇듯 1700년대 후반 런던의 감옥은 비좁고, 불결하고, 어둡고, 모든 물자가 부족하면서도 장티푸스 같은 전염병이 들끓는, 즉 숨쉬기조차 힘든 진정한 지하세계의 전형이었다. 그러므로 당시 런던의 감옥은 죄수들을 교화시키기 보다는 오히려 범죄의 온상으로 작동했다. 문제는 모든 사람, 특히 법을 집행하는 법관들조차도 이런 불편한 진실을 당연시하면서 개선하려는 시도조차 안 하고 있었다는 데 있다. 죄수들은 성별, 연령, 죄의 경중에 따라 분류되지도 않았다. 그러기에 여자 죄수도 남자 죄수들이 우글거리는 감방에서 함께 지낼 수밖에 없었다. 지금으로써는 믿기조차 힘든 사실이다.

　1700년대 후반 영국에서 감옥은 사회와 분리해야 하는 어둠의 세계로 인식되었다. 결국 당시 이러한 사고의 흐름이 지구 반대편 호주로 어둠의 세계를 영원히 쫓아버릴 수 있다는 논리로 발전한다. 유배(流配, Transportation)의 당시 의미는 죄수들을 강제로 바다 넘어 오지의 땅으로 보내 버리는 것이었다. 이는 당시 영국 사회에서 부인하기 힘든 장점이 있었다. 일단 비용을 들여 새롭게 감옥을 만들 필요가 없다. 그리고 함께 살고 싶지 않은 '쓰레기'를 완벽하게 청소할 수 있다. 국왕은 계속해서 사면권을 정치적으로 이용할 수 있었고, 이 유배를 통해 사회문제로 대두되던 감옥과 죄수를 동시에 줄일 수 있었다. 또한, 제국주의를 확대하면서 '해가 지지 않는 나라'를 만들어 가던 대영제국의 입장에서 볼 때, 누구도 가고 싶지 않은 외진 곳으로 죄수들을 보내 식민지를 건설하는 데 이용할 수도 있었다. 당시 런던의 시민들은 죄수들이 공공사업에 차출되어 노동하는 모습조차 보기 싫어했다. 1752년 사슬에 묶인 죄수들을 이용한 공공사업 법률안이 상원에서 부결되었다. 표면적으로는 보안상의 문제를 들었지만, 실제 이유는 앞서 언급했듯이 미관상 보기 좋지 않다는 것이었다. 상원의 귀족들은 죄수들이 사회의 품격을 떨어뜨린다고 생각했다.

그러나 유배지 신세계에서는 이런 걱정은 할 필요도 없었다. 유배 시스템의 기원은 1597년 엘리자베스 1세 여왕 시대로 거슬러 올라가는데, 당시 법률 문서의 제목은 이렇다. "An Acte for Punyshment of Rogues, Vagabonds and Sturdy Beggars"(셰익스피어 시대의 영어라 지금과는 철자가 다소 다른 것을 볼 수 있다.) 법률의 주요 내용은 다음과 같다. "위와 같은 죄수, 떼거지들, 다시 말해 사회의 쓰레기들을 추밀원의 승인하에 바다 넘어 왕국 밖으로 추방한다. 만일 이들이 승인 없이 왕국으로 돌아온다면 교수형에 처한다." 이 법률에 근거해서 17세기 동안 교수형에서 감형되어 유배형을 받은 죄수들은 대서양을 건너 담배 재배가 한창이던 버지니아 회사의 플랜테이션 농장으로 끌려가게 되었다. 17세기 죄수 유배는 아메리카 초기 식민지 건설에 필요한 노동력 제공에 초점을 둘 수 있었다. 당시 영국은 개인에게 특허장을 주어 식민지를 개척했다. 돈을 좇아 담배, 사탕수수 플랜테이션 농장을 경영했던 아메리카 초기 식민지 개척자들은 값싼 노동력이 절실했다.

1717년이 지나면서 직전까지 무분별하게 진행되던 죄수 유배 정책에 약간의 시스템이 갖춰지기 시작했다. 유형수들의 복무 기간이 구분되기 시작했다. 경미한 범죄를 저지른 경우 기존의 태형이나 낙인을 찍던 것과 달리 아메리카로 추방하는 7년 유배형을 받았다. 교수형을 받은 후 국왕의 사면을 받은 경우는 14년 유배형을 받았다. 이들을 아메리카로 보내는 과정에도 누군가는 이익을 취했다. 죄수 이송을 맡은 선박회사는 간수들에게 돈을 지급하고 죄수들을 인계받았다. 그리고 아메리카로 가서 그곳의 농장주들에게 더 높은 가격을 받고 죄수들을 넘겼다. 이 과정에서 간수들과 선박회사는 폭리를 취할 수 있었다. 이런 식으로 1770년대 말까지 약 60여 년간 4만 명의 죄수들이 노예와 별반 다르지 않은 대접을 받으며 대서양을 건넜다. 이 중 3만 명은 영국, 1만 명은 아일랜드 출신으로 구분할 수 있다. 이 시기 60여 년간 매년 평균 700명이 좀 못 미치는 죄수들이 신세계로 건너갔고, 이는 당시 영국 내 사회문제로 거론되던 감옥의 과밀 문제를 어느 정도 해소하고 있었다.

그러나 1775년을 기점으로 상황이 바뀌기 시작했다. '보스턴 차 사건(1773)' 이후 미국 식민지에서는 전운이 감돌았다. 그러던 중 매사추세츠 렉싱턴에서 영국군과 식민지 미국인들 사이에 최초로 무력 충돌(1775)이 벌어졌다. 독립전쟁의 막이 오른 것이다. 결국, 미국 건국의 아버지들은 1776년 7월 4일 필라델피아에 모여 토머스 제퍼슨이 기초한 독립선언서를 이론적 기반으로 독립을 선언한다. 그 후 1781년 요크타운 전투로 승기를 잡은 미국은 1783년 파리 강화조약을 통해 독립을 인정받고 대서양에서 미시시피강에 이르는 광대한 영토를 얻게 된다. 미국 혁명으로 불리는 이 사건을 계기로 영국은 더는 죄수를 미국으로 보낼 수 없었다. 미국인들은 새로운 공화국을 모국 영국의 쓰레기로 오염시키고 싶지 않았다. 그러나 실상을 따져보면 꼭 이런 정치적 이상주의에 입각한 이유만은 아니었다. 그동안 영국은 아프리카, 유럽, 아메리카를 잇는 삼각무역을 통해 미국에 엄청난 수의 흑인 노예를 공급했다. 미국 독립 직전 매년 4만 7천 명의 흑인 노예들이 미국으로 왔다. 그러기에 미국은 이미 그들로 노동력의 부족분을 충족할 수 있었고, 영국의 죄수들은 더는 경제적으로 중요하지 않았다.

죄수들의 미국 유배길이 막히자 런던의 감옥은 다시 넘쳐나기 시작했다. 미국과의 전쟁에서 승리를 확신했던 영국 왕실은 일단 아무 조치도 취하지 않았었다. 미국을 제압하고 나면 조만간 다시 죄수들을 보낼 수 있다고 믿었던 것이다. 그러기에 런던 정부는 1776년 새롭게 감옥을 건설하는 대신 임시방편적인 'Hulks Act'라는 법률을 만들었다. 템스강에 못 쓰는 패선(Hulk)을 띄우고 그곳에 죄수들을 가두기 시작했다. 이 모습 자체가 당연히 당시 런던 시민들에게는 보안상, 위생상 위협적이었다. 이제 영국은 이들을 보낼 새로운 유형지가 절실했다. 그러나 도대체 이 죄수들을 어디로 보낸단 말인가?

제 2 장

Terra Australis Incognita

세상의 균형을 잡아주는 미지의 남쪽 땅

우리는 이미 앞선 질문의 답을 알고 있다. 그러나 이 당연한 답을 찾는 데 우리 인류는 긴 세월이 필요했다. 15세기 유럽에서 본격적인 대항해 시대가 열리기 전부터 유럽인들은 그림자의 각도를 이용해 위도를 찾는 방법은 알고 있었다. 물론 대항해 시대에 절대적으로 필요했던 경도를 찾아내는 것은 그보다 훨씬 더 어려운 문제였다. 그렇게 자신들이 지중해 북쪽에 살고 있다는 것을 알았기에 지구가 균형을 잡기 위해서는 대칭적으로 남쪽에도 어떤 거대한 대륙이 존재해야 할 것이라 믿기 시작했던 것이다. 이 논의는 A.D 50년경 로마 시대 지리학자 폼포니우스 멜라(Pomponius Mela)에 의해 시작되었고, A.D 100년경 이집트 알렉산드리아의 클라우디오스 프톨레마이오스(Claudius Ptolemy)에 의해 보완되었다. 그들이 상상 속에 찾던 그 '미지의 남쪽 땅'은 라틴어로 'Terra Australis Incognita'라고 불리었다. 'Terra'는 흙 또는 땅을 의미한다. 우리가 흔히 사용하는 '테라코타'는 라틴어로 구운(cotta) 흙(terra)에서 온 단어다. 그리고 'Incognita'는 '모르는, 미지의'라는 뜻이다. 그럼 호주의 영어 이름 'Australia'와 흡사한 'Australis'는 무슨 뜻일까? 바로 '남쪽'이라는 의미다. 그러므로 호주의 이름은 단순히 방위를 나타내는 '남쪽'이라는 뜻이다. 참고로 한국에서 쓰는 호주(濠洲)라는 이름은 오스트레일리아의 음가를 한자로 표기하는 호태리아주(濠太利亞洲)에서 따온 것이다. 이는 중국이 아닌 일본의 한자 역이다. 일본에서는 호주를 한자로 '濠洲'라 쓰고 '고우슈'라고 발음한다.

영국이 호주를 죄수들의 유배지로 사용하기 시작한 1788년 이전부터 몇몇 유럽 국가들은 이미 호주 대륙의 존재를 알고 있었다. 그럼 이제부터 호주 대륙이 어떻게 인류에 의해 탐험 되었는지 살펴보자. 과연 호주 선주민들을 제외하고 호주 대륙으로 처음 온 외부인들은 누구였을까? 가이드 투어를 진행하면서 이 질문을 여행자들에게 자주 하는데, 주로 프랑스나 영국을 먼저 말씀하신다. 그러나 기록상 호주에 도착한 첫 번째 유럽인은 1606년 네덜란드의 탐험가 빌럼 얀스존(Willem Janszoon)이다. 물론 많은 학자는 최초로 이 지역 탐험을 시작한 것은 16세기 포르투갈 탐험대였을 것으로 생각한다. 왜냐하면, 포르투갈 선원들이 그렸을 것으로 추정되는 호주 대륙의 지도가 이미 존재했고, 상상으로 제작되었다기에는 꽤 정확한 부분이 많았기 때문이다. 이렇게 첫 탐험이 있고 난 뒤 영국의 죄수들이 왔던 시기까지 약 200여 년의 세월 동안 호주 대륙이 유럽인들의 관심 밖에 있었던 이유는 막말로 이곳에 뭐 먹을 게 없었기 때문이다. 당시 아메리카에서는 금과 은이 쏟아졌고, 설탕으로 떼돈을 벌 수도 있었다. 또한, 중국의 차, 비단, 도자기 등은 유럽인의 마음을 휘어잡았다. 이에 비해 호주 대륙은 유럽인들에게 경제적으로 전혀 매력적이지 못했던 것이다.

1606년 당시 네덜란드령 동인도 회사(지금의 인도네시아 자바)의 지원으로 빌럼 얀스존은 호주 퀸즐랜드 북쪽 끝 케이프 요크(Cape York) 반도 쪽으로 들어왔다가 카펜테리아 만(Carpentaria Gulf) 남쪽으로 약 230Km를 항해했다. 그리고 몇 달 후 같은 지역으로 포르투갈의 선원 토레스(Luis Vaz de Torres)가 이 지역을 항해했다. 그는 파푸아뉴기니와 호주 대륙의 좁은 해협을 발견하고 자신의 이름을 따서 토레스 해협(Torres Strait)이라 명명했다. 토레스의 항해에 관한 대부분 정보는 그가 1607년 스페인 왕에게 보낸 편지에 기록되었고, 그 후 선원들의 기록으로도 남았다. 토레스는 3척의 스페인 배를 몰고 1605년 12월 페루를 떠나 전설의 땅 'Great South Land', 즉 '미지의 남쪽 땅'을 찾아 항해를 시작했다. 생사를 넘나드는 6개월의 항해 끝에 결국 태평양을 건너와 토레스 해협을 발견한 그는 아래 거대한 땅이 자신이 찾고 있던 바로 그곳이라는 사실은 미처 몰랐다.

호주 대륙 탐험에 있어 다음 중요한 항해는 1642, 1644년 두 차례에 걸친 네덜란드인 아벨 타즈만(Abel Tasman)의 항해다. 항해의 목적은 Great Southern Ocean(지금의 인도양)에서 남아메리카로 가는 새로운 뱃길을 찾고, 무역을 통해 더 큰 돈을 벌고자 했던 것이다. 타즈만은 1642년 항해에서 호주 남쪽 해안선을 주로 탐험했고, 이때 지금의 태

즈메이니아 섬을 탐험했다. 겸손했던지 처음부터 자신의 이름을 붙이지
는 않았다. 당시 자신의 항해를 후원했던 네덜란드령 동인도회사의 총
독 Anthony Van Diemen의 이름을 따서 섬의 이름을 Van Diemen's
Land 라 명명했다. (이 이름은 1856년까지 사용되었으나, 죄수 수용소
로서의 악명이 너무 높아 결국 태즈메이니아로 변경된다.) 그리고 동쪽
으로 항해를 계속해 뉴질랜드를 탐험하고 그 섬의 이름을 지었다. '뉴
질랜드(New Zealand)'라는 이름은 네덜란드의 제일란트 주에서 따온
것이다. 즉, '새로운 제일란트'라는 의미이고, 이를 영어식으로 발음하면
지금의 뉴질랜드가 되는 것이다.

  타즈만은 1644년 항해에서는 호주 대륙의 북쪽과 서쪽 해안선을 탐
험했다. 그리고 이 거대한 땅의 이름을 '새로운 네덜란드'라는 의미에서
'New Holland'라고 명명했다. 결국, 이 Great South Land의 지도상 이
름은 1814년 영국의 항해사 메튜 플린더스(Matthew Flinders)의 지도
가 나오기 전까지 'New Holland'로 불린다. 그러나 두 번의 항해를 통해
타즈만은 경제적 성과를 그다지 얻지는 못했다. 그러나 여러 장소에 이름
을 붙여줌으로써 자신의 흔적은 충분히 남겼다고 볼 수 있겠다. 결국, 유
럽인들은 당분간 호주 대륙 쪽으로는 기대와 관심을 두지 않게 되었다.

  그렇다면 아시아 권역에 위치한 호주 대륙을 아시아인들은 과연 탐험
하지 않았을까? 물론 가까운 인도네시아와 파푸아 뉴기니 지역과는 고대
로부터 약간의 교역이 있었던 것으로 확인되고 있지만, 이보다 더 관심을
끄는 것은 단연 중국의 왜곡된 역사적 주장이다. 마침 이 글을 쓰고 있

는 2021년 현재, 호주가 미국과 더불어 태평양 지역에서 중국의 팽창을 견제하기 위해 쿼드(Quad) 및 오커스(AUKUS) 군사동맹에 참여하고, 거기에 더해 미국으로부터 핵 잠수함 기술을 이전 받기로 함에 따라 중국과의 군사적 긴장이 높아지고 있다. 또한, 경제적으로도 석탄, 철광석 등 호주의 주요 수출품을 놓고 호주와 중국 간 마찰이 계속되는 상황에서 지금 우리의 주제와 연관된 사건이 있어 잠시 소개하고자 한다.

때는 2003년. 호주를 방문한 당시 후진타오 주석은 호주 총리를 포함한 모든 주요 정치인이 다 모인 호주 연방 의회에서 연설을 시작했다. 간단한 외교적 인사치레를 마치고 본격적인 연설이 시작하자마자 후진타오 주석은 난데없이 역사 수정주의에 입각한 다음과 같은 연설을 했다. "…중국인은 호주 국민에 대해 지금까지 줄곧 우호적인 감정을 소중히 간직해왔습니다. 멀리 거슬러 올라가 1420년대에 명나라 정화의 함대가 호주 해안에 도착했습니다. 중국인들은 수 세기 동안 망망대해를 가로질러 항해하고 당시 '남쪽 땅'이라고 부르던 곳, 바로 지금 호주에 정착했습니다. 이 땅에 중국 문화를 도입하고 현지인들과 조화롭게 살며, 자랑스럽게도 호주의 경제와 사회, 다원주의 문화가 성대하게 발전하도록 이바지했습니다…." 이 발언은 영국인 작가 게빈 멘지스(Gavin Menzies)의 2002년 저서 『1421년 중국, 세계를 발견하다(1421:The Year China Discovered the World)』를 기반으로 한 것이었다. 이 책은 명나라 정화의 원정대가 7차례 대규모 선단을 이끌고 아프리카까지 항해했었다는 역사를 바탕으로 당시 명나라 선단이 호주 대륙을 그냥 지나쳤을 리 없었을 것이라고 주장했다. 물론 정화의 7차례 대항해는 역사적 사실로 인정되고 있지만, 이들이 호주에 와서 중국의 문화를 가지고 현지인과 조화롭게 살았다는 주장은 중국 역사학자들을 포함한 모든 동·서양 학자들에 의해 근거 없는 이야기로 결론 내려졌다. 현재 중국은 호주 거의 모든 분야에 자신들의 영향력을 확대하기 위한 물밑 작업에 여념이 없다. 위대한 중국몽의 실현을 위해서는 자원 부국 호주를 자신들의 자장 안에 단단히 묶어놓고 싶은 모양이다. 어디 호주만이겠는가? 한국도 호주의 상황과 크게 다르지 않다고 여겨진다. 부디 서로 공생할 수 있는 지혜를 함께 찾을 수 있길 바랄 뿐이다.

다시 우리의 주제로 돌아와서, 그렇다면 호주 대륙을 처음 탐험한 영국인은 누구였을까? 다양한 경력의 소유자였던 윌리엄 뎀피어(William Dampier)라는 인물이었다. 항해사, 해적, 작가, 자연 사학자, 탐험가인 동시에 해군 장교였던 그는 최초로 전 세계를 세 차례나 순환 항해한 인물로 호주에는 두 번 왔다고 한다. 첫 번째 방문은 1688년으로 아벨 타즈만 보다는 46년 늦었고, 곧 등장할 제임스 쿡(James Cook) 선장보다는 82년이 빨랐다. 우연히도 뎀피어의 해적선 시그넛(Cygnet) 호는 영국이 죄수들을 보내 식민지를 건설하기 정확히 100년 전에 도착한 것이다. 뎀피어와 선원들은 지금은 서호주(Western Australia)주 관광지로 유명한 호주 대륙 서북쪽 킴벌리(Kimberley) 지역에서 두 달간 체류했는데, 이는 그때까지 유럽인이 호주에 머문 가장 긴 기간이었다. 당시 뎀피어는 이 거대한 땅덩어리가 다른 대륙과 분리되어 있을 것이라고 확신했다. 그는 자신이 갔던 그 땅이 섬인지 대륙인지 확실치는 않지만, 주변 다른 대륙들, 즉 아시아나 아프리카 혹은 아메리카와 붙어있지 않다는 것은 확실하다고 기록했다. "It's not yet determined whether it is an island or a main continent; but I am certain that it joins neither to Asia, Africa, nor America."

1699년 영국 해군은 그를 다시 호주로 파견했다. 이번에는 해군 장교로서 뉴홀랜드(New Holland)를 무력으로 접수할 수 있는지를 타진하기 위함이었다. 그는 서호주의 더크 할토그(Dirk Hartog) 섬을 지나 내륙으로 들어왔고, 그 만의 이름을 '샤크 베이(Shark Bay)'라 명명했다. 그곳에서 2주간 머물며 주변을 탐험했고, 여러 식물을 수집했다. 그리고 다시 북쪽으로 1,000km 정도 연안 항해를 계속해 지금의 뎀피어군도(Dampier Archipelago)까지 진출했다. 그렇게 32개월간의 탐험을 마치고 귀환했으나 그의 탐험은 영국에 즉각적인 도움이 되지는 못했다. 그 대신 뎀피어는 자신의 탐험을 기반으로 1703년 『A Voyage to New Holland』라는 제목의 책을 한 권 발표했다. 이 책은 당시 유럽에서 베스트셀러가 되었고, 그 후 다니엘 디포의 『로빈슨 크루소』, 조나단 스위프트의 『걸리버 여행기』와 같은 작가들과 제임스 쿡, 메튜 플린더스, 찰스 다윈 같은 항해사, 과학자들에게 지대한 영향을 끼쳤다.

호주에 거주하거나, 여행해보셨던 분들은 아마도 제임스 쿡(James Cook)이라는 이름을 한 번은 들어봤을 것이다. 워낙 유명한 항해사이기에 많은 책에서 다루어지기도 하고, 또한 호주 역사에서는 더욱이 빼놓을 수 없는 인물이다. 나중에 언급하겠지만, 1780년대 영국이 죄수들을 보내 개척할 식민지를 선택하는 과정에서 제임스 쿡의 항해는 결정적인 역할을 했다. 그럼 이 항해가 어떤 목적으로 이루어졌는지 알아보자. 결론부터 말하자면 이 항해의 목적은 과학적 탐구였다. 즉, 호주 대륙 탐험은 이 항해의 부속 결과물이라고 볼 수 있다.

1700년대 후반 유럽의 천문학자들은 지구에서 태양까지의 거리가 얼마나 되겠는가를 밝혀내려고 노력하고 있었다. 당시 천문학이 중요했던 이유는 과학적 탐구욕도 물론 있었겠지만, 이를 통해 장거리 항해술에 큰 도움을 받을 수 있었기 때문이다. 과학자들은 지구와 태양 사이에 위치한 금성을 통해 이 문제를 해결할 수 있다고 확신했다. 금성이 지구와 태양 사이에 일직선으로 위치하는 것을 '금성의 식(蝕)'이라 하는데, 이런 현상은 1백여 년의 터울을 두고 약 8년 간격으로 벌어진다. 이때 지구의 여러 지역에서 금성을 관찰하면 미세한 각도의 차이가 발생하고, 이때 삼각측량법을 이용해서 지구에서 태양까지의 거리를 계산하려고 했던 것이다. 이런 백 년에 단 두 번 있는 기회가 마침 1761년과 1769에 일어났다. 런던 왕립협회(Royal Society, 공식 명칭은 The Royal Society of London for Improving Natural Knowledge)가 중심이 된 유럽의 학자들은 이 절호의 기회를 놓칠 수 없었기에 가능한 많은 탐험대를 지구 구석구석으로 파견했다. 1761년에는 시베리아, 북미, 마다가스카르, 남아프리카 등지로 과학자들을 파견했다. 그리고 1769년 금성의 식이 다가오자 캐나다 북부와 캘리포니아까지 탐험대를 보낼 계획을 세웠다. 그런데 런던 왕립협회는 이것만으로는 만족하지 않았다. 더 정확한 답을 얻으려면 남태평양의 한가운데로 천문학자를 보내야 한다고 생각했다. 이에 저명한 천문학자 찰스 그린(Charles Green)을 타히티로 보내기로 했다. 그런데 이렇게 많은 돈과 노력을 들여 그 멀리까지 가서 단지 금성만 관찰하고 온다는 것은 아무래도 너무 비효율적이었다. 그래서 다른 분야의 학자들도 함께 보내기로 한다. 이에 식물학자였던 조지프 뱅크스(Joseph Banks)가 동행하게 되었고, 이들을 이끌 선장으로 바로 제임스 쿡이 선택되었다.

제임스 쿡은 1728년 요크셔의 가난한 농부의 아들로 태어났다. 18세부터 상선을 타기 시작했고, 그 후 영국 해군에 입대한다. 7년 전쟁 때 (1756~63) 캐나다에서 프랑스군을 격퇴하는 데 큰 공을 세웠다. 영국으로 돌아온 쿡은 그의 뛰어난 항해술을 인정받아 결국 이 중요한 과학 탐험대를 이끌게 되었다. 이들을 태운 인데버(Endeavour)호는 1768년 8월 26일 영국을 떠나 다음 해 4월 10일 타히티에 도착했다. 참고로 이 배의 이름 'Endeavour'의 뜻이 "새롭고 힘든 일을 하려고 노력, 분투하다."라는 의미이니 이 탐험선의 이름으로는 안성맞춤이다. 남태평양의 한가운데 위치한 작은 섬 타히티에 도착한 찰스 그린은 충분한 시간을 가지고 금성을 관찰했다. 그 후 인데버호는 남서쪽으로 기수를 틀어 남쪽에 존재한다는 미지의 대륙을 향한 항해를 계속했다. 쿡은 유럽인으로는 아벨 타즈만에 이어 두 번째로 뉴질랜드의 남쪽 해안을 탐험했다. 6개월 동안 뉴질랜드 해안선을 해도에 그리고 이곳이 두 개의 거대한 섬으로 이루어졌다는 것을 최초로 확인했다. 그리고 다시 New Holland, 지금의 호주 대륙 동쪽 해안을 향해 서쪽으로 역사적 항해를 시작했다.

1770년 4월 20일 새벽 6시경 인데버 호는 육지(현재 빅토리아주 동쪽 끄트머리 Point Hicks 등대가 있는 곳)에 근접했다. 뉴질랜드를 떠난 지 5개월 만에 약 3,000km를 항해한 뒤였다. 쿡은 해안선을 따라 북쪽으로 기수를 잡고 항해를 계속했고, 8일 후에 어떤 넓은 만으로 진입하게 된다. 그곳이 지금의 시드니 바로 남쪽에 위치한 보타니 베이(Botany Bay)다. 당시 탐험대를 이끌었던 저명한 식물학자(Botanist) 조지프 뱅크스를 기념해서 이곳의 이름이 지어졌다. 이들은 이곳에서 약 일주일간 머물면서 지형과 동식물을 탐험하고 샘플을 채취했다. 그 후 쿡은 북으로 연안 항해를 계속했다. 결국 3,000km에 달하는 호주의 동부 해안선을 최초로 지도에 기록한 나라는 영국이 되었다. 보타니 베이는 결국 영국 죄수를 포함한 이주민들이 정착하게 되는 곳이지만, 당시 쿡은 자신이 발견한 이곳이 지금의 시드니와 같은 세계적 도시로 탄생할 것이라고는 꿈에도 생각하지 못했을 것이다.

호주 여행 현장 가이드

캉거루(Kangaroo)라는 이름은 정말로
"I don't know."에서 유래한 것인가요?

여러분은 호주 하면 무엇이 가장 먼저 떠오르세요? 아마도 많은 분이 뒷다리에 스프링이라도 달린 것처럼 콩콩 뛰어다니는 캥거루를 떠올리실 거예요. 호주의 국적기인 콴타스(Qantas) 항공의 상징도 뛰는 캥거루지요. 이만큼 캥거루는 호주인뿐 아니라 전 세계인들에게 사랑받는 동물임에 틀림이 없어 보입니다. 그럼 이 독특한 녀석의 희한한 이름은 어디서 유래한 것일까요? 가장 널리 알려진 이야기가 바로 "나는 네가 무슨 말 하는지 모르겠다." 즉 "I don't know."에서 유래했다는 가설입니다. 이는 1770년 호주 대륙에 처음 도착한 영국의 제임스 쿡 선장이 캥거루를 처음 보고 호주 선주민에게 물어봤더니 그 선주민이 "캉구루(Kangooroo)."라고 답했다는 데서 유래하는데요, 선주민이 영어를 못 알아듣고 그렇게 대답했다는 것이지요. 쉽고 재밌는 설명이기는 한데, 사실과는 살짝 다릅니다. 그럼 도대체 어떻게 된 이야기 일까요?

앞서 설명했듯이 1770년 제임스 쿡이 인데버(Endeavour)호라는 배를 타고 호주 대륙 동북쪽 해안(아름다운 산호초로 유명한 Great Barrier Reef 지역)을 탐험했습니다. 당시 쿡 선장은 주변 산호초 때문에 부서진 인데버호를 수리하기 위해 지금의 쿡타운(Cooktown) 해안가에 정박했지요. 그때 처음 캥거루의 사촌쯤 되는 왈라비를 본 겁니다. 쿡선장은 주변의 선주민에게 이 신기한 동물이 뭐냐고 물어봤겠죠. 그때 "캉구루(Kangooroo)."라고 들어서 기록했고, 함께 있던 조지프 뱅크스가 총으로 한 마리 잡아서 박제한 후 영국으로 가져옵니다. 그러니까 1788년 First Fleet을 몰고 온 아서 필립(Arthur Phillip)은 캥거루의 존재를 이미 알고 있었던 것이지요. 그런데 그가 도착한 시드니 지역 선주민들은 캥거루를 "파타가랑(Patagarang)."이라고 부르는 겁니다. 즉 선주민 간 언어가 달랐던 것이지요. 사실 쿡선장이 상륙했던 지금의 퀸즐랜드 쿡타운과 시드니는 거리상으로 약 3천Km 정도 떨어져 있으니 서로 말이 달랐을 수 있지요. 그런데 실제로 쿡타운 지역의 선주민 언어를 연구해보니 캥거루를 실제로 "강구루(Gangurru)."라고 불렀다고 합니다. 그러니 만일 제임스 쿡 선장이 시드니 지역에서 처음으로 캥거루의 존재를 봤다면 지금쯤 우리는 캥거루를 '파타가랑(Patagarang)'이라고 부르고 있을지도 모르겠네요.

또한, 1820년대 시드니 총독 필립 기들리 킹(Phillip Gidley King)의 기록에 의하면 캥거루를 "미-누아(mee-nuah)"라고 기록했기 때문에 제임스 쿡이 기록한 "캉구루(Kangooroo)"는 더더욱 'I don't Know'라는 뜻으로 해석되는 촌극이 벌어졌던 것이지요. 그러나 킹 총독이 들은 '미-누아'는 훗날 "먹을 수 있는 동물(edible animal)"이라는 뜻으로 판명되었습니다. 어쩌면 우리는 캥거루의 이름에서도 서로 다른 두 문명이 처음 만날 때 생길 수 있는 오해의 정도를 가늠해 볼 수 있을 것 같습니다.

제 3 장

First Fleet

식민지 개척의 시작

1779년. 제임스 쿡이 보타니 베이(Botany Bay)를 탐험한 지 거의 10년 후, 영국 의회는 앞서 언급했던 죄수 문제 해결을 위한 위원회를 개최했다. 의회에서 해결책을 모색하던 중 제임스 쿡과 함께 보타니 베이를 다녀왔던 식물학자 조지프 뱅크스(Joseph Banks)는 죄수들의 유배지로 보타니 베이를 적극적으로 추천했다. 그런데 이상하게도 뱅크스가 보타니 베이에 관해 처음 썼던 기록과 10여 년의 세월이 지난 후 위원회에 제출한 보고서는 사뭇 달랐다. 실제 방문 당시에는 정착하기에 그다지 좋지 않은 곳이라는 의견을 남겼었기 때문이다. 게다가 제임스 쿡의 당시 기록도 최초의 뱅크스 기록과 크게 다르지 않았다. 그런데도 뱅크스는 처음 방문 때의 비관적인 생각보다는 대영제국의 미래를 위해 생각을 바꾸지 않았나 싶고, 또한 자신의 연구 자료를 계속 수집하기 위해서도 보타니 베이를 다시 선택하는 것이 좋겠다고 생각했던 것 같다. 당시 영국 사회에 상당한 영향력을 가졌던 뱅크스의 제안에도 불구하고 위원회는 유배지 선정을 쉽게 하지 못했다. 청문회 이후에도 6년간 이 문제의 결론을 내지 못하고 있었다.

결국, 감옥으로부터의 유행병 발병 등 사회문제가 악화하고, 여론이 이 문제 해결을 집중적으로 촉구하기 시작하자 1786년 몇 군데 후보 지역을 놓고 최종 결정을 하게 된다. 우선 아프리카 서쪽, 지금의 세네갈 남쪽의 감비아 강(Gambia river) 지역과 아프리카 남단, 지금의 앙골라 서쪽 해안지방 다스 볼타스 베이(Das Voltas Bay)가 거론되었다. 그러나 이 지역들은 세밀한 정찰 결과 사람이 살기에 적합하지 않다는 결론에 이르렀다. 결국 어디도 결정 내리지 못한 상황에서 보타니 베이가 다시 주목받기 시작했다. 그러나 보타니 베이는 거리상으로 너무 멀었고, 비용 측면에서도 도저히 감당하기 힘든 수준으로 생각되었다. 그런데도 죄수 이송에 목매고 있던 영국 정부에는 다른 선택지가 없었다. 심지어 멀리 떨어져 있다는 단점마저 이제는 장점으로 인식되었다. 왜냐하면, 너무 멀어서 형기를 마친 죄수들이 돌아올 생각조차 못 할 것이라고 여겼기 때문이다. 즉, '쓰레기'를 완전히 청소할 기회로 받아들였다. 결국 당시 영국의 내무장관(Home Secretary) 시드니 경(Lord Sydney)은 보타니 베이를 최종적으로 선택했다.

그러나 왜 그렇게 멀리 갈 수밖에 없었냐는 질문에 답하기에는 지금까지의 설명은 다소 부족해보인다. 그래서 몇 가지 이유를 더 찾아보자면, 우선 군사적 측면이다. 당시 영국 해군은 세계 최강이었다. 대영제국을 넓혀 나가려면 더 많은 군함이 필요했는데, 해군에서 배를 만들 때 꼭 필요한 것이 바로 목재와 돛을 만들 천의 재료인 아마(Flax)였다. 그런데 보타니 베이에서 동쪽으로 약 2,000km 떨어진 노포크(Norfolk)섬에 이 두 가지 재료가 아주 많았다. 두 번째, 상업적 측면도 고려할 수 있다. 중국과의 차 무역을 보호하기 위해 아시아권에 식민지 거점을 마련할 필요가 있었다. 마지막으로 제국주의적 이해관계다. 마침 우연이라고 보기에는 너무나 기막힌 타이밍에 프랑스 선박들이 보타니 베이에 자주 출몰했다. 프랑스와의 제국주의 경쟁에서 우위를 차지하기 위해서라도 영국은 보타니 베이를 하루라도 빨리 차지해야만 했던 것이다.

자! 이제 목적지는 정해졌다. 인류 역사상 최장 거리, 최대 규모의 이주 정책이 집행될 순간이 온 것이다. 죄수들의 대규모 해외 이송은 사회공학적으로도 상당한 실험이었다. 사회에서 누구도 원하지 않는 사람들을 지구 반대편, 알려진 것도 거의 없는 미지의 세계로 보내는 계획이니 이 얼마나 실험적인 정책인가! 1787년 드디어 첫 번째 선단(First Fleet)이 꾸려졌다. 이들을 이끌고 미지의 신세계 NSW(New South Wales, 1770년 제임스 쿡이 영국 웨일스의 남쪽 해안과 비슷하다고 해서 붙여진 이름이다)로 떠날 책임자로는 나이 50세의 아서 필립(Arthur Phillip)이 선임됐다. 호주의 첫 번째 총독이 되는 중요한 인물이니만큼 간단하게나마 그 이력을 알아볼 필요가 있겠다.

필립은 1738년 런던에서 태어났다. 필립의 아버지는 독일 출신으로 독일어 선생님이었다. 아버지가 죽은 이후 해군 장교이자 어머니의 전 남편인 헐버트(Hurbert)의 도움으로 해군 학교에 진학했다. 필립은 해군으로 항해술을 익혔고, 7년 전쟁이 끝나고 당시 관례에 따라 일종의 반 명예퇴직 형태로 농부로서의 삶을 이어갔다. 당시에는 전쟁이 끝나면 해군으로부터 절반 정도의 급여를 받으면서 예비군 형태로 해군의 다음 부름을 기다리곤 했다. 그러다 1774년 영국 해군의 승인하에 포르투갈과 스페인 전쟁 때 다시 포르투갈 함선의 선장으로 참여하여 3년가량 복무하다 1778년 포르투갈로부터 큰 상을 받고 영국으로 돌아왔다. 사실 필립은 해군 내에서 크게 두각을 나타내던 장교는 아니었다. 그런데도 NSW 초대 총독의 막중한 임무를 맡게 되었던 것이다.

1787년 5월 13일 아침 영국의 포츠머스(Portsmouth) 항구에는 11척의 작은 목선이 긴 항해를 막 떠나려 하고 있었다. 총인원 1,400명이 넘는 선단에는 죄수 736명(Robert Hughes 저서 『The Fatal Shore』에 의하면), 나머지는 해군과 선원 그리고 해군 일부의 가족들이 승선하고 있었다. 죄수들의 선발에서도 긴 항해를 견딜만한 체력이나 혹은 미지의 세계를 개척할 만한 능력 같은 것은 거의 고려되지 않았다. 그저 걸을 수 있으면 배에 태웠다. 그중에는 14명의 임산부도 있었는데, 이들은 8개월가량의 여정에서 모두 아이를 낳았다. 죄수들은 80이 넘은 노인부터 9살 꼬마까지 다양했고, 이 중 60% 이상의 죄수들은 단순히 빵을 훔치는 것과 같은 경범죄에 해당하는 죄수들이었다. 그들이 떠날 때 가족에게 남긴 편지를 보면 당시 죄수들이 이 항해에 대한 두려움이 얼마나 컸는지 짐작할 수 있다. 이제 더는 고향으로 돌아올 수 없을 것이라는 절망감, 미지의 세계에 대한 두려움, 목숨을 건 긴 항해, 이 모든 것이 이들에게는 공포 그 자체였을 것이다.

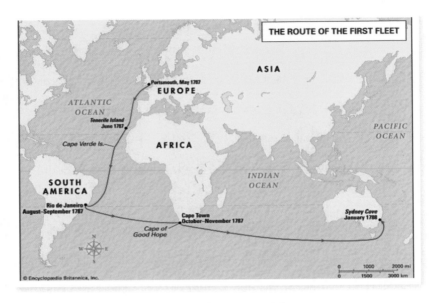

〈1788년 First Fleet의 항해 여정〉
이들은 8개월 동안 대서양과 인도양을 지나 24,000km가 넘는 목숨 건 항해를 했다.

그렇다면 당시 배 안의 상태는 어땠을까? 참혹함 그 자체였다. 가장 큰 배의 길이가 고작 30m 정도였는데 200명의 죄수와 거기에 장비와 식량 등을 함께 실었으니 그 공간이 얼마나 비좁았는지는 상상을 초월했을 것이다. 죄수들은 이미 비좁은 감옥에서 고통을 받아왔었는데 이제는 더 좁은 배 안에서 8개월 이상을 버텨야 할 판이었다. 게다가 갑판에 올라와 산책과 맑은 공기를 마시는 것도 엄격히 제한되었다. 그들이 머무는 갑판 아래는 창도 없고, 화재를 우려해 불을 켤 수 있는 초도 없었다. 마실 물과 신선한 공기조차 제한적이었고, 적도를 지날 때 그 열기조차 견뎌 내야만 했다. 어느새 선실 내에는 쥐, 바퀴벌레, 벼룩 등 각종 해충이 들끓기 시작했고, 바닥에는 대소변을 포함한 각종 오물이 쌓여 악취와 함께 죄수들의 건강을 위협했다. 대서양을 건널 때 환자의 수가 급증했는데, 함께 갔던 의사의 진술에 의하면 죄수들이 있던 배 밑에서 올라오는 악취가 너무 심해 심지어 해군 제복의 은색 단추가 검은색으로 변할 정도였다고 한다.

5개월 후 남아프리카 희망봉(Cape of Good Hope)에 도착했다. 이곳에서 식수와 식량을 보충하고 다시 NSW까지 1만 Km가 넘는 Great Southern Ocean 항해를 준비했다. 이미 포화 상태인 배 위에 각종 식물, 500마리가 넘는 소, 돼지, 오리, 닭, 양 등 각종 동물을 또 실어 올렸다. 한 달간의 준비를 마친 선단은 다시 바다로 나섰다. 높은 파도와 강풍에 가축들은 죽어 나가기 시작했고, 이질이 돌아 선원이며 죄수들의 고통은 이루 말할 수조차 없었다.

희망봉을 떠난 지 2주 만에 아서 필립은 선단을 둘로 나눌 결심을 한다. 4척의 빠른 배를 골라 목적지 NSW에 먼저 도착하게 하려는 생각이었다. 이미 조지프 뱅크스의 기록으로 약간의 정보는 있었지만, 필립은 선단이 들어가기 전에 미리 선발대를 보내 정착 준비를 하고 싶었다. 남반구는 비록 여름이었지만 선단의 항해가 위도상 상당히 남쪽에서 이루어졌기에 그들은 계속해서 추위와 높은 파도를 견뎌내야만 했다.

1788년 1월 18일 드디어 선발대 4척의 배가 보타니 베이에 도착했다. 그런데 한참 늦을 것으로 예상했던 나머지 7척의 배도 겨우 40시간 후에 도착했다. 지구 반대편으로의 기나긴 항해에 단 한 척의 배도 잃지 않았다. 이들의 항해는 시련과 고난을 이겨낸 승리였다. 그러나 항해 중 69명의 죄수가 사망했다. 이 중 대부분은 첫 번째 기착지인 아프리카 서북단 테네리페(Tenerife)섬에 도착하기 전에 사망했다. 즉, 이들은 떠나기 전 과밀한 감옥에서 오래 머물러 이미 상태가 나빴던 것이다. 결국 아서 필립의 항해는 이후 50년간 같은 길을 떠났던 그 어느 선단에 비해서도 적은 희생을 치른 성공적인 항해였다.

도착 후 곧바로 필립은 보타니 베이가 생존에 부적합한 곳이라고 판단했다. 3일간의 정찰을 통해 이를 확인한 필립은 그 주변 지역을 다시 정찰했다. 결국 1788년 1월 26일 약간 더 북쪽으로 올라가 포트 잭슨 (Port Jackson)을 발견하고 그 안에 위치한 작은 만(灣), 현재 오페라 하우스가 있는 시드니 커브(Sydney Cove)를 최종 정착지로 결정했다. 필립은 자신이 선택한 시드니를 가리켜 "세상에서 가장 훌륭한 항구 (The finest harbour in the world)."라고 말했다. 현재 '세계 3대 미항 (美港)'- 보통 시드니, 이탈리아의 나폴리, 브라질 리오데 자네이로를 세계 3대 미항으로 꼽는다. -중 하나로 꼽히는 지금의 시드니를 볼 때 아서 필립의 당시 자신감은 그저 허풍만은 아니었던 것이 증명된 셈이다.

〈시드니(Sydney) 하버 브릿지와 오페라 하우스〉
인간이 만든 구조물과 자연의 조화 그리고 그 속에 일상을 사는 시드니 사람들
사진 출처: 박영진 / 인스타그램 계정 @yj7170

호주 여행 현장 가이드

하버 브릿지(Harbour Bridge)와 오페라 하우스(Opera House)

앞에 소개한 사진은 시드니에 거주하시는 아마추어 사진작가 박영진 님의 사진들입니다. 제가 이분의 사진을 좋아하는 이유는 아름다운 색감에도 있지만, 무엇보다 작품의 포커스가 언제나 사람에게 있다는 겁니다. 시드니가 세계 3대 미항에 꼽히는 이유를 저에게 묻는다면 저는 주저 없이 자연과 사람의 조화라고 답하겠습니다. 바다와 육지가 만나는 공간에 너무나 자연스럽게 배치된 이 두 인공 구조물은 과하지도 않고 덜하지도 않기에 그 속에 일상을 사는 우리 뒤에서 묵묵히 멋진 배경을 만들어주고 있기 때문입니다. 그럼 지금부터 이 두 건축물이 어떻게 만들어졌는지 잠시 살펴보겠습니다.

하버 브릿지는 전 세계가 대공황의 한파에 신음하던 시절에 만들어졌습니다. 1923년에 시작한 공사는 1932년에 마무리되었지요. 당시 1,400명이 넘는 인부들이 이 공사에 참여했기에 이 다리는 '철로 만든 인공호흡기(Iron lung)'라는 별명으로도 불렸습니다. 이 공사 덕분에 힘든 시기에 많은 일자리가 창출되었기 때문이지요. 공사 기간 중 16명의 인부가 사망하기도 할 만큼 위험한 공사였다고 합니다. 당시 높은 아치 위에서 인부들이 일하는 모습을 사진으로 보면 저 같이 고소 공포증 있는 사람은 절대로 못 할 것 같더라고요. 지금은 생김새가 꼭 옷걸이 같다고 해서 'the coathanger'라고 불리기도 합니다. 아치 형태의 디자인 자체는 뉴욕에 있는 헬 케이트 브릿지(hell gate bridge)에서 따왔습니다. 철제 아치는 다리 양쪽 끝에 강하게 앵커를 박고 양쪽 끝에서부터 만들어 올라왔습니다. 이 두 아치가 오차 없이 정확하게 만나는 장면을 통해 이 공사가 공학적으로도 얼마나 힘들고, 정교했는지 알 수 있지요.

〈아치가 양쪽 끝에서부터 만들어져 올라오는 모습〉
아직 다리 상판이 만들어지지 않았다.
상판은 아치 완성 후 다리 중앙부터 아치에 상판을 걸어서 내려달았다.
사진 출처: National Museum of Australia

총 길이 503m의 아치가 완성된 후 바다 위 59m 상공에, 49m 폭의 상판이 만들어집니다. 상판은 다리 중앙 부분부터 아치에 달아서 내려와 현재 위치에 설치된 것입니다. 그 위로 자동차와 기차가 다닐 수 있어요. 아치를 걸어서 오르는 투어가 있습니다. 134m 상공의 아치 꼭대기에 오르면 시드니의 전체적인 풍경을 감상하실 수 있습니다. 총 건설 비용은 당시 약 625만 호주 파운드(2020년 가치로 약 6.3억 호주 달러, 한화 약 5천4백억 원)가 들었다고 합니다. 이 비용은 다리 이용료로 갚아왔는데 1988년에 와서야 다 갚았다고 하네요. 현재도 약 3달러 정도 받고 있는데 이 수익은 매년 약 5백만 달러 정도 드는 유지 비용으로 사용한다고 합니다. 바다에 있다 보니 다리를 자주 도색하는데, 그 작업도 만만치 않다고 하네요. 전체 다리를 한번 도색하는데 약 8만 리터의 페인트가 필요하다고 합니다. 이는 축구장 60개 면적을 칠할 수 있는 양이라고 하네요. 우리에게는 크로코다일 턴디(Crocodile Dundee)로 유명한 호주 배우 폴 호건(Paul Hogan)이 이 다리에서 페인터로 일했던 경력으로 더 유명하지요. 매년 12월 31일 자정, 새해를 축하하는 불꽃놀이 장소로도 유명한 이곳에서 시드니의 아름다움을 만끽하실 수 있기를 바랍니다.

〈양쪽 아치가 정확히 붙는 장면〉
다리 설계자들이 양쪽 두 아치가 붙는 곳에 서있다. 역사적 장면이다.
사진 출처: theguardian.com

〈시드니 불꽃놀이〉
시간상 전 세계 유명 신년 불꽃놀이 중 가장 먼저 진행된다.
돈 많은 갑부들은 이 불꽃놀이를 보고 미국으로 날아가 새해 카운트 다운을
한 번 더 하는 경우도 있다고 한다.
사진 출처: Alex Harmon, ellaslist.com.au

이제 시드니 오페라 하우스에 대해서 좀 살펴볼게요. 우여곡절이 참 많았던 건물입니다. 때는 2차 대전이 끝나고 호주가 한창 발전하던 1947년, 영국의 유명한 작곡가이자 지휘자인 유진 구센즈(Eugene Goossens)가 시드니 심포니 오케스트라 단장으로 옵니다. 그는 시드니 사람들에게 좋은 음악을 선사하고 싶었는데, 문제는 그때까지도 시드니에는 제대로 된 음악 공연장이 없었다는 것입니다. 음악회라는 것이 고작 시티 타운홀에서 열리는 수준이었지요. 그래서 그는 주 정부에 건의합니다. '제발 좀 괜찮은 공연장을 만들어 달라'고요. 이 주장을 결국 당시 노동당 주지사 조셉 카힐(Joseph Cahill)이 받아들여 오페라 하우스 건설의 대장정이 시작하는 것입니다.

우선 1956년, 상금 5천 파운드(현재가치 약 16만 호주 달러)를 걸고 오페라 하우스 디자인 공모전을 합니다. 전 세계에서 234개의 출품작이 참가합니다. 대망의 당선작은 덴마크 건축가 욘 우쓴(Jørn Utzon)에게 돌아갑니다. 사실 우쓴이 출품한 디자인은 1차 탈락자 명단에 있었어요. 그런데 4명의 심사위원 중 필란드 출신 위원이 탈락자 작품 중에서 우쓴의 디자인을 눈여겨보고 다시 선발해서 결국 그의 디자인이 채택되었던 것이지요. 일단 시작부터 심상치 않죠?

이렇게 우쓴의 디자인으로 1959년 3월 오페라 하우스 건설 공사의 첫 삽이 떠집니다. 그러나 공사는 시작부터 난관에 부딪칩니다. 왜냐하면, 우쓴의 디자인이 너무나 예술적이어서 실제 건물로 실현하기가 어려웠고, 게다가 기초공사를 마칠 때까지 정확한 설계도조차 나오지도 못한 상황이었습니다. 보시다시피 오페라 하우스의 지붕 모양이 예사롭지 않지요. 사람들은 보통 오페라 하우스의 모양을 조개껍데기 또는 요트의 돛을 형상화했다고 생각하는데, 우쫀의 인터뷰에 따르면 그는 껍질을 까낸 오렌지의 알맹이 모양을 본떠서 디자인했다고 합니다. 지붕은 105만 개의 작은 타일을 일일이 붙여서 마무리했는데요, 이 타일은 스웨덴에서 제작해서 공수해온 것이라고 합니다.

이렇듯 예술성에 치중한 설계자와 공사 기간 및 예산을 신경 쓸 수밖에 없는 주 정부 사이에 갈등은 깊어집니다. 실제로 공사를 처음 시작할 당시 예상은 공사 기간 4년에, 공사비 7백만 호주 달러였습니다. 그런데 결과는 어땠을까요? 공사 기간은 14년이나 걸렸고, 공사비는 무려 1억 2백만 호주 달러가 들고 말았던 겁니다. 2020년 가치로 환산하면 무려 10억 호주 달러에 달합니다. 이는 현재 가치 기준 하버 브릿지 공사비 6.3억 달러보다 훨씬 더 많은 것이지요. 이 많은 공사비의 대부분은 주 정부에서 발행한 복권 수익으로 감당하기는 했지만 그래도 공사 기간 내내 시드니 언론은 오페라 하우스를 '돈 먹는 하마 (White Elephant)'로 비유하면서 우쫀과 주 정부를 동시에 비난했던 겁니다. 그럴 만도 한가요? 반면 지금 와서 생각해보면 사실 10억 호주 달러, 즉 우리 돈 약 8,600억은 현재 오페라 하우스가 가지고 있는 경제적, 문화적, 예술적 가치에 비하면 아무것도 아니라는 생각이 저는 드는데, 여러분들 생각은 어떠십니까?

사실 공사 초기까지는 우쫀에 대한 시드니 사람들의 기대와 관심이 컸었습니다. 워낙 유명한 건축가였으니까요. 처음에는 돈도 많이 받았고 그러다 보니 우쫀은 1963년 아예 가족 모두를 데리고 덴마크를 떠나 시드니 고급 주택가로 이사를 해버렸지요. 그러나 결국 1966

년 우쓴은 더는 비난을 견디지 못하고 쫓겨나듯 호주를 떠나고 맙니다. 그 후 그는 단 한 번도 호주를 다시 방문하지 않았어요. 다시 말해 자신이 디자인한 오페라 하우스를 실물로 보지도 않은 겁니다. 호주에 완전히 질려버린 거죠. 결국, 공사는 남은 호주 건축가와 기술자들이 가까스로 마무리합니다. 물론 초기 디자인과는 다르게 많은 부분이 변경되었지요. 마침내 1973년 10월 20일 엘리자베스 2세 여왕이 참석한 가운데 성대한 개막식이 열립니다. 그러나 우쓴은 이 자리에 초대받지도 못했고, 초기 설계자임에도 개막식에서는 언급조차 되지 못했습니다. 이렇게 탄생한 오페라 하우스는 2007년 유네스코 지정 세계 문화유산에 등록됩니다. 그러니 오페라 하우스는 이제는 시드니 시민만의 것이 아닌 세계인 모두의 유산이 되어버린 것이지요.

〈아침 노을 속 시드니 오페라 하우스〉
호주에 살다 보면 하늘이 예쁘다는 생각을 참 많이 하게 됩니다.
사진 출처: 박영진 인스타그램 계정 @yj7170

제 4 장

아서 필립(Arthur Phillip)

호주의 첫 번째 영국 총독, 의도치 않은 평등주의를 낳다

앞서 언급했듯이 호주의 탄생은 미국 혁명이 불러온 부산물이었다. 그러나 미국과 호주의 탄생 과정은 사뭇 달랐다. 모국 영국과의 관계에서 이 두 나라의 건국 과정을 쉽게 비교해보자면, 미국은 대리점, 호주는 본사 직영점이라고 표현할 수도 있을 것 같다. 미국도 초창기에 영국의 죄수들이 노예처럼 팔려 오기도 했고, 한몫 잡아보겠다고 왕으로부터 특허장을 받아들고 대서양을 건너온 돈에 눈먼 사업가들도 있었다. 그러나 미국인들은 이들을 자신들의 조상으로는 보지 않는다. 그 대신 1620년 메이플라워호를 타고 고귀한 종교적 자유를 찾아 떠나온 순례자(Pilgrim Fathers)들을 자신들의 선조로 여긴다. 20세기 세계 최고의 나라에 걸맞은 격이 필요했을 것이다.

그에 반해 호주의 건국은 시작부터 정부 주도하에 이루어졌다. 자유의사로 오는 이주민 없이 죄수와 그들의 관리자 격인 군인들로 시작했기에 런던 정부의 식민지 장관과 호주 현지 총독의 역할이 그만큼 중요할 수밖에 없었다. 그러나 First Fleet(1788) 직후 시작된 프랑스 대혁명(1789)은 런던 정부가 이제 막 태어난 먼 식민지까지 신경 쓸 여유를 주지 않았다. 태어나자마자 부모의 관심에서 멀어진 호주는 스스로 살길을 찾을 수밖에 없었던 것이다. 그 중심에 초대 호주 총독 아서 필립이 있었고, 그가 재임하던 시기에 호주 백인 역사의 초창기 성격이 형성된다.

아서 필립은 비록 새롭게 선정된 유배지로 죄수들을 데리고 왔지만, 새로운 식민지 NSW(New South Wales)의 초대 총독으로서 이곳의 기반을 죄수 위주로 만들고 싶지는 않았다. 그는 영국의 엄격한 신분제를 이곳에 그대로 이식하고 싶었다. 즉, 자유 정착민들이 오면 그들이 계급상으로 죄수들이나 복역 기간을 끝마친 자유민보다 높은 신분 계층을 형성해야 한다고 믿었다. 필립은 이곳에 도착하기 전까지만 해도 죄수들은 신분적으로 유럽에서 온 자유 정착민들과는 영원히 분리되어야 마땅하다고 믿고 있었다.

그러나 호주의 초창기 모습은 아서 필립의 의도와는 다르게 진행되었다. 유럽이 혁명의 분위기에 휩쓸린 덕에 자유 정착민을 그렇게 원했던 아서 필립은 결국 자신이 총독으로 재임했던 5년여의 기간 동안 단 한 명의 자유 정착민도 받지 못했다. 첫 자유 정착민들은 1793년 필립이 떠나고 한 달 후에야 오기 시작했다. 아서 필립이 재임했던 초창기에 호주의 국가적 성격을 규정할 수 있는 평등주의(Egalitarianism)의 싹이 뿌려졌다고 할 수 있다. 심지어 일부 죄수들은 영국의 일반 시민보다 더 나은 삶의 수준을 영위할 정도였다. 1837년까지 매년 죄수들이 일반인보다 더 많이 유입되었기에 호주는 한 세대 만에 이미 모국 영국 사회와는 확연히 다른 사회적 특징을 보여주기 시작했다.

그럼 First Fleet이 도착한 직후의 모습은 과연 어떠했을까? 메이플라워호를 타고 미국으로 향한 순례자 조상들은 플리머스(Plymouth) 항구에 도착 전 배 안에서 시민적 정치 공동체를 자체적으로 구성한다는 내용의 협약을 만들고 각자 서명했다. 너무나 이상적이고 멋진 출발이다. 게다가 아메리카 선주민의 도움으로 거둔 첫 수확 때를 기념해서 추수감사절 전통까지 만들었으니 어찌 지금의 미국인들이 자랑스러워하지 않겠는가?

그렇다면 호주 백인 역사의 시작도 이처럼 아름다웠을까? 아쉽게도 그렇지 못했다. 8개월의 항해를 무사히 마친 이들은 광란의 밤을 연출했다. 시드니에 유니언 잭을 꽂은 날은 1788년 1월 26일이지만, 실제로 여성 죄수들까지 모든 하선한 것은 2월 6일이었다. 그날 밤 갇힌 우리에서 풀려난 맹수들처럼 이들은 세상의 끝에서 모든 방탕함을 연출했다. 다음 날 아침, 사태의 심각성을 깨달은 필립은 죄수들을 불러 모았다. 마치 초등학교 선생님이 아이들을 앉혀놓고 훈계하듯 그는 이 구제 불능으로 보이는 죄수들에게 법의 엄격함을 보여야만 했다. 그는 앞으로 밤에 몰래 여자 텐트로 들어가려다 잡히면 총살형을 내릴 것이라고 선언했다. 광란의 밤이 지나고 첫 일요일, 다섯 쌍의 결혼식이 있었다. 꼭 우리의 중매 결혼 형식으로 자의 반 타의 반 이루어진 이들 결합은 마치 지구 반대편에 홀로 떨어진 이 죄수 공동체가 런던의 도움 없이 홀로 서는 첫걸음과도 같았다.

죄수들은 그렇다 치고, 필립에게 또 다른 문제가 있었다. 바로 함께 온 군인들이었다. 이들은 자신들은 해군이지, 죄수들을 관리하는 간수나 경찰이 아니라고 주장하면서 죄수들을 관리하는 일에서는 손을 놓고 있었다. 필립은 런던 정부에 편지를 보내보지만 왕복 최소 16개월이 넘는 거리에 떨어진 런던으로부터의 도움을 기대한다는 것은 헛수고나 다름없었다. 어쩔 수 없이 필립은 죄수들을 이용해야만 했다. 그가 타고난 인도주의자여서가 아니었다. 그저 생존하려면 달리 방법이 없었을 뿐이다. 결국 본국으로부터 죄수들을 관리할 사람들이 올 때까지는 죄수들 스스로 간수며, 경찰 역할을 맡아야만 했다. 즉, 필립의 초기 실용주의적 관리의 핵심은 바로 '생존'과 '필요'에 기반했다. 또한, 필립은 새로운 식민지가 자립하기 전까지 생존하려면 런던의 보급품은 필수라고 생각했다. 그러면서 런던 정부에 지속해서 두 가지 요청 사항을 보냈다. 우선, 농부와 같은 기술을 가진 자유민을 보내줄 것, 그리고 죄수들을 관리할 새로운 군대를 요청했다. 그는 가족을 동반한 50명의 농부가 천 명의 죄수보다 식민지의 자립에 더 필요하다는 점을 거듭 강조했다.

유배지로서의 호주는 미국과는 다른 성격을 형성할 수밖에 없었다. 뉴욕 입구에서 신세계를 찾아오는 이민자들에게 횃불을 밝혀주고 있는 자유의 여신상 기단에는 다음과 같은 시구가 적혀있다.

"지치고, 가난하고, 자유를 숨쉬기 열망하는 사람들을,

그대의 풍요로운 해안이 거부해 비참하게 버려진 사람들을

나에게 보내다오.

폭풍에 시달리고, 갈 곳 잃은 자들을

나에게 보내다오.

황금의 문 곁에서 나의 램프를 들어 올릴 터이니."

"Give me your tired, your poor, your huddled masses yearning to breathe free, the wretched refuse of your teeming shore. Send these, the homeless, tempest-tost to me, I lift my lamp beside the golden door."

엠마 라자루스(Emma Lazarus)의 「새로운 거상(The New Colossus)」이라는 제목의 시구절 중 일부다. 전 세계의 고통받는 사람들에게 자유와 희망의 불빛이 되어준 곳이 바로 19세기 미국이었고, 그것이 바로 이민자의 나라 미국의 정체성이었다.

그러나 호주의 첫 총독 아서 필립이 자유 정착민을 원했던 이유는 달랐다. 자신이 직접 데리고 온 죄수와 군인들보다 더 능력 있고 가치 있는 사람들이 필요했던 것이다. 그러기에 유배지로 시작한 이곳 호주 사람들의 마음속 깊은 곳에는 열등감이 존재한다. '다음 도착하는 배에는 또 어떤 사람들이 타고 있을까?' 하는 두려움이 존재하는 것이다. 이것이 바로 호주의 정체성을 낳았다고 나는 믿는다. 대표적인 예가 바로 20세기 동안 호주 사회에 만연했던 백호주의(White Australia)라는 인종차별 정책이다. 이는 호주 백인들 스스로가 다른 인종보다 우수하다는 우월감에서 시작했을 수도 있겠지만, 그보다는 '열등감'에 기초한 '두려움'이 그 기저에 있었다고 나는 확신한다.

이야기를 다시 아서 필립의 초기 시드니로 옮겨보자. 이들이 초기에 겪었던 고생은 이루 말로 표현할 수 없을 정도였다. 이들을 힘들게 한 것은 우선 날씨와 환경이었다. 여름이면 마치 오븐에서 나오는 열기와도 같은 바람이 폭풍처럼 불어닥쳤다. 게다가 호주의 숲 풀을 헤치며 집을 짓는 데도 거의 2년 이상이 걸렸다. 이들은 그냥 맨바닥에서 앉아서 먹고 생활했다. 움막 같은 집이라도 짓기 위해 주변의 나무들을 잘라야만 했다. 그러나 호주에 주로 서식하는 유칼립투스 나무들은 유난히 단단해서 그들이 가져온 톱으로는 하루에 한 그루 자르기도 힘든 지경이었다. 그나마 잘라낸 나무도 집을 짓기에는 너무나 꾸불꾸불해서 무용지물이나 마찬가지였다.

그러나 이런 어려움은 배고픔에 미치지는 못했을 것이다. 죄수들과 군인들은 굶주림으로 하나가 되었다. 새로운 환경에서 농사도, 사냥에도 서툴렀던 이들은 그들이 싣고 온 식량에 전적으로 의존할 수밖에 없었다. 배급받았던 식량도 주로 소금에 절인 것들로 충분한 영양을 제공하지 못했다. 1790년 4월 당시 사람들의 절망감을 잘 보여주는 First Fleet의 의사 존 화이트(John White)의 편지 일부를 소개한다.

"더 이상 희망도 없고, 새로운 절망감만 넘쳐 나고 있다.
나름 2년 넘게 고생해서 거둔 곡식으로는 고작 3주도 견딜 수 없었다."

"Hope is no more, and a new scene of distress and misery opens our view. For all the grain of every kind which we have been able to raise in two years and three months would not support us for three weeks."

부족한 배급량으로 굶주림이 계속되자 필립은 그동안 불평등하게 지급되던 식량을 공평하게 배급하기 시작했다. 그 스스로 가졌었던 계급에 기반한 사회는 생존이라는 목표 앞에서는 아무 의미가 없었다. 그 또한 죄수들과 똑같은 양의 배급을 받았다. 그리고 이 규칙을 어기고 남의 식량을 빼앗는 자는 사형에 처하도록 지시했다. 실제로 1789년 3월, 6명의 군인이 배급소를 도둑질하려다 교수형에 처해졌다. First Fleet의 영국인들이 겪었던 지독한 궁핍은 2년 반이 지난 1790년 6월에 도착한 두 번째 선단(Second Fleet) 덕에 그나마 개선되었다.

Second Fleet은 식량과 함께 식민지를 새롭게 관리할 군대도 함께 보냈다. New South Wales Corps라고 불리는 이 새로운 군대는 아서 필립이 떠난 후 시드니를 접수하고 모든 배급, 특히 술(럼)을 독점하면서 전횡을 일삼았기에 훗날 'Rum Corps' 라는 이름으로 불리게 된다. 물론 Second Fleet 덕분에 시드니의 식량 문제는 어느 정도 해결되었지만, 이들의 항해는 초기 호주 정착 역사와 영국 항해 역사에 치명적 오점을 남겼다. 6척의 배에 나눠 탄 1천여 명이 넘는 죄수들 중 거의 1/4이 해당하는 260여 명이 항해 중 사망했다. 살아남은 786명 중 486명이 도착과 함께 드러누웠고, 이 중 124명이 도착 당일 호주 땅에서 사망했다. 1차 때와는 달리 왜 이런 일이 발생했을까? 그것은 First Fleet 과는 다르게 이번 항해에서는 모든 죄수들이 사슬에 묶인 채 갑판 아래서 음식과 신선한 공기를 제대로 공급받지 못했기 때문이다. 아서 필립은 이 사태의 원인을 죄수 수송을 담당한 계약 업체가 지나치게 많은 인원을 한 번에 이송한 결과라고 비난했다. 왜냐하면, First Fleet 때 계약 업체는 목적지에 내린 인원에 따라 돈을 지급받았지만, 이번 Second Fleet의 경우 출발할 때 배에 타는 죄수들의 숫자에 따라 돈을 받았기 때문에 이런 사태가 벌어진 것이었다.

모든 어려움에도 불구하고 아서 필립은 나름대로 최선을 다했다. 그는 죄수들의 적절한 동기부여를 위해 토지를 대여해주기 시작했다. 그러나 초기 곡물 생산성은 극도로 낮았다. 정착민들은 자신들이 가져온 곡물 씨앗이 신세계의 토양에 적합하지 않다고 좌절하기 시작했다. 그러나 필립은 필사적 노력을 통해 이 자연적 한계를 극복해보고 싶었다. 자유 정착민이 없는 상태에서 그는 전직 농부 출신 제임스 루스(James Ruse)에게 그나마 기대를 걸기 시작했다.

제임스 루스는 1782년 당시 법이 그랬듯이 절도죄로 사형 선고를 받았지만, 7년 유배형으로 감형된 자였다. 그러다 보니 그는 1789년 자신의 형기가 끝났다고 주장하고 있었다. 이에 필립은 런던으로부터 그의 형기가 끝났다는 공식 문서를 기다리는 동안 제임스 루스에게 농사지을 땅을 제공했다. 1789년 11월 시드니 서쪽 파라마타(Parramatta) 지역에 그를 위해 2에이커(약 2,450평)의 경작지와 그가 머물 작은 헛간이 마련되었다. 그리고 각종 농기구, 가축과 씨앗 등을 대여해주었다. 1791

년 2월에 이르러 그의 형기가 끝났다는 공식 문서의 도착과 함께 그는 농사를 통해 그와 그의 아내가 자립할 정도의 수확을 얻기 시작했다.

그는 그해 4월 식민지 최초로 공식적으로 땅을 불하받았다. 이제 그는 죄수 신분에서 일약 지주가 된 것이다. 이를 시작으로 전직 죄수들이 초보 단계의 목축업 등을 시작했다. 변화가 서서히 시작된 것이다. 이런 식으로 1792년 말까지 식민지에는 73명의 지주가 생겨났다. 호주에서 최초로 농작물을 생산했던 제임스 루스는 처음 받았던 파라마타 지역의 땅이 농사에 적합하지 않다고 판단했다. 결국 자신이 불하받은 땅을 처분하고 비옥한 혹스베리 강(Hawkesbury River) 주변 지역의 새로운 토지를 원했다. 그곳에서 향후 호주의 주요 수출품이 되는 밀을 최초로 수확하게 된다. 호주 농업의 아버지라 불리는 제임스 루스는 그 후 경제적으로 파산하면서 당시 시드니에서 주요 인사가 되지는 못했지만, 그의 이름은 현재 'James Ruse Agricultural High School'이라는 고등학교 이름으로 호주인들에게 기억되고 있다.

런던 정부는 죄수들에게 땅을 주는 것을 눈감아줬다. 사실 장려했다고 볼 수 있다. 땅을 줘서 전직 죄수들이 시드니에서 삶의 기반을 마련한다면, 이들이 다시 영국으로 돌아올 생각을 안 할 것으로 여겼기 때문이다. 반면 식민지 정부 관료나 군인들이 땅을 받는 것은 금지했다. 땅을 받음으로써 그들이 자신들의 업무에 태만해질 수 있다고 판단했기 때문이다. 자유 정착민이 없는 상황에서 죄수 출신들은 신분 상승의 기회를 부전승으로 얻은 것과 마찬가지였다.

이제 죄수들은 그들 자신을 위해 일하기 시작했다. 아서 필립의 실용주의적 평등사상이 뿌리를 내리면서 초기 호주 사회의 기풍을 만들어 나갔다. 그러나 이러한 백인 사유지 확대 정책은 이미 이 땅에서 수만 년 살아오던 선주민(Aborigin 또는 The First Australian)과의 마찰로 이어질 수밖에 없었다. 아서 필립이 시드니를 떠나던 1792년 이후 백인과 선주민 간 삶의 터전을 놓고 벌이는 전쟁은 이미 피할 수 없었다.

제 5 장

와라! 와라! (Warra, Warra)

―――――
두 세계의 만남

　1788년 1월 26일 이날은 아서 필립의 첫 번째 선단(First Fleet)이 지금
의 시드니로 상륙해 영국의 유니언 잭을 꽂은 날이다. 이날이 요즘도 논란
의 중심에 있는 호주의 국경일 Australia Day, 즉 '호주의 날'이다. 도대체
왜 호주인들은 매년 1월이 되면 이 논쟁을 벌일까? 한쪽에서는 Invasion
Day, 즉 '침략의 날'로 규정하면서 선주민을 포함한 호주인 모두를 위해
결코 축하할 날은 아니라고 주장한다. 반면 다른 한쪽에서는 호주의 주류
문화를 만들어낸 백인들이 처음으로 호주 땅을 밟은 날인만큼 역사적으
로 의미 있고, 기념해야 한다는 것이다.

　이 논쟁에 정답이 있을까? 호주에서 고작 13년 살아온 내가 답을 내릴
수 있는 문제는 아니다. 그러나 내 생각을 말할 수는 있을 것이다. 나는
이날이 '호주의 날'로 기념하기에 적합하지 않다고 생각한다. 선주민을 제
외하고 호주에 사는 모든 사람은 이민자이거나 그들의 후손이다. 다시 말

해서 선주민만이 대대로 이 땅에서 태어나 살아왔다. 그렇다고 선주민만이 호주의 주인일 수도 없다. 지금 호주라는 나라의 모습을 만든 사람들은 초기 영국 백인을 포함한 모든 이민자였기 때문이다. 그러기에 초기 영국 백인들만을 기념하는 1월 26일은 호주인 모두를 상징하는 데 분명한 한계가 있다. 게다가 백인들에게 강제로 생명과 땅을 빼앗겼던 선주민들의 입장에서는 '침략의 날'이라 부를 충분한 이유가 있지 않은가?

그렇다면 '호주의 날'을 그냥 없앨 것인가, 아니면 다른 날로 변경할 것인가? 나는 1967년 국민투표가 있었던 5월 27일을 대안으로 제시한다. 도대체 이 국민투표가 왜 중요한가? 믿기 어렵겠지만, 1967년 이전까지만 해도 선주민은 호주 인구통계에조차 잡히지 않았다. 선주민들을 존엄한 인간으로 취급하지 않았다는 의미다. 결국, 이 국민투표에서 전 국민의 90.77% 찬성으로 선주민은 비로소 호주 국민으로 인구통계에 편입되었다. 물론 지금 봐서는 반대한 9.23%가 있었다는 점이 오히려 더 놀랍기까지 하다. 물론 이들이 투표권을 획득한 것은 이보다 조금 빠른 1962년이지만, 긴 역사의 흐름에서 볼 때 호주의 주류 영국계 백인들은 선주민들을 1960년대까지 인간으로 취급하지 않았다고 말할 수도 있는 것이다.

조금 더 들여다보면 꼭 선주민만의 문제는 아니다. '백호주의'라 불렸던 악명 높은 호주의 인종차별 정책은 유색인종 모두에게 차별을 가했다. 나중에 이 문제는 따로 더 다룰 예정이고, 다시 '호주의 날'로 돌아오자면, 이 국민투표가 지니는 상징성이 현재 1월 26일이 갖는 그것보다 더 사회통합적이고 다문화주의 호주 사회에 적합하기 때문이다. 물론 이때까지도 선주민에 대한 진정한 사과와 반성이 따르지 않았다는 점을 고려한다면, 1992년 12월 10일 호주 수상 폴 키팅(Paul Keating)이 선주민에 대한 백인들의 잘못을 인정하고 사과한 레드펀(Redfern) 연설이 있었던 날을 선택할 수도 있겠다. 이렇게 더 나은 대안들이 있는데도 1월 26일을 고수할 필요는 없지 않겠나.

1788년 1월 18일 First Fleet의 선발대 4척의 배가 보타니 베이(Botany Bay)에 도착했다. 이틀 후 나머지 배들이 무사히 항해를 마치고 목적지에 도착할 무렵, 시리우스(Sirius) 호의 선장이자 향후 NSW의 두 번째 총독이 되는 존 헌터(John Hunter) 대위는 일군의 선주민들이 해안가 절벽(Cape Solander)위에서 긴 창을 흔들며 소리 지르는 것을 목격했다. 그들은 "와라! 와라(Warra, Warra)!"라고 외치고 있었다. 결국, 이 외침이 최초로 백인들에 의해 기록된 선주민 말이다. 우리말로 하자면 '어서 와라'라는 환영의 뜻으로도 오해할 수 있는데, 사실 이 말의 의미는 '꺼져라! 돌아가라(Go away)!'라는 뜻이다. 즉, 수만 년간 고립되었던 호주 대륙의 선주민과 목숨 걸고 먼 길 온 손님(?) 사이에 오고 간 대화치고는 그리 아름답지마는 못 했던 것 같다.

이렇게 두 문명은 조우했다. 선주민 입장에서는 생전 처음 보는 그 커다란 영국 군함이 낯설다 못해 아마도 그들 눈에는 보이지 않았을 수도 있다. 사람은 기존 자신이 인식하고 있는 것만 눈에 보인다고 하지 않았던가? 선주민들에게 영국 백인들은 호기심과 두려움 그 자체였을 것이다. 잠시 왔다가 곧 떠날 손님 정도로 생각했던 백인들이 자신들의 땅을 지붕 없는 감옥으로 만들 것이라 어디 상상이나 했겠는가? 반면 백인들의 눈에 선주민들은 그저 벌거벗은 미개인으로 보였다. 당시 세계 최신식 문명과 수렵 채집 문명의 만남! 과연 이 두 문명은 공생할 수 있을까?

초대 NSW 총독 아서 필립과 한 선주민의 관계를 통해 이 두 문명이 공생의 접점을 찾는 것이 얼마나 힘든 과제였는지를 지금부터 살펴보려 한다. 신세계에 첫발을 내디딘 아서 필립은 우선 자신의 예상보다 선주민이 많다는 것에 사뭇 놀랐다. 그러나 그들이 가진 무기라는 것이 자신들의 총이나 대포와 비교해 보잘것없다는 점에 그나마 안심했을 것이다. First Fleet의 죄수나 군인과는 달리 아서 필립은 이곳에 새로운 정착지 건설의 사명이 있었다. 그는 당시 영국 왕 조지 3세가 친필로 작성한 일종의 식민지 정복 매뉴얼을 가지고 있었다. 지금 생각하면 참으로 모순된 말이지만 조지 3세는 새로운 땅을 획득하는 데 최대한 무력행사를 지양하고, 평화적 방법으로 어떠한 조약도 없이 식민지를 건설하라는 지시를 내렸다. 이에 따라 아서 필립은 선주민들을 존중하려고 노력했고, 선주민들과 불필요한 개인적 접촉을 시도하는 죄수나 군인을 엄하게 처벌했다. 아서 필립은 선주민과 만남에 있어서 그들의 신뢰를 얻고자 창을 든 그들 앞에 맨손으로 다가갔다. 몇 번의 만남 후 그는 신뢰의 징표로 손도끼 같은 몇 가지 그들에게는 신기한 도구를 선물로 주기도 했다. 그러면 선주민들은 춤과 노래로 화답했다.

그러나 며칠 후 한 선주민이 백인들의 삽을 훔치는 일이 발생하자, 그는 선주민들의 잘못을 지적하는 차원에서 한 나이 든 선주민의 어깨를 몇 차

레 손으로 때렸다. 아서 필립은 이런 행동을 통해 무력을 사용하지 않고 선주민들에게 자신의 의사를 전달하려 했다. 그러나 선주민 사회에서 연장자는 존경의 대상이었기에 그들은 아서 필립의 행동을 위협으로 받아들였다. 창을 꼬나들고 전투태세를 취했다. 그러나 이런 긴장감도 오래가지는 못했다. 아서 필립 주변에 총을 든 많은 군인이 있었던 관계로 양측의 무력 대결은 벌어지지 않았다. 이렇듯 서로에 대한 정보가 거의 없는 두 문명의 간격은 신뢰의 다리를 쌓기에는 너무나 멀게 느껴졌다.

그러던 중 아서 필립은 선주민을 보다 자세히 알기 위해 1789년 11월 두 명의 선주민 남자를 납치했다. 그중 한 명은 도망쳤지만 한 명은 남아 6개월간 백인들과 함께 생활했다. 그가 바로 호주 선주민 최초로 백인 문화를 경험한 베넬롱(Bennelong)이다. 그도 6개월 후 결국 도망쳤지만, 그 사이 그는 약간의 영어도 배우고, 백인들의 옷과 음식, 술 등을 체험했다.

그 후 1790년 9월 필립과 베넬롱은 맨리(Manly) 해변에서 다시 만났다. 그러나 재회의 순간 양측은 서로 다른 생각을 품고 있었다. 베넬롱은 자신들의 땅에서 백인들이 저지른 잘못을 벌하는 제식을 주관하려 했던 것이다. 사실 백인들 입장에서는 자신들이 무슨 잘못을 했는지도 몰랐을 것이다. 그러기에 아서 필립은 그저 옛 친구를 다시 만나는 정도로 가볍게 생각했던 것 같다. 전과 같이 맨손으로 그들 앞으로 다가가던 아서 필립을 향해 선주민 한 명이 순식간에 창을 던졌다. 그 창은 필립의 어깨에 그대로 꽂히고 말았다. 이 순간이 어쩌면 양측간 전쟁의 시작일 수 있었다. 그러나 필립은 보복하지 않았다. 그만큼 필립은 평화적인 관계 구축을 원했던 것으로 보인다.

이 사건이 있고 난 뒤 후 베넬룽은 다시 한 번 아서 필립을 신뢰하기 시작했고, 아서 필립이 머물고 있던 총독 관저(Government House)를 정기적으로 방문했다. 필립은 베넬룽을 위해 1791년 지금의 오페라 하우스 자리에 작은 오두막을 하나 지어줬다. 그러니 현재 호주를 대표하는 상징물은 베넬룽의 집터(Bennelong Point)에 자리 잡게 된 것이다.

1792년 12월로 총독의 임기를 마친 아서 필립은 베넬룽과 함께 영국으로 돌아갔다. 베넬룽은 최초로 영국에 와서 영국 왕을 만난 호주 선주민으로 기록된다. 아서 필립은 자신들의 발달한 문명에 나머지 모든 선주민들이 동화되기를 바랐을 것이다. 그러나 선주민의 눈에 백인들은 그저 호기심 그 이상도 아니었다. 아마도 선주민들은 백인들의 총과 대포의 위력을 어느 정도는 이해했을 것이다. 그러나 동시에 그들 눈에 백인들은 그저 자신들의 앞마당에서 길 잃은 아이들로 비쳤다.

그럼 영국에 갔던 베넬룽은 어떻게 되었을까? 그는 2년 넘는 기간 동안 런던에 머물렀다. 그곳에서 영국 귀족의 조끼를 입고 다니면서 권투, 스케이트, 담배 등을 배웠고, 나이프와 포크 쓰는 법, 인사와 건배하는 법 등 영국식 예절 또한 배웠다. 그러나 그는 고향으로 돌아가기를 간절히 바랐고, 결국 1795년 돌아왔다. 돌아온 그는 폭음과 싸움 등 방탕한 생활로 선주민 사이에서도 신망을 잃었고, 1813년 쓸쓸히 생을 마감했다.

양쪽 문명의 중재자로서 공생의 미래를 제시할 수도 있었을 베넬룽의 삶은 마치 곧 닥칠 선주민의 비극을 보는 듯하다. 그렇다면 베넬룽으로 대표되는 호주 선주민들의 문명은 어떤 것이며, 그들은 과연 누구인가? 이제부터 호주 선주민에 대해 알아보자.

제 6 장

호주 선주민(The First Australian)

---

the world's oldest continuing culture

과연 호주는 역사가 일천한 젊은 국가인가? 이 질문에 답하기에 앞서 2021년부터 변경된 호주 국가의 첫 도입부를 소개한다.

> ♫ Australians all let us rejoice,
> ♫ For we are ONE and free…

과연 무엇이 변경되었을까? 변경된 부분은 "ONE"이라는 단어다. 그럼 이전에는 무엇이었을까? 바로 "YOUNG" 이었다. 그럼 왜 바꿨을까? 이것이 본 장 첫 질문의 답이다. 호주의 역사는 짧지 않고 그래서 호주는 결코 젊은 국가라고 말할 수 없다는 것이다. 왜냐하면, 현재 호주인들은 이 땅에 사는 선주민들의 역사를 자랑스럽게 호주 역사의 일부분으로 여기기 때문이다. 물론 호주인 모두가 이렇게 생각한다고 말하지 않겠다. 그럴 수도 없고, 그럴 필요도 없다. 각자의 다양성을 인정하면서 전 세계로부터 더 나은 삶을 찾아서 모인 사람들이 사는 곳이 바로 호주라는 나라이기 때문이다.

사람들은 이렇게 말한다. "호주인 너희들은 선주민을 그토록 죽이고, 모든 것을 빼앗아 갔으면서 이제 와서 그런 말을 할 수 있나!" 그렇다. 호주의 역사는 절대 아름답지만은 않다. 과거 분명한 잘못이 있었고, 그로 인해 불행한 역사를 몸소 체험한 사람들이 아직도 삶을 살아가고 있다. 그렇지만 또 한 가지 분명한 것은 호주 사회는 변하고 있다는 것이다. 과거의 잘못을 사과하고 반성한다. 그리고 호주의 가치를 지키기 위해 대다수의 사람이 노력하고 있다.

그렇다면 여기서 언급한 '호주의 가치(Australian Values)'란 무엇일까? 심지어 정부의 공식 사이트에서도 이에 대해 설명을 하고 있지만, 내가 생각하는 '호주의 가치'는 '다양성(Diversity)', '다문화사회(Multiculturalism)', 'Fair go(기회의 평등)' 그리고 호주 선주민을 'The First Australian'으로서 '세계에서 가장 오래 지속되고 있는 자랑스러운 문화(the world's oldest continuing culture)'로 인정하는 것이라 본다. 호주는 '젊은' 국가가 아니라 모두를 아우르는 '하나(One)'로서 자유로운 나라임을 강조한 이번 국가(國歌) 변경은 호주의 가치를 지킨다는 측면에서 매우 큰 의미가 있다고 생각한다.

그럼 호주의 선주민들은 어떤 사람들일까? 대다수의 사람이 그저 수만 년간 호주라는 큰 섬에 고립되어 변화도, 발전도 없이 정체된 삶을 살아온 사람들이라고 생각하는 경우가 많다. 이렇게 이해하는 이유는 우리가 호주 선사시대에 대해 무지하고, 그들이 수만 년간 쌓아온 삶의 지혜을 이해하지 못하기 때문이다. 그럴 만도 한 것이 선주민의 긴 역사적 시간과 비교해 백인의 역사는 극히 짧고 그 후 변화는 너무나 급격했다. 지금 시드니 오페라 하우스 앞에서 하버 브리지를 올려다보는, 우리로서는 불과 250여 년 전 자연 그대로의 모습으로 사냥하던 그들을 상상하는 것이 어디 쉬운 일이겠는가?

실제로 1960년대까지도 우리는 선주민들의 존재 자체를 무시했었다. First Fleet의 백인들은 마치 무주공산으로 들어왔다고 생각했다. 백인들은 어차피 멸종될 열등한 종족인 선주민들을 제압하고 이 땅을 차지하는 것은 적자생존이라는 일종의 자연법칙이자 신의 섭리라고 믿었다. 그러나 앞서 언급했듯이 신세계에 도착한 초기 백인들은 마치 대도시에서 길 잃은 아이와 같았다. 영국의 도움이 없었다면 아마도 자신들이 먼저 이 땅에서 소멸했을 것이다. 백인들은 신세계에 대한 정보가 턱없이 부족했다. 먹을 수 있는 것과 먹어서는 안 되는 것조차 구분하지 못했다. 반면 선주민들은 이 땅의 주인으로서 살고 있었다. 심지어 당시 이들의 영양 상태는 대부분의 유럽인보다 좋았다고 전해진다. 백인들에게 시드니는 세상의 끝자락이었지만, 선주민에게는 세상의 중심이었던 것이다.

선주민들은 이 땅에 짧게는 4만5천 년, 길게는 6만 년 이상 살아왔다. 홍적세 혹은 최신세라고 불리는 시대(지금부터 약 170만 년 전부터 1만 년 전까지의 시기)에 호주 대륙으로 넘어왔다. 호모 사피엔스가 아프리카의 초원을 떠나 지구 곳곳으로 퍼져 나갈 때 이들도 아시아를 통해 호주 대륙으로 이주했다. 베링 해협을 건너 아메리카로 갔던 사람들보다 먼저 이들은 호주 대륙으로 왔다. 당시 호주 대륙은 해수면이 지금보다 120~180m 정도 낮았기 때문에 육지는 더 넓었을 것이다. 그러므로 지금의 파푸아 뉴기니와 거의 연결되었을 것이고, 남쪽 태즈메이니아도 당시는 섬이 아니었다. 인류 역사 최초로 바다를 건너 대륙을 정복했다. 이는 인간이 달에 간 것만큼이나 중요한 이벤트였을 것이다. 그 주인공이 바로 호주의 선주민이다. 그리고 이들은 호주 대륙 전역으로 퍼져 나갔다. 그러던 중 17,000여 년 전 해수면이 상승하기 시작했고, 호주 대륙은 마침내 완전한 섬으로 고립된다. 이로써 호주 선주민은 세계에서 가장 오래 지속한 문화를(The world's oldest continuing culture) 가질 수 있었다.

선주민들은 여러 부족으로 나뉘어 살았다. First Fleet의 백인들이 왔던 때를 기준으로 약 250~500여 개의 부족이 존재했다고 전해진다. 그 숫자는 자료마다 차이가 나는데, 아마도 정확한 자료를 구한다는 것은 거의 불가능했을 것이다. 예를 들어 시드니 지역은 이오라(Eora) 부족이, 멜버른 지역은 쿨린(Kulin) 부족이 각각 존재했다. 언어도 약간씩 달랐다. 현재 선주민들도 타 부족의 언어를 100% 이해하지는 못한다. 그러나 웬만한 의사소통은 가능하다고 한다. 사유재산에 관한 개념은 없었지만, 대대로 이어진 사냥 풍습이나 토템 사상으로 자신들이 사는 땅에 대해 강한 소속감을 가졌다. 우리가 흔히 말하는 왕이라는 카리스마 넘치는 리더의 개념이 없었고, 공공의 의사결정을 위한 위원회 같은 조직도 없었다. 즉 사회적 계층 구분이 없는 것이다. 이들 사회는 사용하는 언어나 공통의 믿음으로 조직되었다. 그들은 문자도 없었다.

구두로 대대손손 전해지는 신비한 신화가 있었을 뿐이다. 선주민 사회는 다른 인류가 약 12,000년 전에 시작한 농업혁명의 바람을 타지 못하고 수렵 채집 단계로 생존했다. 다른 인류가 농업혁명으로 잉여 생산물을 창출하고, 이를 관리하고 분배하는 과정에서 사회적 계급과 문자를 발전시킨 데 반해, 수렵 채집 생활을 했던 이들은 바깥 세계와는 전혀 다른 자신들만의 문명을 이어왔던 것이다.

이제부터 선주민들이 어떻게 살았는지를 조금 더 자세히 알아보자. 물론 부족마다 조금씩 다른 생활 방식이 있었겠지만, 우리는 초기 백인들에 의해 더 많이 관찰, 기록되었던 시드니 주변의 이오라(Eora) 부족의 예로 살펴볼 것이다. 바다 주변에 살다 보니 이들의 주요 식량은 물고기였다. 카누를 만들어 낚시했는데, 이들의 카누는 유칼립투스 나무의 껍질을 여러 장 벗겨내서 앞뒤로 묶어 만들었다. 물론 지금은 거의 없지만 100여 년 전만 해도 이렇게 껍질이 벗겨진 나무(scarred trees)를 많이 발견할 수 있었다. 이들은 물에 젖은 찰흙으로 빚은 받침을 배 바닥에 설치하고 그 위에 불을 피워서 잡은 물고기를 배에서 바로 구워 먹을 수도 있었다. 아메리카 선주민들의 자작나무 카누보다 불안정하고 엉성해서 물이 새기도 했지만, 이들은 이런 카누를 요령 있게 잘 다뤘다고 한다. 이들이 이렇게 대충 배를 만든 이유는 한곳에 정주하지 않고 계속해서 이주하는 생활을 했기 때문이다. 그러기에 잠깐 쓰고 버릴 배가 필요했던 것이고, 이오라 부족원들은 단 하루 만에도 이런 카누를 뚝딱 만들 수 있었다.

또 다른 주식으로는 조개류와 갑각류, 특히 많은 양의 굴을 먹었던 것으로 보인다. 이것들의 채집은 주로 여성과 아이들의 몫이었다. 지금 오페라 하우스가 있는 근처 동굴에 엄청난 규모로 굴 껍데기가 쌓여있었다고 한다. 이는 수만 년 동안 지속해서 먹었던 것이 쌓였던 것이다. 결국 이 굴 껍데기의 석회를 이용해 백인들은 최초로 회반죽을 만들었고 그것으로 벽돌을 만들어 시드니 총독이 머무는 관저(Government House)를 지었다. 참고로 이 건물은 호주 최초의 조지안 스타일 2층 건물로 1846년까지 존재했다. 이 건물을 제외하고는 어떤 초기 건물도 남지 못했다. 왜냐하면, 이 건물에 당시 수집한 굴 껍데기를 전부 사용했기 때문이기도 하거니와 심리적으로 건물을 짓는다는 것은 영주를 목적으로 해야 하는데, 당시 자유 정착민 사회를 꿈꿨던 아서 필립 총독을 제외하고는 죄수든 군인이든 누구도 그런 꿈을 꾸지 않았기 때문이다.

물론 이오라 부족이 바다에서만 식량을 충당하지는 않았다. 육지에서는 주로 창으로 사냥을 했다. 많은 분이 아마도 부메랑을 사용했을 것으로 생각하겠지만, 부메랑은 내륙의 아웃백이나 사막과 같이 넓고 탁 트인 공간에서 주로 사용되었다. 그러나 시드니 지역은 나무가 많은 지역이기에 주로 창, 돌도끼 또는 불쏘시개(firestick)로 불리는 막대기 같은 것을 이용해서 사냥했다. 당시 의사 존 화이트(John White)의 기록에 따르면 창던지기에 뛰어난 선주민 전사들은 약 30m 정도 거리의 사냥감은 거의 놓치지 않았다고 기록하고 있다. 사실 현재의 기준으로 그들의 기술력을 평가하자면 특별히 뛰어난 점은 없다. 그러나 그 기술을 이용하는 데는 탁월했던 것으로 보인다. 그들은 활 같은 도구는 못 만들었지만, 사냥감을 쫓는 기술과 위장술에서는 그들만의 노하우가 있었다. 사냥감이 이동하면서 남긴 발자국, 배설물 등의 흔적과 주변 나뭇잎 등이 어떻게 움직였는지를 정확히 파악하면서 추적했고, 사냥감 앞에서는 돌처럼 정지한 상태를 1시간 넘게 유지할 수도 있었다. 마치 고양이처럼 나무를 탈 수 있었고, 나무 위 벌집도 효과적으로 공략할 수 있었다. 이들은 자신의 영역 내 모든 동물에 대한 지식이 있었다. 선주민 사냥꾼은 동물들이 언제 어떻게 이동하는지, 어떻게 새끼를 먹이는지, 둥지를 만드는지, 짝짓기하는지 등 사냥에 필요한 모든 정보를 정확히 숙지하고 있었다.

〈유칼립투스(Eucalyptus tree)〉
호주 어디서나 흔히 볼 수 있는 나무로, 검트리(Gum tree)라고도 부른다.
나는 가끔 영화에서 이 나무들을 보면 '호주에서 촬영했구나.' 할 정도로
호주의 전형적인 모습을 상징한다.
유칼립투스 오일로도 유명하고, 잎사귀는 코알라의 유일한 먹거리이기도 하다.
사진출처: theguardian.com / blocky.io

남녀의 역할 구분은 확실했다. 남자는 사냥을 했고, 여자는 주로 채집을 했다. 씨를 뿌리거나 수확하는 농업을 하지 않았기에 자신들의 땅

을 전혀 훼손하지 않았다. 단 예외가 하나 있는데, 중요한 개념이라 차후에 또 설명할 기회가 있겠지만, 이들은 불을 이용해 의도적으로 주변의 식물들을 태웠다. 불을 피워서 사냥감이 도망쳐 나올 때를 기다렸다 잡는 식이었다. 이것을 'firestick farming'이라고 부르는데, 이 때문에 잡풀들이나 나무들이 없어지고 대신 훗날 양이나 소의 방목에 접합한 초지가 만들어질 수 있었다. 현재 호주에 번성하는 유칼립투스 계열의 나무들은 이런 토질에 가장 적합했기에 호주 대륙 거의 전 지역에서 찾아볼 수 있는 것이다. 이렇듯 불은 그들에게 너무나 소중했다.

어디 한군데 머물러 거주하지 않았기에 집이라는 공간적 개념보다 가정 또는 가족이라는 추상적 개념이 더 중요했다. 그런 이유로 그들은 텐트와 같은 이동식 가옥도 만들지 않았다. 그저 자연을 이용했다. 주로 동굴이나 유칼립투스 나무의 껍질을 엉기성기 붙여 만든 간이 움막(humpies)을 거처로 이용했다. 백인들의 눈에는 건물을 짓지 않은 것이 미개해보였을 것이다. 그러나 계속 이동하는 유목민적 입장에서 보자면 건물보다 더 훌륭한 동굴이 있었기에 건물을 지을 필요가 없었을 뿐이다.

그들의 거처 입구에는 먹다 버린 동물의 잔해 또는 인간의 배설물 등이 즐비했다. 왜 이들은 배설물이나 쓰레기를 제대로 처리하지 않았을까? 이는 요즘도 가끔 거론되는 문제다. 선주민들은 쓰레기를 잘 치우지 않기 때문이다. 이런 생활 방식 때문에 백인들로부터 비난을 받는 경우가 많다. 이는 그들의 오래된 생활 습관에서 온 것인데, 쓰레기를 치우기보다는 그냥 다른 곳으로 옮겨가면 그만이기 때문이다. 생각해보면 그들이 남긴 쓰레기나 배설물 중 인공적인 것이 어디 있나? 모두 시간이 지나면 자연히 썩어 땅으로 사라지기 마련인 것이다.

이들은 또한 평생 씻지도 않는다. 모기떼를 쫓기 위해 온몸에 생선 기름을 바르는데, 햇볕 쨍쨍한 날, 생선 내장을 머리부터 온몸에 바르고 말리는 모습은 전혀 이상한 게 아니다. 이렇게 굳어진 오일은 이들에게는 천연 연고로써 해충을 쫓는 너무나 중요한 방어막이 되기 때문이다. 생선 기름에 각종 동물의 기름이 더 해지고 거기에 흙, 모래, 먼지 그리고 땀이 혼합되니 지금 우리의 눈으로 볼 때 이들은 말할 수 없이 지저분하고 냄새나는 사람들일 수밖에 없다. 그러나 그들의 체력이나 운동능력은 지금의 우리보다 훨씬 더 뛰어났고, 특히 설탕이나 탄수화물의 섭취가 거의 없기 때문에 치아의 건강 상태는 당시 백인들보다 월등히 좋았다고 한다.

사유재산의 개념이 없었기에 교환의 매개체인 돈도 없었다. 잉여물이 없는 삶이었기에 자본의 축적이 이루어질 수 없었고, 외부와의 거래도 없었다. 동물을 가축화하는 것도 없었는데, 한 가지 예외로 딩고를 들 수는 있다. 딩고를 호주 토종개라고 보통 알고 있는데, 엄밀히 따지자면 이들도 인도네시아 섬 쪽에서 들어온 외래종이다. 그렇다고 지금 우리가 상상하는 애완견과는 성격이 다르다.

〈딩고(Dingo)〉
우리의 진돗개하고 살짝 비슷하기도 한데, 지금도 아웃백에 나가면 야생 딩고를 볼 수 있다
사진출처: newscientist.com

    선주민들은 집도 없고, 옷도 없고, 여가와 노동의 구분도 없이 그저 살기 위해 끊임없이 먹을 것을 쫓으며 마치 동물과 같은 모습으로 살았다. 이렇듯 이들의 삶은 자연과 하나 된 것이었다. 우리 주변에 너무나 당연히 있어야 할 모든 문명의 이기가 없는 삶이다. 호주 선주민의 잠언 하나를 소개한다. 어쩌면 이들은 노자가 말한 천지불인(天地不仁) 한 세상에서 자연히 그러하게 살다가, 자연으로 돌아간 멋진 사람들이 아닐까 생각해본다.

    "지금 이곳, 이 시간 속에 우리는 모두 그저 스쳐 가는 손님일 뿐. 우리가 이 세상에 온 목적은 보고, 배우고, 성장하고, 사랑하기 위함이다. 그리고 결국 우리는 원래 고향인 땅으로 돌아갈 것이다."

"We are all vistors to this time, this place. We are just pass-
ing through. Our purpose here is to observe, to learn, to grow, to
love, and then we return home."

그렇다고 이들의 삶이 언제나 에덴동산 같은 낙원의 모습만은 아니
었다. 항상 이곳저곳으로 이주하는 생활(nomadic life)의 특성상 부
족 간 전쟁은 피할 수 없었다. 그렇다고 그들은 전투를 위해 훈련된
군인을 별도로 보유하지 않았다. 민간인, 사냥꾼 그리고 전사 사이에
는 어떤 구분도 없었다. 이들의 용감한 남성성은 아서 필립에 의해 이
미 알려졌다. 시드니의 유명한 해안가 맨리 비치(Manly Beach)의 이
름도 필립이 그 근처 선주민의 용감한 모습에 붙여준 것이다.

다른 유목 민족의 경우와 비슷하게 호주 선주민 사회에서도 여성의
지위는 매우 낮았다. 때로는 부족 간 전쟁의 부산물로 다른 부족의 남
자들에게 성적 희생물이 되기도 했다. 태어나서 결혼 전까지는 부족의
소유물이고, 결혼 후에는 남편의 소유물이었다. 자신이 선택할 수 있는
삶이 아니었다. 결혼은 부족의 결속을 다지고 서로 도움이 되는 수단의
일부로 작동했다. 결혼을 통해 여성의 지위가 변하는 것은 없었고, 그
저 계속해서 먹을 것을 채집하면서 남편에 부속된 재산과 같은 존재였
다고 볼 수 있다. 귀한 손님을 대접할 때 자신의 부인을 하룻밤 선물로
제공하는 풍습도 있고, 전투에 출정하기 전날 밤 전우애를 다지기 위
해 아내를 서로 바꾸기도 했다. 다른 부족의 전사들이 공격해오기 직전
공격받는 부족에서는 여자들을 상대 부족에게 보내기도 했다. 이를 통

해 평화적 해결 방법을 찾고자 했는데, 만일 상대 부족이 여자들을 취하지 않고 그대로 돌려보낸다면 이것은 전쟁밖에는 방법이 없다는 것을 의미하는 것이었다. 때로 부족 간 휴전을 위해 부인들을 하룻밤 교환하기도 했다. 이런 행사는 보통 한참 동안 미친 듯이 노래와 함께 춤을 추고 결국 난잡한 집단 성교 파티로 마무리되고는 했으나 이런 행위는 백인들에 의해 자주 목격되지는 않았다고 한다. 여기서 만약 여성이 이런 행위를 꺼리는 모습을 보이거나 불만을 표시하면 엄하게 매를 맞거나 심지어 죽임을 당할 수도 있었다고 한다.

우리가 아는 농경 사회에서 출산은 보통의 경우 여성들을 보호하게 만드는 요인으로 작동한다. 그러나 선주민 사회의 경우 출산에 대한 보호가 거의 없었다. 아이들이 많아진다는 것은 계속 이동해야만 하는 삶에 부담으로 작용했다. 이동 중 여성은 젖먹이와 동시에 음식과 각종 도구를 함께 들고 가야 했다. 여성은 단지 한 아이만 데리고 다닐 수밖에 없었다. 아이들은 보통 3살 넘어까지 엄마 젖에 의존해야만 했다. 엄마 젖을 대신할 우유를 생산할 수 있는 소나 염소가 없었기 때문에 갓난아이는 엄마 젖에 전적으로 의존할 수밖에 없었고, 아이들이 소화 시킬만한 음식도 별로 없었기 때문이다. 이런 이유로 약초를 이용한 유산이 많이 시도되었고, 필요한 경우에는 임산부의 배를 걷어차기도 했다. 이런 유산 시도가 실패해서 낳은 아이는 살해될 수도 있었다. 기형아 출산의 경우 아이는 목 졸라 죽였다. 만일 산모가 아이를 낳다가 죽는 경우, 아빠는 큰 바위에 자신의 머리를 처박은 후 그 아이도 엄마와 함께 화장했다. 노인의 경우 그들이 오랜 세월 축적한 지혜와 지식으로 존경의 대상이었지만, 이들도 너무 늙어서 음식을 못 씹거나, 이동을 못 하게 되는 경우 제거의 대상이 되고 만다.

자연은 인자하지 않고, 그 험한 자연 속에 생존해온 선주민들의 삶도 지금 우리의 눈으로 볼 때 무자비해 보인다. 그러나 이런 생활 방식으로 그들은 이 땅에서 특별한 기술의 진화 없이, 자원을 고갈시키지도 않으면서 수만 년을 생존했다. 이렇게 그들은 1788년 1월까지 이 땅에서 살아왔던 것이다. 백인들은 어차피 사유재산에 관한 개념이 없던 선주민들이 왜 이토록 자신들의 땅에 연연하는지 이해할 수 없었다. 이를 이해하기 위해서는 선주민들이 신성시하는 종교적 제식과 과거로부터 전해오는 신화가 어떻게 이들의 영적 세계를 구성하면서 자신들의 땅과 연결되는지 살펴보아야 한다.

제 7 장

호주 선주민(The First Australian)

Dreaming - 그들만의 영적 세계

호주 선주민들에게 있어 자신들의 삶의 터전인 땅은 언제나 그곳에 있었다. 자신들이 살고, 인지하는 세계의 모습을 그들은 신화를 통해 설명했다. 주변에서 경험했던 사물들, 가령 바위, 나무, 물웅덩이, 각종 동물은 신화와 제식을 통해 영적 세계와 연결되었다. 선주민들에게는 자신들의 세계를 표현하는 어떤 종류의 영적 존재(Spiritual beings)들이 있었고, 이를 통해 그들 삶과 그들이 서있는 땅에 특별한 의미를 부여했다. 이러한 영적 존재들은 구체적으로 설명하기 참 어렵지만, 남성, 여성 혹은 양성을 모두 가진 존재로 표현되기도 하고, 마음대로 인간에서 동물로 변하기도 하고, 또는 자연의 모습으로 변하기도 한다.

대표적인 예로 '무지개 뱀(Rainbow-Serpent)'을 들 수 있다. 호주를 여행하다 보면 날씨가 급변하는 것을 자주 경험한다. 좀 전까지 비가 오다 언제 그랬냐는 듯이 해가 나는 경우가 흔하다. 이럴 때 보통

하늘에 무지개가 뜬다. 그만큼 무지개는 호주에서 자주 볼 수 있는 자연현상 중 하나다. 이렇듯 무지개는 선주민들에게도 흔히 보였던 현상이었을 것이다. 뱀 또한 호주에서 자주 볼 수 있다. 그러다 보니 선주민들의 신화에는 이들을 합친 무지개 뱀이 단골 메뉴다. 이들은 주로 물웅덩이에 살고 동시에 하늘의 무지개이기도 하다. 선주민들에게 무지개 뱀은 물과 생명을 상징하고, 때로는 그들 조상을 의미하기도 한다. 현재도 선주민 예술(Aboriginal art)의 단골 메뉴다.

〈레인보우 썰펜트(Rainbow Serpent)〉
이런 종류의 그림은 호주를 여행하다 보면
선주민 아트 갤러리 등에서 쉽게 볼 수 있다.
실제로 보면 색감이 화려하고 풍부하며, 상당히 모던한 느낌마저 든다.

〈사진 출처〉
(왼쪽) 「Snake Dreaming」 by Justin Ronberg
(오른쪽) 「The Rainbow Serpent」 by Michael J Connolly

우리 민족에게 단군 신화가 있듯이 호주 선주민 각 부족 또한 무지개 뱀과 비슷한 영적 존재를 기반으로 한 탄생 설화가 있다. 몇 가지 예를 들어보자. 건윙구(Gunwinggu)라는 부족의 경우 무지개 뱀이 여자로 변해 남편과 함께 여행을 떠났는데, 남편이 동침하려고만 하면 뱀으로 변했다고 한다. 아무튼 이들 사이에서 아이가 생겼고, 이 아이가 건윙구 부족의 선조가 되었다는 것이다. 또 다른 부족 뮤린바타(Murinbata)의 신화에는 무지개 뱀이 남자로 변해 나무로 '디제리두(didgeridoo, 호주 선주민의 대표적 악기로 지금도 각종 선주민 행사 때 자주 볼 수 있다.)' 라는 악기를 만드는데, 이 악기를 힘껏 불면 그 악기에서 특이한 소리와 함께 박쥐들이 나왔다고 한다. 그 후 인간을 만들 생각으로 다시 힘껏 악기를 불자 남자, 여자아이들이 악기에서 나왔다는 것이다.

〈선주민들이 디제리두(didgeridoo)를 연주하는 모습〉
소리는 아주 단순하다. 듣기에는 그저 아주 저음의 '두~두~' 하는 소리로 들린다.
호주에서는 일반 음악가들의 공연에서도 디제리두를 이용해 리듬을 추가하는
색다른 공연이 펼쳐지기도 한다.
사진 출처: kaitlinbove.com/aboriginal-music

또 다른 신화에서는 영적 존재들이 바다 건너 외부로부터 왔다고 전해지기도 한다. 장가울(Djanggawul) 부족에게는 두 자매와 한 형제가 멀리 떨어진 영적 섬(Island of spirits)에서 왔다고 전하는 전설이 있다. 이들은 멀리 떨어진 섬에서 이곳 육지로 와서 여행을 계속했고, 우물과 나무들을 만들면서 이 땅에 의미를 부여하기 시작했다. 그리고 영적 제식을 통해 아이들이 자매의 자궁에서 분리되어 나왔다고 한다.

이러한 신화들이 선주민들이 말하는 'Dreaming'의 원천이다. 'Dreaming' 또는 'Dreamtime'이라고도 불리는 이 용어를 우리말로 어떻게 해석해야 할지 난감하지만, 나름대로 설명해보자면 앞서 언급한 신화 속에서 영적 존재들이 어디선가 나타나서 현재 자신들의 삶과 사는 땅의 지리적 여러 모습, 예를 들어 나무, 물, 동굴 등을 만드는 그 '순간'을 의미한다고 볼 수 있다. 그러므로 'Dreaming'을 통해 호주 선주민들은 자신과 주변의 모든 환경이 영적으로 연결된다고 믿는 것이다. 그러나 이들이 믿는 신화는 우리의 옛날 옛적 설화와 동일하지는 않다. 왜냐하면, 선주민들에게는 우리가 말하는 역사라는 인식이 없었기 때문이다. 어쩌면 이들에게 신화는 종교적 믿음과 같은 것이라고 볼 수 있을 것 같다. 우리는 공간과 시간이라는 개념을 직관적으로 함께 이해하지만, 이들은 시간적 개념보다는 자신들이 사는 공간적 개념을 더 중요시했던 것으로 보인다. 그래서 이들은 특정 지역을 가리켜 '여기가 바로 땅속에서 Dreaming이 나오는 곳이다.'라는 확신을 가지고 살았다. 이것이 바로 이들이 자신들의 땅에 그토록 집착했던 이유라고 볼 수 있을 것이다.

선주민 사회에서 제식은 종교적, 문화적으로 큰 비중을 차지했을 뿐만 아니라 이들이 가졌던 영적 세계와도 밀접한 관계가 있다. 성년식의 경우 남자는 대부분 할례를 했지만, 여자들의 경우는 남자들에 비해 그 경우가 적었다. 남자들의 성년식은 죽음과 재탄생의 상징이었다. 남자아이들은 엄마가 있는 집에서 멀리 떨어진 곳으로 가서 의식을 거행했다. 이때 디제리두(didgeridoo)가 보통 연주되는데, 그 소리는 무지개 뱀으로 상징되는 영적 존재의 소리로 여겨진다. 즉, 무지개 뱀이 아이를 삼키고 다시 토해내는 과정을 통해 아이는 어른으로서 새로운 삶을 시작한다는 의미가 있는 것이다.

성년식과 관련된 재밌는 일화가 있는데, 보통 선주민 사회에서 성년식을 거치고 지혜로운 성인이 된 경우 앞니 하나를 뽑는 의식이 있었다고 한다. 그런데 우연히도 초대 총독 아서 필립이 마침 앞니 하나가 없었다고 한다. 그래서 선주민들은 아서 필립을 백인 집단의 진정한 우두머리로 여겼다는 이야기도 전해 온다.

이런 제식 행위에는 음악, 춤, 그림 같은 문화 예술이 바탕이 되었다. 이들에게 일과 여가의 구분이 없듯이, 예술 또한 삶과 괴리된 것이 아니라 그 사회에 녹아있다. 당장 일상생활에 필요한 창이나 먹이를 담을 바구니를 만드는 것, 그리고 선주민들에게 자주 볼 수 있는 보디페인팅 같은 것 등이 바로 그것이다. 전문 예술가들이 없었기에 예술(art)과 기술(craft)에도 큰 차이가 없었다. 보디페인팅 같은 기술은 모두에게 필요했다. 설사 어떤 사람이 공예, 노래 혹은 춤 같은 것에 일가견이 있다 해도 이는 그 사람의 예술적 재능에 기인했다기보다는 사회가 그에게 단지 더 많은 기회를 줬기 때문이다. 가령 음을 일정하게 불면서 동시에 다른 두 가지 음을 내야 하는 디제리두(didgeridoo) 연주는 상당한 기술이 필요하면서도 중요한 일이지만, 그렇다고 그것을 위한 전문 연주가가 따로 있었던 것은 아니었다.

선주민들의 그림이나 조각에서도 그들의 영적 세계를 볼 수 있다. 그들의 작품들은 물구덩이 혹은 강물 같은 곳에서 지리적 모티브를 얻고 그것을 통해 심오한 상징적 의미를 나타냈다. 사실 그들의 예술 세계를 이해하기 위해서는 그들 사회 속으로 들어가 직접 경험해보는 방법밖에는 없을 것이다. 이들이 그려놓은 코드와 같은 문양들이 보통 비슷하게 보이지만 정확한 의미는 부족별로 다를 수 있고, 제식과 관련된 이런 코드를 해석할 수 있는 사람들은 그 부족 내에서도 극히 일부에 불과했다고 한다. 그렇다고 이것이 사회 내 어떠한 엘리트 계층만의 비밀이라기보다는 각자 처한 상황에 따른 이해 능력의 차이라고 봐야 할 것이다.

위계(hierarchy) 구분이 없던 선주민 사회에서 그나마 제식을 담당하는 지금의 성직자와 비슷한 역할을 했던 사람들을 '메디슨 맨(medicine-man)' 또는 '클레버맨(cleverman)'이라 불렀다. 메디슨 맨은 아픈 사람을 치료해주는 지금의 의사와 같은 존재이기도 하면서 동시에 마법을 이용해서 다른 사람을 벌줄 수 있는 사람이라고 여겨졌다. 그러나 그들이 존경받을 수 있었던 진짜 이유는 그들이 영적 존재와 소통할 수 있다고 믿었기 때문이다. 이런 메디슨 맨의 지위는 상속되기도 하고 또는 다른 메디슨 맨이나 연장자들에 의해 선택되기도 했다. 일단 선택된 자는 성인식과 비슷한 영적 재탄생의 과정을 거친다. 앞서 언급했듯이 무지개 뱀에게 잡아먹혔다가 다시 토해내지는 것과 같은 상징적 제식이 필요했다. 이 과정을 좀 더 자세히 살펴보면, 일단 이들은 죽음이라는 영적 과정을 거치고, 영적으로 팔다리가 제거되면서 일종의 정화 과정을 거친 후 다시 석영 결정체와 같은 마법의 물체로 팔다리가 다시 만들어지는 상징적 재탄생의 과정을 거친다는 것이다. 이 제식을 통해 새로 태어난 메디슨 맨은 자신만의 영적 힘을 가지게 되고, 더는 시공간의 제약을 받지 않게 된다는 것이다. 그러나 이러한 영적 힘을 가진 존재임에도 불구하고 현실에서 이들은 보통의 사회 구성원과 함께 일반적인 삶을 살아갔다.

그렇다면 선주민들이 생각하는 죽음과 종교는 어떨까? 이들에게 종교는 삶에서 우러나오는 것이다. 여기에는 우리에게 익숙한 인간의 원죄, 그로부터의 구원 같은 개념이 존재하지 않는다. 그러므로 그들의 종교는 천국 같은 저승의 세계를 약속하지도 않는다. 그들에게 죽음은 여러 의미를 가진다. 예를 들어 누군가 나이 들어 죽을 경우, 그 죽음의 이유는 일종의 마법과 같은 악의에 찬 어떤 힘에 의한 것으로 생각되기도 한다. 이 죽음이라는 사태를 설명하는 각종 신화가 선주민 사회에 존재해왔다.

이 중 몇 가지를 소개하자면, 뮤린바타(Murinbata) 부족 신화에 따르면 까마귀(Crow)와 게(Crab)가 죽는 방법에 관해 이야기를 나누고 있었다. 늙은 여자 게가 땅에 구멍을 파고 들어가 자신의 껍질을 모두 벗겨놓고 다시 나와서 죽는 방법을 보여주자 주변 모두가 좋다고 했지만, 까마귀는 그 방법이 너무 복잡하고 오래 걸린다고 불평을 했다. 결국, 까마귀는 자신이 어떻게 잘 죽는지를 보여주겠다며 눈을 감고 그냥 뒤로 벌러덩 자빠지면서 죽었다고 한다.

또 다른 신화로 마웅(Maung) 부족의 경우 달(Moon)과 포섬 (Possum, 호주에서 쉽게 볼 수 있는 쥣과 동물)이 얌스틱(Yamstick, 참마를 캐내는 막대기 같은 것으로 선주민들은 이를 무기로도 사용했다고 한다.)을 가지고 결투를 했는데, 달이 포섬에게 치명상을 안겼다. 포섬이 죽으면서 누구든 자기처럼 달과 맞서 싸우면 영원한 죽음밖에는 없을 것이라고 말하자, 달이 포섬에게 자신이 먼저 그것을 말했어야 한다고 화를 내면서 자신도 곧 죽을 것이며, 그 죽음으로 자신은 새로운 달로 태어날 것이라고 말했다.

이런 신화에서 보듯이 그들에게 삶은 자연스러운 것이었으나, 죽음은 달랐다. 어떻게 죽어야 하는지에 대해 항상 고민했고, 또 그 방법을 스스로 깨쳐야 한다고 생각했다. 그들에게 죽음 후 영혼은 흩어져 버리는 것이다. 영혼의 일부는 땅에 남아 떠돌겠지만, 점차 그 혼을 잃어가면서 결국 새로운 재생을 기다린다는 것이다. 선주민들 입장에서 죽음이라는 것은 근엄한 현실이다. 대부분의 경우 최근에 죽은 사람의 이름은 몇 년 동안 터부시되어 다른 사람의 입에 오르내리지 않았다.

선주민들에게 신화와 전설 속 영적 존재는 삶의 에너지이자 위대한 행위들의 원천이다. 영적 존재는 인간에게 두려움과 경이의 대상이면서 존경을 받지만 그렇다고 마냥 사랑받는 것은 아니다. 실제로 영적 존재들의 행위에는 이중성이 있다. 예를 들어, 미미(Mimi)라는 영적 존재는 인간에게 그들의 기술을 전수하기도 하지만 때로는 인간을 사로잡는 등 적대적이기 때문이다.

〈미미(Mimi)의 모습을 그린 선주민 작품〉
사진 출처: 「Mimi Sprits & Animals」 by Alan Ah Kit

선주민 문화에는 비극에 관한 인식이 거의 없다. 죽음과 같은 고통은 받아들여야만 했다. 고통이라는 것은 물리적 현실이다. 이 고통은 신화에 의해 탄생하고 제식을 통해 지속하여 온 자신들의 영적 힘으로 참아 나가야만 하는 것이었다. 생존에 필요한 엄혹한 현실을 받아들이는 모습은 외부 세계의 눈으로 봤을 때는 지독히도 끔찍해 보인다. 앞서 언급했듯이, 일정 수준의 영아 살해 풍습이 존재했다. 기형을 가진 아이는 보통 살해되었고, 쌍둥이의 경우 그중 약한 아이는 버려졌다. 이들 문화에서 인정되던 이런 결정들은 도덕적 딜레마를 제기하지 않았다. 왜냐하면, 죽은 아이의 영적 존재는 다시 그 원천으로 돌아간다고 믿었기 때문이다. 일부 지역에서는 식인 풍습도 존재했는데, 이는 매장의 제식 중 일부로 여겨진다. 죽은 자의 친족이 그 살점 일부를 먹었는데, 이는 이러한 제식을 통해 교감하고 힘을 얻는다고 믿었기 때문이다. 죽은 자의 마른 살점은 일종의 부적으로도 여겨졌다. 이를 몸에 지니고 사냥을 나가면 도움을 받는다고 믿었던 것이다. 이런 풍습들을 단지 반문명적으로 여기는 것은 그들 문화를 이해하는 데 도움을 주지 못한다. 선주민 문화의 틀을 전체적으로 이해한다면 그들은 우리가 생각하는 문명화라는 잣대에서 그리 크게 이탈해있지는 않았다.

선주민이 가진 종교적 제식은 그 사회가 어떻게 자연으로 대표되는 땅과 관계를 맺고 생존해왔는지를 보여준다. 그들은 우리와 같은 문자를 갖지 못했다. 그렇지만 그들은 자신의 역사를 예술과 신화와 제식의 힘과 자연의 아름다움에서 찾았다. 자신들이 서있는 땅자체가 그들만이 읽어낼 수 있는 성서의 문자라고 볼 수 있는 것이다. 그리고 그들은 그림과 조각 작품 등을 통해 미적 감각을 표현했고, 그들만의 문화적 메시지를 계속해서 이어갔다. 이것을 통해 그들은 영적으로 꿈꾸는 (Dreaming) 것을 현실화시켜 나갔다. 지금까지 살펴봤던 다양한 영적 존재들, 무지개 뱀, 까마귀, 게, 포섬, 달, 미미(mimi) 등은 그들 삶의 에너지를 표상한 것이다. 결국, 선주민들은 Dreaming, 즉 영적 존재들이 세상을 만들어가는 일련의 과정을 통해 힘을 얻고 생존해왔다.

호주 여행 현장 가이드

선주민들의 슬픔, 그리고 사과와 반성

1997년 5월 26일 캔버라에 있는 호주 연방의회에 한 건의 보고서가 올라옵니다. 'Bringing Them Home'이라는 제목의 이 보고서는 직전 2년 동안 'Stolen Generation(빼앗긴 세대)'으로 대변되는 호주 선주민에 대한 백인들의 잘못을 정부 차원의 공식 위원회에서 조사 후 작성한 겁니다. 그럼 도대체 'Stolen Generation', 우리 말로는 '빼앗긴' 혹은 '강탈된' 세대는 무엇을 의미하는 것일까요?

아마도 많은 분이 호주 하면 예전부터 인종차별이 심한 나라라고 알고 계십니다. 물론 부인할 수 없는 사실이죠. 백호주의, 즉 White Australia Policy로 표현되며, 찰스 다윈의 우생학적 우위에 기반한 이 지독한 인종차별 정책은 1901년 1월 1일 호주 연방의 탄생과 함께 법적으로 공식화됩니다. 보통 우리와 같은 아시안들에 대한 차별로만 생각하실 수 있는데요, 사실은 영국(Anglo-Saxon) 백인을 제외한 거의 모든 인종에 대한 차별이라고 볼 수 있습니다. 초기 아일랜드 사람들 그리고 2차 대전 이후 본격적인 이민정책과 함께 호주로 오는 남유럽, 특히 그리스, 이탈리아인들 그리고 유대인을 포함한 수많은 유럽의 전쟁 난민들 또한 그 차별의 대상들이었죠. 1851년 멜버른 근교에서 터진 금광을 쫓아온 중국인들 그리고 퀸즐랜드 뙤약볕 밑에서 사탕수수를 캐기 위해 납치되다시피 끌려온 파푸아뉴기니 지역 섬 사람들은 어쩌면 앞서 언급한 유럽인들에 비해 더 혹독한 차별을 받았습니다. 그러나 이 모든 이민자보다 훨씬 더 억울한 사람들이 있지요? 바로 이 땅의 원래 주인인 호주 선주민(The first Australian, Aborigine People)입니다. 이들은 수만 년 이상 인류의 가장 오래된 문명을 유지하고 생존했던 사람들입니다. 1788년 1,400여 명의 영국인들을 태운 11척의 배가 시드니에 도착하기 전까지는 말이죠.

당시 백인들의 눈에 이들은 그저 헐벗은 미개인 정도로 보였을 겁니다. 심지어 사람이기보다는 오랑우탄과 사람 그 중간 어디쯤 위치한 열등한 '동물'로 취급되기도 했지요. 제가 이렇게 심하게 말할 수 있는 근거는 백인들이 그들에게 자행했던 끔찍한 악행들에 있습니다. 한 가지 예를 말씀드리자면, 1830년경 태즈메이니아(Tasmania)에서 있었던 'Black War' 혹은 'Black Line'이라고 불리는 일종의 인종 말살(청소) 정책입니다. 우리는 선주민들이 백인들에게 그저 힘없이, 저항도 없이 그냥 주저앉았을 것으로 생각하지만 사실 그렇지 않습니다. 1830년대 이런 말살 정책이 실시된 이유는 바로 선주민들이 30여 년 넘게 게릴라식 저항을 꾸준히 해왔기 때문입니다. 선주민들을 소탕하기 위해 처음에는 이들에게 현상금을 걸죠. 애들은 2파운드, 어른은 5파운드, 죽든 살든 상관없어요. 이렇게 해도 완전히 선주민들을 몰아낼 수 없자 결국 토벌 작전에 들어갑니다. 쉽게 얘기해서 백인들이 총을 들고 옆으로 넓게 서서 라인을 만들고 그 라인을 쭉 밀고 내려오면서 보이는 선주민 다 죽인 겁니다. 군사 작전에 준하는 이 토벌에는 2,200여 명의 백인들이(심지어 죄수들에게도 총을 나눠주고 선주민들

을 죽이도록 지시합니다.) 1천 자루 넘는 총기, 3만 발이 넘는 총알, 3
백 개가 넘는 수갑을 준비하고 참여했습니다. 심지어 이렇게 죽인 선
주민 중 일부는 박제되거나 뼈만 남아 박물관에 전시되기에 이르죠.
이들을 우리와 같은 사람이라고 생각했다면 어떻게 이런 만행을 저지
를 수 있었겠습니까?

   그럼 다시 앞에서 말했던 '강탈된 세대' Stolen Generation에 대
해 말씀드릴게요. 이들은 1910~1970년경 선주민 어린이들(특히 백인
과의 혼혈)에게 자행되었던 비인간적 동화정책(Assimilation)의 산물
입니다. 백인들 생각에는 우생학적으로 열등한 선주민들은 곧 소멸할
종(種)으로 여겼던 것이지요. 즉 자연스럽게 소멸(die out)하거나 그렇
지 않다면 백인 사회로 동화시켜야 한다고 생각했던 겁니다. 아주 건
방이 하늘을 찌르죠? 이런 이유로 어린아이들을 부모로부터 강제로
떼어내기 시작합니다. 즉, 가족을 찢어낸 것이죠. 부모로부터 빼앗겨
진 아이들은 수천 km 떨어진 강제수용 시설로 옮겨지거나 백인 가정
으로 입양됩니다. 이 아이들이 겪었을 학대와 차별 그리고 자식을 눈
앞에서 잃어버린 부모의 고통을 어찌 말로 표현할 수 있겠습니까?

〈영화 「Rabbit Proof Fence」〉
정부로 상징되는 절대권력이 당신의 아이를 납치했다면 당신은 어떻게 하시겠습니까?

참고로 이를 주제로 만든 호주 영화가 한 편 있습니다. 제목은 「Rabbit Proof Fence」라고 2002년에 제작된 영화지요. 가족으로부터 강제로 떼어져 멀리 떨어진 수용소로 보내진 선주민 3남매가 수용소를 탈출해 엄마 품으로 돌아간다는 내용입니다. 영화의 제목은 당시 호주 대륙에 유입된 외래종인 토끼가 번성하면서 농사에 피해를 심하게 끼치기 시작하자 이들을 막기 위해 서호주(West Australia) 쪽에 길게 쌓은 토끼 방어용 울타리에서 따왔습니다. 주인공 아이는 자기 집 앞에도 있던 이 펜스가 똑같이 수용소 근처에 있는 것을 보고 이 펜스를 따라가면 엄마에게 돌아갈 수 있을 거로 생각한 것이지요. Stolen Generation들의 아픔을 잘 표현한 영화라고 생각됩니다. 혹시 관심 있으신 분들은 찾아보시면 좋겠어요.

지독한 인종차별 정책을 시행하고 있던 백인 위주의 호주에도 다행히 변화의 여명이 찾아오기 시작합니다. 1972년 1월 26일 '호주의 날', 그러나 선주민 입장에서는 '침략의 날'에 4명의 선주민 청년들이 수도 캔버라 국회의사당 앞에 보통 해변에서나 보는 낡은 파라솔 하나를 들고 나타납니다. 캔버라 근처에는 바닷가도 없는데 이들은 무슨 일로 이곳에 나타난 것일까요? 이들은 연방의회 앞에 선주민 대사관을 세운 겁니다. 파라솔 위에는 'Aboriginal Embassy'라고 손으로 적은 팻말이 달려있었습니다. 자신들의 땅에 대한 권리를 보장받고 싶었던 거죠. 이렇게 선주민들의 '땅에 대한 권리 찾기' 운동은 시작됩니다. 이를 통해 그동안 백인들로부터 철저히 무시당해 왔던 자신들의 권리, 정체성, 자존감을 찾고 싶었던 것이지요. 지금도 캔버라 구 의사당 앞에 가시면 컨테이너처럼 생긴 선주민 대사관을 보실 수 있습니다. 선주민 권리 찾기 운동의 상징이라고 볼 수 있겠죠.

〈'선주민 대사관(Aboriginal Embassy)'〉
호주 선주민 권리 찾기 운동의 한 획을 그은 역사적 장면이라고 생각합니다.
사진 출처: deadlystory.com/page/culture/history/Tent_Embassy_formed

〈선주민 대사관의 현재 모습〉
구 의사당 앞에 가면 볼 수 있는 역사적 상징물이다.
나는 이곳을 직접 보기 위해 2021년 캔버라를 다시 찾았다.
비가 오는 날씨에도 불구하고 한 선주민이 1972년 당시 그들이 앉았던 자리에 신성한 불을 피우고 있었다.

비치 파라솔 대사관을 세운 지 딱 20년이 지난 1992년 이들의 염원이 처음으로 인정되는 호주 대법원 판결이 나옵니다. 퀸즐랜드 출신 선주민 에디 마보(Eddie Mabo)와 퀸즐랜드 주와의 법정 다툼에서 대법원이 마보(Mabo) 아저씨의 손을 들어준 겁니다. 마보 판결(Mabo Decision)이라고 불리는 이 판결은 선주민들의 땅에 대한 권리가 최초로 공식 인정되는 순간이었지요. 물론 수많은 법에 따른 조건들이 따라붙었습니다. 가령 조상 대대로 그 땅에서 살았다는 것과 누구에게도 양도나 대여하지 않았다는 것을 마보 아저씨는 증명해야 했지요. 왜냐하면, 선주민들이 땅에 대한 권리를 되찾는다는 의미는, 바꿔 말해 현재 그 땅에서 광산 등의 사업을 하는 입장이나 법적으로 땅을 소유하고 집을 짓고 사는 일반 백인을 포함한 비선주민들에게는 자신들의 현재 권리에 대한 침해로 여겨질 수밖에 없었기 때문입니다. 그만큼 민감한 문제이지요. 사실 Mabo Decision은 호주 역사에 있어 경제적 영향보다는 정치적, 역사적 의미가 훨씬 더 크다고 저는 생각합니다.

〈Mabo vs Queensland〉
역사적 판결을 승리로 이끌었던 마보 아저씨와 그를 도왔던 변호사들(1991)
사진 출처: scotch.vic.edu.au

역사는 아름답지 않습니다. 영광과 기쁨보다는 부끄러움과 슬픔이 항상 더 많은 장을 차지하지요. 우리가 역사를 읽는 이유라고 생각합니다. 반성을 통해 배우고 더 나은 미래를 만들기 위해서지요. "화해를 통해 미래로 나갑시다!" 이런 뻔한 말 많이 듣습니다. 그러나 진정한 사과와 반성 없는 화해가 무슨 의미가 있을까요? 진정한 사과는 우선 자신의 잘못을 정확히 적시하고, 그에 따른 진심 어린 반성이 우선해야 합니다. 그 진심이 통해야 피해자도 받아들일 수 있지 않겠습니까?

1992년 Mabo 판결 직후 당시 호주 수상 폴 키팅(Paul Keating)의 레드펀(Redfern) 연설이 있었습니다. 시드니 레드펀 지역의 한 선주민 행사에서 진행된 연설로 정부를 대표하는 수상이 공식적으로 선주민에게 사과한 첫 번째 사례입니다. 저는 이 연설의 역사적 의미를 호주 정부가 과거 자신들의 잘못을 정확히 적시했다는 데 두고 싶습니다. 연설의 일부를 잠깐 소개하겠습니다.

"그 시작은 우리, 즉 호주의 비선주민들이 문제가 무엇인지를 인정하는 것에서부터 출발해야 합니다. 바로 우리가 그들 삶의 터전과 그들만의 전통적인 삶의 방식을 강탈했다는 것입니다. 전염병과 술을 들여와 그들을 타락시킨 것도 우리입니다. 우리는 그들을 살해했고, 그들의 어린아이들을 부모로부터 빼앗았습니다. 우리는 인종차별을 통해 그들을 사회에서 배제시켰습니다. 이 모든 악행이 반대로 우리에게 벌어졌다면 과연 우리는 어땠을까? 이런 상상조차 하지 못했던 것은 바로 우리의 무지와 편견 때문이었습니다."

"The starting point might be to recognise that the problem starts with us the non-Aboriginal Australians. It begins, I think, with an ACT OF RECOGNITION. Recognition that it was WE WHO DID the DISPOSSESSING, WE TOOK the traditional LANDS, and SMASHED the traditional way of LIFE. We brought the DISEASES and the ALCOHOL. WE COMMITTED the MURDERS. WE TOOK THE CHILDREN from their mothers. WE practiced DISCRIMINATION and EXCLUSION. It was our IGNORANCE and our PREJUDICE and our FAILURE to imagine that these things could be done to us."

폴 키팅의 레드펀 연설이 있고 난 뒤 또다시 16년의 세월이 흘러, 2008년 당시 수상 캐빈 러드(Kevin Rudd)는 이제 빼앗긴 세대(Stolen Generation)에 대해 사과합니다. 지난번 어수선했던 레드펀 야외 연설과는 다르게 이번에는 정부를 대표하는 연방 의회에서 피해 당사자들을 직접 모셔놓고 전국에 생방송을 통해 전달되었지요. 약 30분 정도의 이 연설을 통해 수상은 자신들의 잘못을 인정하고 사죄를 구했고, 향후 어떤 정책과 비전으로 선주민들의 삶에 도움을 줄 것인지에 대해 자세히 설명했습니다. 화해를 통한 상생의 새로운 역사를 만들어가자는 희망을 전달하고자 했던 것이지요. 이 연설은 지금 유튜브에 'Kevin Rudd Sorry Speech'라고 검색하시면 보실 수 있습니다. 수상 캐빈 러드가 거듭해서 "I am sorry."라고 하는 부분이 있어서 이 연설을 보통 'sorry speech'라고 부릅니다. 실제로 영상을 보시면 상당히 감동적인 연설이라고 느끼실 거예요. 저는 이 연설이야말로 케빈 러드 수상의 임기 중 가장 빛났던 순간이었다고 생각합니다.
이 연설의 일부도 잠시 소개하겠습니다.

"이제 화해의 시간이 도래했습니다.

정의롭지 못했던 과거를 인식할 때가 온 것입니다.

이제 우리는 진심 어린 사과를 해야 하며

이를 통해 함께 미래로 나아가야 합니다.

이 자리에 모이신 빼앗긴 세대(Stolen Generation)로 대변되는

선주민들께 저는 다음과 같은 말씀을 드립니다.

호주의 수상으로서 '사죄드립니다'.

호주 정부를 대표해서 '사죄드립니다'.

호주 연방의회를 대표해서 '사죄드립니다'.

제가 드리는 이번 사죄는 어떠한 조건도 있을 수 없는

무조건적 사과입니다."

"It is time to reconcile. It is time to recognise the injustices of the past. It is time to say sorry. It is time to move forward together."

"To the stolen Generations, I say the following : as Prime Minister of Australia, I am sorry. on behalf of the government of Australia, I am sorry. on behalf of the parliament of Australia, I am sorry. I offer you this apology without qualification."

〈캐빈 러드 총리의 선주민에 대한 사과 연설을 국회의사당 앞에서 지켜보는 사람들〉
정치인의 사과는, 설사 그것이 정치적 보여주기라 하더라도 이렇게 해야 하지 않을까요?
"I am sorry."라는 이 쉽고 단순한 문장의 진한 울림을 느낄 수 있었습니다.
사진 출처: 시드니 모닝 헤럴드(www.smh.com.au)

　　오늘의 호주는 모든 문화를 아우르는 진정한 다문화주의를 실현하고 있을까요? 그 꿈을 실현하기에는 아직 많은 장애물과 해결해야 할 과제가 우리 앞에 놓인 게 사실입니다. 호주는 수많은 다름이 공존하는 사회입니다. 그것이 바로 우리가 상호 존중과 배려 속에서 과거의 잘못을 잊지 않고 기억해야 하는 이유겠지요. 1997년 5월 26일 연방의회에 'Bring Them Home'이란 보고서가 올라온 이 날을 기려 호주는 'National Sorry Day'로 정했습니다. 호주 사회는 그들을 기억해야만 합니다.

호주 여행 현장 가이드

태즈메이니아 마지막(?) 선주민 트루가니니(Truganini)

'라스트 모히칸', '라스트 에스키모'. 신대륙에 정착한 백인들은 기존 선주민들이 전멸하는 신화를 원했습니다. 그래야 백인들이 열등했던 구시대를 마감하고 새로운 시대를 열어나가는 주인공으로 우뚝 설 수 있으니까요. "우리는 그들을 싫어하지는 않았어요, 단지 그들은 이제 더는 존재하지 않을 뿐입니다. 우리는 그들을 기리면서 이곳에서 새롭고 위대한 문명을 이어가고 있어요." 뭐 이런 스토리 많이 들어보셨지요? 호주의 경우 이런 거짓 신화의 주인공이 바로 트루가니니입니다. 그녀는 아직도 호주의 많은 기록에 마지막 태즈메이니아 선주민으로 알려졌지요. 호주로 온 백인들이 이곳 선주민들에게 자행한 가혹한 짓을 열거하자면 끝도 없겠지만, 앞서 잠깐 언급했던 1830년대 태즈메이니아에서 벌어진 블랙 워(Black War)와 관련한 이야기를 조금만 더 하겠습니다. 태즈메이니아에 새로 정착한 백인들은 선주민들을 몰아내기 위해 우선 현상금 그리고 블랙 워(Black War), 블랙 라인(Black Line)과 같은 살인을 동반한 폭력을 사용했습니다. 그러나 이것과 별개로 종교적 선교 행위와 같이 선량해보이는 방법으로 선주민들을 백인들과 분리하려는 회유책도 있었어요.

런던에서 벽돌공으로 일하던 조지 오거스터스 로빈슨(George

Augustus Robinson)은 새로운 세계에서 성공하려는 야망을 품고 호주로 옵니다. 그는 태즈메이니아 선주민들을 섬 북쪽 플린더스(Flinders Island)라는 작은 섬의 수용소로 보내 그곳에서 선교와 교육을 통해 이들을 교화시키려는 사업을 시작합니다. 선의로 보자면 그렇게 보일 수도 있었겠지요. 그러나 로빈슨의 사업은 결코 선의로만 볼 수 없었습니다. 선주민을 멸종시키기 위한 전쟁이 한창일 때 그는 트루가니니를 매개로 선주민 지도자와 접촉했고, 그들을 설득합니다. "이제 곧 백인들이 너희들을 찾아서 모두 죽일 텐데, 그렇게 죽는 것보다는 나를 따라 다른 섬으로 가서 백인들과 함께 살 수 있게 교육받고, 다시 고향으로 돌아오는 게 좋지 않겠나?" 이런 논리로 설득했던 것이지요. 영리했던 트루가니니도 이 제안을 자신들의 부족을 살리는 유일한 방법이라고 믿었습니다. 전쟁을 통해 고작 2명밖에 생포하지 못했던 것에 비해(왜냐하면, 대부분 그냥 사살했기 때문에) 로빈슨의 선교 사업은 무려 300여 명의 선주민들을 참여시키는 데 성공합니다. 그러니 로빈슨은 이를 통해 땅도 불하받고, 돈도 버는 등 경제적 이익과 함께 명성도 얻게 되지요. 반면 300여 명의 선주민들에게는 이때부터가 비극의 시작입니다. 우선 플린더스 섬의 수용소로 옮겨지자마자 전염병으로 약 200여 명이 사망합니다. 그리고 억지로 백인의 종교와 삶의 방식을 배우도록 강요받습니다. 심지어 수용소 내에서는 자신들의 언어도 사용할 수 없었어요. 아시잖나요? 이런 방식이 결코 통할 수 없다는 것을. 1년 새 29명이 더 목숨을 잃었습니다. 선주민들은 그들의 영혼을 잃었고, 그런 사람부터 고향 땅이 있는 남쪽 바다를 보면서 죽어갔던 겁니다.

이런 상황에서 로빈슨은 빅토리아주에 새로 만들어진 도시 멜버른으로 떠납니다. 그곳에서 선주민 보호 감찰관이 된 것이지요. 그는 새로운 곳에서 선주민들과의 소통을 위해 다시 트루가니니를 찾습니다. 트루가니니는 10여 명의 선주민들과 함께 빅토리아주로 옵니다. 그런데 이 치사한 로빈슨은 이들을 또 버립니다. 빅토리아주 선주민과 태즈메이니아 선주민들 간 의사소통이 생각보다 잘 안 되어서 별 도움이 되지 않았기 때문이죠. 결국, 트루가니니는 로빈슨에게 두 번이나 배신 당한 셈이지요. 이렇게 빅토리아주를 떠돌던 트루가니니 일행은 해변가에서 백인 바다표범 사냥꾼 2명을 살해합니다. 그 일로 이들은 체포되죠. 다행히 로빈슨의 도움으로 트루가니니는 석방됩니다. 왜냐하면, 과거 투르가니니가 물에 빠진 로빈슨의 목숨을 살려준 적이 있었거든요. 그러나 두 명의 남자는 사형 선고를 받고 지금의 멜버른 감옥 앞에서 수 많은 군중들이 지켜보는 가운데 교수형을 당합니다. 아이러니 하게도 이들이 빅토리아주 최초의 사형수들이었어요. 결국, 트루가니니는 다시 플린더스 섬 수용소로 돌아왔고, 그때부터 이들은 여러 수용소를 전전하면서 한 명씩 죽어갑니다. 결국 트루가니니가 그들 중 마지막이 된 것입니다. 그렇다고 그녀가 결코 태즈메이니아의 마지막 선주민은 아닙니다. 그사이 선주민들 일부가 탈출해서 주변 작은 섬에서 살아남았고 그들은 후손들과 함께 그들만의 문화와 생활 방식을 지키면서 현재까지 생존하고 있으니까요.

트루가니니는 자기보다 먼저 죽은 선주민들의 시신이 전 세계 박물관이나 연구소로 팔려가는 것을 지켜봤습니다. 당시 태즈메이니아 선주민들은 전 세계에서 살아남은 가장 원시적인 인종으로 여겨졌기에 그들의 뼈를 원하는 곳이 많았어요. 이런 과학자들의 관심은 1836년 태즈메이니아에 왔던 『종(種)의 기원』의 저자 찰스 다윈에 의해 시작됐습니다. 그는 태즈메이니아에서 벌어진 이 비극을 원시적이고 열등한 종(種)이 소멸되어 가는 자연스러운 과정으로 주장했던 겁니다. 사실 그의 이러한 견해는 당시 비극의 가해자인 백들에게 일종의 면죄부를 주는 것과 다르지 않았습니다. 자신의 시신도 이렇게 회손될 것을 두려워 했던 트루가니니는 자신을 화장해서 고향 바다에 뿌려주길 간절히 바랐습니다. 그러나 바람과는 다르게 그녀의 뼈도 태즈메이니아 박물관에 무려 1976년까지 전시됩니다. 사후 100년 되는 1976년에 와서야 결국 그녀의 바람대로 화장되어 태즈메이니아 바다에 뿌려집니다. 그녀의 후손들은 지금 이렇게 말합니다.

"There will NEVER, EVER be no Tasmanian Aboriginal people.

NEVER! EVER!"

자신들은 '결코, 절대로 멸종되지 않을 것'이라고요.

제 8 장

울룰루(Uluru)

호주 선주민 최고의 영물(靈物)

지금까지 선주민에 관한 많은 설명을 했지만, 역시 이들의 정신적 구심점은 아마도 울룰루가 아닐까 싶다. 호주인들도 평생 한 번 가보기 쉽지 않은 곳이자, 한국에서 호주로 여행 오는 많은 사람들 또한 시간적, 공간적 제약으로 인해 막상 여행하기 힘든 곳이 바로 울룰루다. 울룰루는 호주 대륙 한가운데 있다. 호주 주요 도시에서 차로 가는 거리를 예로 들면, 시드니에서는 약 2,950km, 멜버른에서는 약 2,350km 그리고 브리즈번에서는 약 3,000km 거리에 있다. 나도 지난 2021년 6월 왕복 약 6천km의 울룰루로 혼자 떠나는 캠핑 여행을 준비했지만, 코로나바이러스 여파로 여행을 취소할 수밖에 없었다. 직접 보고 생생한 감동을 이 책에 남기고 싶었지만, 아쉽게도 울룰루 여행의 기록은 다음 기회로 넘겨야 했다. 그나마 울룰루를 이 책 한 꼭지에 별도로 다루면서 그 아쉬움을 달래본다.

1980년 8월 한 가족이 울룰루 근처에서 캠핑을 하고 있었다. 당시에도 많은 관광객이 이 바위를 직접 오르고 그 뒤로 떨어지는 석양을 즐기려고 이곳을 찾았다. 제칠 안식일 재림교 소속의 목사 마이클 체임벌린(Michael Chamberlain)과 그의 아내 린디(Lindy) 그리고 삼 남매 가족은 다른 가족들과 함께 캠핑장에서 바베큐를 즐기고 있었다. 당시 생후 두 달이 조금 넘은 막내딸 아자리아(Azaria)는 텐트에서 혼자 자고 있었다. 딸의 울음소리를 들은 엄마 린디는 막내딸을 살피러 텐트 쪽으로 가고 있었다. 그때 그녀는 어둠 속에서 딩고 한 마리가 딸이 자고 있던 텐트에서 나오는 모습을 목격한다. 어두워서 자세히는 못 봤지만, 그녀는 딩고가 딸을 물고 갔다고 확신했다. 그렇게 막내딸 아자리아는 실종되고 만다. 경찰의 수사가 시작되자 이 사건은 전국적 관심을 끌 게 된다. 각종 루머가 떠돌았다. 심지어 아자리아(Azaria)라는 흔하지 않던 딸의 이름이 '야생에 대한 희생물'이라는 소리까지 나돌았다. 또한, 재판 과정에서 엄마 린디의 지나치리만큼 냉정한 모습에서 사람들은 엄마 린디가 고의로 딸을 죽인 게 아니냐는 의심을 하게 되고 배심원들은 결국 엄마 린디에게 종신형을 선고했다. 그러나 몇 년 후 주변에서 실종된 영국인 관광객을 찾던 중 아자리아(Azaria)의 겉옷이 딩고의 서식처 주변에서 발견됨에 따라 린디의 주장에 신빙성이 실리고 결국 그녀는 무죄로 석방된다. 메릴 스트립(Meryl Streep) 주연의 「Evil Angels」라는 제목의 영화로도 만들어진 이 이야기는 호주 아웃백의 음산한 분위기를 잘 보여줬다. 왠지 누군가를 살해하고 아웃백 어딘가에 묻어버리면 영원한 미제 살인사건이 될 수도 있을 것 같은 분위기! 이것이 바로 호주 아웃백의 고립성과 적막함이다. 그러기에 이런 아웃백에 우뚝 솟은 거대한 바위 울룰루(Uluru)는 호주 대륙에 사는 모든 사람에게 신성함을 넘어 호주의 정체성을 보여주는 상징물이다.

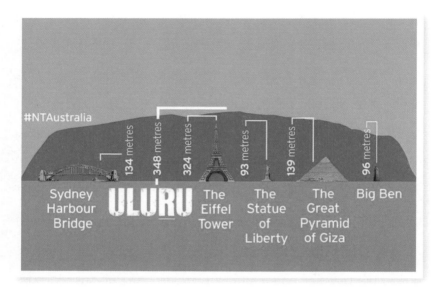

〈울룰루 사이즈 비교〉
울룰루를 직접 봤던 사람들이 가장 놀라는 것이 바로 상상을 초월하는 크기다.
사진 출처: https://www.teachstarter.com/au/

울룰루라고 불리는 이 거대한 바위는 호주를 대표하는 상징성을 가졌다. 호주 대륙 중심부 사막 한가운데 우뚝 솟은 이 단일체 사암 덩어리는 해 질 무렵 붉게 물드는 그 벽면을 보는 것만으로도 대자연의 신비함마저 들게 한다. 울룰루는 에펠탑보다 높고, 히말라야산맥보다 더 먼저 만들어졌으며, 무게는 약 14억2천5백만 톤(인간 몸무게를 평균 70kg으로 볼 때 전 세계 모든 사람 몸무게 합계의 3배 정도), 면적은 3.3km²로 여의도(2.9km²)보다 더 넓다. 고대로부터 울룰루라고 불렸던 이 바위는 현재 선주민들에게 뿐만 아니라 세계에서도 가장 신성한 곳 중에 하나로 여겨지고 있다. 울룰루는 선주민 아난구(Anangu) 부족의 고향이며, 공룡이 출현하기도 전인 3억 전에 이미 지금의 모습을 갖췄다. 영겁의 세월 동안 한자리를 지킨 이 신성한 바위는 여러 번의 빙하기를 목격했을 것이고, 그때마다 탄생하고 멸종된 수많은 생명을 지켜봤을 것이다. 또한 약 6만 년 전, 어쩌면 울룰루 입장에서는 상당히 최근에, 호모사피엔스가 호주대륙으로 건너오던 장면도 생생히 기억하고 있을 것이다.

〈울룰루〉
세상의 배꼽이라 불리는 이 거대한 영물(靈物)을 실제로 본다면 어떤 느낌일까?
저 바위 안에 여의도의 모든 것을 넣고도 남는다고 하니, 그저 놀라울 뿐이다.
사진 출처: abc.net.au

그럼 지금부터 이 거대하고 신비로운 바위가 어떻게 만들어졌는지

지리학적 관점에서 살펴보자. 약 5억 년 전 지구의 대륙들은 지금과 달리 하나로 엉겨 붙은 모습이었다. 여러 지각이 서로 부딪치고 갈라지면서 새로운 형태를 만들어갔다. 결국 호주 대륙은 분리되었고, 그 중심에 피터만 레인지(Petermann range)라는 거대한 산맥이 약 5억 년 전에 형성되었다. 위치는 지금의 울룰루 근처로 WA(Western Australia) 주와 NT(Northern Territory) 남서쪽 코너가 만나는 지역이다. 생성 당시 이 산맥들은 지금의 알프스산맥과 비슷한 높이였지만, 수만 년 동안 침식되기 시작했다. 그러니 엄청난 양의 침전물이 주변에 넘치기 시작했다. 이 침전물 중 몇 줄기가 한 곳에 모여 쌓이기 시작했는데, 이것이 바로 지리학적 울룰루 탄생의 시작이다.

그렇다고 울룰루가 곧바로 지금의 형태를 갖춘 것은 아니었고, 두 번의 엄청난 지리적 사건이 발생하는데, 그 첫 번째는 홍수다. 호주 대륙 중심부가 물에 잠기면서 일종의 지중해가 만들어진 것이다. 수백만 년 동안, 이 진흙과 사암들은 모두 이 물속에 잠기면서 가장 깊은 곳으로 모이게 되었고, 이들이 또 수백만 년 동안 흙과 물의 자체 압력으로 물속에서 굳어지면서 단단한 사암 형태를 이루게 되었다. 그리고 두 번째 사건이 약 4억 년 전에 발생한다. 이 시기에 호주 대륙 지각 상판에 격렬한 움직임이 있었고, 이 때문에 대륙 중심부에 고였던 물이 빠지면서 땅이 마르기 시작했다. 이때 물속에 쌓여 단단히 굳어있던 사암 덩어리는 거대한 힘으로 옆으로 구르면서 지금의 울룰루 위치에 놓이게 되었다. 그리고 약 1억 년 동안 사막의 바람에 의해 사암의 부드러운 부분들이 침식되어 지금의 단단한 사암 형태를 이루게 된다.

이로써 5억 년 전부터 2억 년의 세월이 흘러 이 거대한 울룰루가 지금의 지리적 형태를 갖춘 것이다. 울룰루가 지금의 모습을 갖추고 존재해온 3억 년이라는 시간을 우리 인간의 시간관념으로 과연 인식이나 할 수 있을까? 5천 년 우리의 기나긴 역사가 6만 번 되풀이 될 이 시간 동안 울룰루는 그 자리를 지켜온 것이다.

지금까지 지리학적으로 울룰루의 탄생을 살폈다. 그럼 울룰루에 얽힌 선주민들의 신화에는 어떤 것이 있을까? 이 지역 아난구(Anangu) 선주민들이 울룰루를 발견한 것은 약 5만 년 전으로 추정된다. 문자를 가지지 않은 선주민들에게 신화는 대를 이어 구두로 전해졌다. 여러 버전이 있을 것이고, 어떤 것은 남자들에게만, 혹은 여자들에게만, 혹은 일정 연령에 도달해야만 들을 수 있는 전설도 있었을 것이다. 아난구 선주민들의 신화적 전설(Dreaming 또는 Dream time)에 따르면 세상은 형태나 모양이 없는, 즉 아무것도 없는 공(Empty)에서부터 시작됐다고 설명한다. 이는 공(空)에서 최초로 음기와 양기가 갈라지는 우리 동학의 선천 개벽과도 비슷한 개념으로 보인다. 이곳으로 선주민 선조들의 영적 존재(Spiritual Being)가 오게 된다. 공(Empty)에서 홀연히 나타난 이 영적 존재들은 천지자연 그리고 동물과 인간의 모습을 만들어내기 시작했다. 이때 울룰루도 영적 존재들에 의해 만들어진 것이다. 울룰루는 그 자체만으로도 아난구(Anangu) 선주민 자신들의 뿌리이자 그들의 존재를 증명하는 영적 상징이다.

영적 선조 중에 룬카타(Lunkata)라는 존재가 있었는데, 파란 혀를 가진 도마뱀 형태를 띠고 있었다. 룬카타는 울룰루로 다가오면서 닥치는 모든 것을 태웠다. 울룰루에 도착한 룬카타는 울룰루 꼭대기 근처 동굴에서 이뮤(Emu, 타조와도 비슷하게 생긴 날지 못하는 커다란 새)를 잡아먹고 살았다. 그러던 어느 날 룬카타는 옆구리에 창이 찔린 이뮤 한 마리를 발견한다. 분명 다른 사냥꾼이 이미 잡은 것으로 보였지만 룬카타는 고픈 배를 채우기 위해 자신이 그 이뮤를 슬쩍하고 만다. 한참 이뮤를 먹고 배가 터져 나갈 지경에 사냥꾼이 동굴로 찾아와 자신이 잡은 이뮤의 행방을 묻자, 룬카타는 당연히 시치미를 뗀다. 그러나 사냥꾼은 룬카타가 이뮤를 끌고 온 발자국과 흔적을 발견하고 룬카타에게 복수하기로 결심했다. 그러자 룬카타는 울룰루 꼭대기로 도망치기 시작했다. 그러나 그의 배 속은 이미 이뮤로 가득 차있었고, 결국 사냥꾼에게 붙잡히고 만다. 사냥꾼은 룬카타를 불에 태워 죽였다. 불에 탄 도마뱀 룬카타는 울룰루 벽면을 타고 굴러떨어졌는데, 그때 울룰루 벽면에 긴 줄 모양의 자국을 남겼다고 한다. 지금도 우리는 그 자국을 선명히 볼 수 있다. 이렇듯 아난구(Anangu)선주민들의 신화에는 울룰루의 각종 모습을 상징하는 이야기가 더 있다고 한다. 꽤 재밌는 우화 같은 이야기이지만 아난구 선주민들은 룬카타를 통해 왜 인간이 지나친 욕심을 부리면 안 되는지, 그리고 왜 울룰루를 오르면 안 되는지의 교훈을 얻었다고 전해진다.

울룰루는 에어스 락(Ayers Rock)이라는 또 다른 이름으로 불리기도 한다. 영국인들이 호주에 와서 제멋대로 이름 붙인 곳이 어디 이곳만은 아니겠지만, 대륙 중심에 우뚝 솟은 이 신성한 바위만큼은 울룰루라는 이름으로 나는 부르고 싶다. 그럼 이제부터 수억 년간 선주민만의 신화를 간직했던 울룰루가 어떻게 세상에 알려지게 되었는지 살펴보자.

1850년 8살 윌리엄 고스(William Gosse)라는 아이가 가족과 함께 호주로 이주했다. 영국보다 온화한 기후 덕에 만성 기관지염으로 고생하던 그의 아버지는 가족과 함께 호주에서 행복하게 살고 싶었을 것이다. 윌리엄 고스는 19살부터 남호주 주 정부 측량부서에서 일하기 시작했다. 당시만 해도 측량조차 이루어지지 못한 미개척지가 워낙 많았기에 수많은 탐험가들이 주 정부 지원으로 활발한 개척 활동을 벌이고 있었다. 1872년 남호주 주 정부는 그에게 호주 중심부에서 서호주 퍼스(Perth)로 가는 길을 뚫는 일을 맡긴다.

같은 해 또 다른 탐험가 어니스트 자일스(Ernest Giles)도 우체국의 지루한 업무를 버리고 모험을 떠났다. 결국 어니스트 자일스는 울룰루 서쪽 약 40km 떨어진 지역에 위치한 카타 츄타(Kata-Tjuta)를 처음 발견한 백인으로 기록되었다. 카타 츄타는 여의도 면적의 7.6배에 달하는 21.68 km²의 방대한 지역에 36개의 봉우리 모양 사암이 있는 곳으로 울룰루와 더불어 신성함과 아름다움을 동시에 가진 장소다. 이 지역 선주민들은 이 봉우리를 이미 카타 츄타로 불렀으나 어니스트 자일스는 독일 근방 위텐버그의 왕비 올가(Queen Olga of Württemberg)를 기려 이름을 Mount Olga로 명명했다.

〈카타 츄타(Kata-Tjuta)〉
마운트 올가(Mount-olga)라고도 불리는 카타 츄타는
울룰루에서 약 40km 떨어진 곳에 있으며 울룰루 못지않은 신비함을 지녔다.
사진 출처: https://jamesmdow.com/blog/2019

　그러니 1872년이라는 해는 호주 중심부가 백인들의 눈에 띄게 되는 탐험의 시기였다. 그리고 다음 해 1873년 7월 윌리엄 고스에 의해 드디어 울룰루가 세상에 등장한다. 그는 이 거대하고 신성한 바위를 선주민들이 부르던 울룰루라는 이름 대신 당시 남호주 주지사 헨리 에어스(Henry Ayers)의 이름을 따서 에어스 락(Ayers Rock)이라고 명명했다. 신령한 바위의 이름을 제멋대로 바꿔 불러서 그런지 윌리엄 고스는 8년 후 겨우 38살의 나이에 심장마비로 죽게 된다.

　그럼 그 후 울룰루(Uluru)와 카타 츄타(Kata Tjuta)의 운명은 어찌 되었을까? 1900년대 초반 이 지역은 선주민 보호구역으로 지정됐다. 백인들은 이 지역으로 주변 선주민들을 모아 가두기 시작했다. 1948년이 되어서야 이 지역으로 통하는 길이 뚫리고, 그 결과 1950년에 관광을 목적으로 울룰루를 보호구역에서 떼어내어 별도의 국립공원(Ayers Rock National Park)으로 지정했다. 1958년에는 카타 츄타가 추가되면서 Ayers Rock-Mount Olga National Park로 재탄생했다. 이 국립공원은 1985년까지 NT(Northern Territory) 정부에 의해 관리되었지만, 타이틀(Title), 즉 땅에 대한 소유권은 연방정부 차원의 Australian National Parks and Wildlife Service라는 기구에 귀속되어있었다. 다시 말해 원래 주인인 이 지역 선주민 아난구(Anangu People) 사람들은 그들의 소유권을 빼앗긴 상태였다. 이런 상황에서 선주민들은 자신들의 신성한 장소가 관광이나 광산 등의 개발로 백인들에 의해 훼손되는 것을 더는 보고만 있을 수 없었다. 1971년부터 선주민 사무국에 의해 이들의 땅에 대한 권리 찾기가 시작되었다. 이들의 노력으로 1976년 NT 주의회에서 「선주민 토지 권리 법(Aboriginal Land Rights Act)」라는 법률이 제정된다. 그러나 이곳을 국립공원으로 계속 유지하고 싶었던 연방정부는 1977년 'Uluru-Kata Tjuta National Park'라는 이름으로 NT 주 법률에서 떼어내어 관리했다. 그나마 이름이 바뀌기는 했다. 그 후 이 지역의 소유권에 대한 연방정부, 주 정부, 선주민 위원회의 지루한 공방이 계속되었다. 결국, 1983년 노동당 밥 호크(Bob Hawke) 정부에 와서야 연방정부의 'The Aboriginal Land Act' 법률이 수정되면서 선주민들에게 땅에 대한 소유권이 인정된다. 1985년 10월 26일 'HandBack'이라는 총독이 직접 참석한 공식 행사를 통해 아난구(Anangu) 선주민에게 울룰루 지역의 소유권을 공식적으로 되돌려준 것이다. 세부적으로는 선주민들이

다시 갖게 된 소유권을 연방정부 기구인 'Australian Parks and Wildlife Service'에 99년간 대여하는 형식을 취하고 있다. 참고로 'HandBack' 행사에 수상이 아닌 총독이 참석한 이유는 그 상징성 때문이다. 호주에서 헌법상 국가를 대표(Head of State)하는 자는 수상(Prime Minster)이 아닌 총독(Governor-General)이다. 국민에 의해 선출된 수상은 실질적 지도자임에도 불구하고 공식적으로는 정부의 수반에 불과하기 때문이다.

2021년 현재 울룰루 지역은 선주민들이 다수를 이루는 위원회를 통해 관리되고 있다. 앞서 언급했듯이 울룰루는 선주민들에게 있어 그들의 영적 존재가 신화와 전설로 언제나 함께 존재하는 신성한 장소다. 최근 들어 울룰루의 훼손이 심각해지면서 결국 2020년 10월 26일, 'HandBack' 행사가 있은 지 35년 만에 울룰루에 직접 오르는 것이 전면 금지됐다. 환영할 일이다. 쇠말뚝에 연결된 줄을 잡고 줄지어 울룰루를 오르던 관광객들의 모습에서 서로에 대한 존중의 모습은 없었다. 일본이 우리 명산에 쇠말뚝을 박아놓은 것에 분노해봤던 우리로서는 충분히 이해할 수 있는 조치가 아니겠는가? 호주에 오시면 울룰루를 꼭 한 번 찾아보시면 어떨까? 광대한 호주 대륙 중심에서 5만 년 이상 우리와는 다른 방식으로 생존해온 우리와 같은 사피엔스의 역사를 직접 만나볼 기회가 될 것이라 확신한다.

호주 여행 현장 가이드

여행자 보험에 반드시 가입해야 하는 이유

호주는 워낙 넓어서 여행지 간 긴 이동이 필수입니다. 그러다 보니 현지 여행사를 이용하거나 혹은 렌터카를 빌려 직접 운전하시는 경우가 많지요. 앞서 언급한 울룰루 여행이라는 것이 사실 말처럼 쉽지는 않습니다. 아시다시피 호주 주요 도시들이 해안가에 있고, 울룰루는 대륙 한가운데 자리 잡고 있는 관계로 어느 도시에서 출발해도 그 거리가 만만찮습니다. 가령 제가 사는 멜버른에서 차로 가신다면 편도 2,350km, 시드니에서는 2,950km 이상을 운전하셔야 합니다. 차로는 하루 이틀 만에 갈 수 있는 곳이 아니지요. 일정이 빠듯한 여행이라면 비행기를 이용하시는 게 현명한 선택일 거예요.

그러다 보니 대부분 현지 여행사를 이용하실 텐데요, 많은 여행자가 그 회사가 어떤 '상해보험'을 가입하고 있는지를 확인하십니다. 물론 현지 여행사들도 자신들이 가입한 보험 내용을 공지하고요. 결론부터 말씀드리자면, 호주 현지 여행사들이 가입한 보험은 여행자를 보호하는 것이 아닙니다. 여기서 말하는 '상해보험'은 호주 현지 비즈니스를 보호하는 'Business Insurance' 또는 'Public Liability Insurance' 라고 하는 것인데, 이는 여행사의 재산을 보호하고 혹시라도 있을지 모르는 고객으로부터의 법적 소송에 대비하는 것으로 생각하시면 됩니다. 그러니깐, 200억짜리 상해보험에 가입한 현지 여행사와 함께 여행 중 본인 부주의에 의한 사고(교통사고를 제외한)로 다쳤다면 여행자는 본인 스스로 치료비를 부담하셔야 하는 겁니다. 물론 현지 여행사의 중대한 실수가 있었다고 판단하시면 변호사를 통해 법적 소송을 진행하시면 됩니다. 현지 여행사의 상해보험은 이렇게 법적 소송이 발생했을 때 회사가 부담할 비용을 커버하는 게 주목적이라고 보시면 됩니다. 낯선 해외에서 여행하다 보면 많은 위험에 노출될 수밖에 없습니다. 익숙하지 않은 게 많기 때문이죠. 그래서 바짝 긴장하고 조심에 조심을 또 합니다만 그래도 원치 않는 사고는 나기 마련입니다. 이에 대한 충분한 대비에 '여행자 보험'만 한 게 또 있겠습니까? 제가 가이드를 하면서 보았던 한 가지 예를 말씀드릴게요. 따님이 어머님을 모시고 여행을 오셨어요. 호텔에 체크인 후 어머님은 피곤한 몸을 좀 풀려고 목욕탕 욕조에 물을 받기 시작하셨습니다. 침대에서 잠시 기다린다는 게 그만 깜박 잠이 드셨어요. 어찌 되었을까요? 욕조의 물은 넘쳐 호텔 방의 카펫을 적시고 심지어 아래층 객실까지 피해를 줬지요. 다행히 이분은 한국에서 여행자 보험에 가입했고, 이 보험에서 처리하신 것으로 알고 있습니다. 만약 보험이 없었다면? 생각하고 싶지도 않지만, 그 수리 비용이 얼마가 나올지, 특히 사람 써서 하는 수리 비용이 많이 들기로 유명한 호주에서 말입니다. 또한, 호주는 의료비가 비싼 곳입니다. 물론 아무 일 없이 즐거운 여행을 하시는 것이 최상의 경우이지요. 그렇지만 여행 중 혹시나 있을 수 있는 사고에 미리 대비하는 것이 마음 편하게 여행하시는 방법이 아닐까 생각합니다. 여행이라는 것이 원래 그렇잖아요? 뜻하지 않은 일들이 속출하는… Expect the Unexpected!

-한국과 다른 자동차 보험에 관하여,

보험 이야기가 나온 김에 호주에서 여행 중 교통사고가 난 경우 어떻게 처리되는지 잠시 살펴보고 갈게요. 저도 이민 와서 처음으로 자동차 보험에 가입할 때 다소 혼란스러웠습니다. 보통 한국에서 자동차 보험에 가입하면 대인, 대물 배상액이 있잖아요? 그런데 호주 자동차 보험은 사람이 다쳤을 때에 관한 내용이 전혀 없는 거예요. 정말 자동차만 커버해주더군요. 당연히 의아했죠. 그럼 다친 사람 치료비는 어떡하지? 이에 대한 의문은 다음 해 자동차 세금을 낼 때 풀렸습니다. 호주도 매년 자동차 세금을 내는데요, 물론 주마다 약간씩 다르기 때문에 여기서는 제가 사는 멜버른이 속한 빅토리아주를 예로 설명하겠습니다. 빅토리아주가 한국과 다른 점은 보통 개인 승용차(트레일러, 트럭, 버스 등은 또 다름)의 경우 차종이나 연식과 상관없이 같은 지역에서는 똑같은 세금을 냅니다. 즉, 크고 비싼 외제 차를 타나 경차를 타나 모두 같은 세금을 내는 것이지요. 2021년 현재 멜버른 지역 자동차 세금은 $845.90(약 72만 원)입니다. 그런데 세금고지서를 자세히 보면 이 중 약 60%가 TAC(Transport Accident Commission)라는 곳으로 갑니다. TAC는 자동차와 관련된 사고로 다친 사람들을 치료하거나 그에 수반된 각종 손실(사고로 일을 못 할 경우 100%는 아니지만, 어느 정도의 소득 보전 등을 포함)을 보전해주는 주(州) 정부 기관입니다. 시드니에서 이와 비슷한 보험은 CTP(Compulsory Third Party)라고 합니다. 멜버른에서 자동차,

오토바이, 트램, 기차와 같은 교통수단으로 사고를 당한 경우 누구나 TAC에 보상을 청구할 수 있습니다. 여기서 '누구나'라는 의미는 전 세계 '누구나'라고 보시면 됩니다. 즉, 여행자, 학생, 워킹홀리데이 등 누구든지 빅토리아주에 등록된 교통수단에 치여서 다친 경우 주 정부가 치료와 그에 상응하는 보상을 해준다는 의미입니다. 그러니 차 사고가 발생했을 때 누구의 잘못을 따질 필요 없이 다친 사람은 각자 TAC로 가면 되는 겁니다. 뒷목 잡고 쓰러질 이유가 전혀 없지요. 호주에 여행 오셔서 혹시라도 교통사고로 치료받을 일이 생긴다면 이 점 꼭 참고하시길 바랍니다. 물론 안전한 여행이 최선이겠죠?

제 9 장

라클란 멕쿼리(Lachlan Macquaire)

아서 필립 이후의 혼란과 이를 수습한 호주의 아버지

이제부터 First Fleet 이후 초기 시드니 정착 사회의 모습을 살펴보고자 한다. 초대 총독 아서 필립(Arthur Phillip)이 1792년 12월 시드니를 떠나고 다음 총독인 존 헌터(John Hunter)가 1795년 9월 시드니로 오기까지 무려 2년 반 이상의 공백이 있었다. 당시 유럽은 프랑스 대혁명과 나폴레옹의 등장으로 혼란 그 자체였기에 시드니 문제는 영국 정부의 우선순위에서 한참 밀려있었다. 이 공백 기간을 앞서 잠시 언급했던 New South Wales Corps 군대의 차 순위 계급자들이 차례로 메우게 되었다. 문제는 이들에게 아서 필립과 같은 식민지 건설 철학을 기대할 수 없었다는 것이다. 이들은 자신들의 권력을 이용해 사리사욕을 채우기 시작했다. 그들은 런던 정부의 승인 없이 자신들에게 스스로 땅을 불하했고, 그 땅에서 죄수 노동력을 이용해 폭리를 취하기 시작했다. 심지어 아서 필립이 정한 균등한 배급의 원칙조차 무너뜨리면서 일반 죄수들보다 더 많은 배급을 가져가기 시작했다. 이들은 영국에서 들어오는 모든 배급품을 통제하면서 폭리를 취했다.

이들이 가장 큰 이득을 취할 수 있었던 품목이 바로 술(럼,Rum)이었다. 과거 아서 필립은 이 술을 통제했지만, 군인들은 그럴 생각이 전혀 없었다. 시드니로 들어오는 상인들을 통해 값싼 럼주를 더 많이 사들였고, 이를 시드니 죄수 사회에 풀어 엄청난 이득을 얻기 시작했다. 시드니 사회는 럼주로 흥청거렸고, 죄수들은 죽을 때까지 술을 퍼마시기 시작했다. 심지어 럼주가 통화의 역할까지 하게 된다. 사실 시드니에는 물리적 통화가 절대적으로 부족했다. 동전이나 지폐라고 해봤자 군인들이나 죄수들이 올 때 주머니에 조금 있던 것과 First Fleet 때 가지고 온 약간의 동전이 전부였던 터라 시드니에서는 통화로 쓸 수 있는 그 무엇이 절실했다. 이런 와중에 사람들이 가장 많이 찾는 럼주가 통화의 역할을 하게 되는 것은 어쩌면 당연한 결과였다. 이렇게 군인들은 럼주를 통해 시드니 경제를 주물렀기에 '럼주군대(Rum Corps)'라는 오명을 가지게 되었다.

1794년 1월이 되면서 군인들은 아서 필립이 농부 출신 자유 정착민들을 위해 정책적으로 남겨두었던 비옥한 혹스베리(Hawkesbury) 강 주변의 토지를 사적으로 분배하기 시작했다. 앞서 언급했던 제임스 루스(James Ruse)를 포함해서 22명으로 시작한 혹스베리 지역은 무분별한 확대로 2년이 안 되어 시드니 인구의 1/7에 해당하는 5백 명이 넘는 정착민들로 넘쳐나기 시작했다. 이 지역은 토지가 너무나 비옥했기에 NSW의 나일(Nile)로 불릴 정도였다.

이익에 눈먼 군인과 새롭게 지주가 될 수 있다는 기대에 부푼 정착민들에게 선주민들은 그저 싸워 이겨야 할 대상이었다. 반면 선주민들 입장에서도 생존을 위해 목숨을 건 저항을 할 수밖에 없는 상황이 연출되기 시작했다. 아서 필립 시대까지만 해도 그는 최대한 선주민들을 보호하려고 했다. 누구든 선주민을 이유 없이 공격할 경우 150대의 채찍을 피할 수 없었다. 그나마 이런 식으로 근근이 유지되어오던 양측의 불안한 평화는 더는 지켜질 수 없었다. 군인들은 자신들의 이익을 위해 선주민들을 공격하기 시작했고, 선주민들은 저항할 수밖에 없었다. 이 저항의 중심에 선주민 전사 페뮬우이(Pumulwuy)가 있었다.

호주 여행 현장 가이드

선주민 전사 페뮬우이(Pumulwuy)

　선주민들은 백인들에게 그저 힘없이 당하고만 있었을까요? 그렇지 않습니다. 나름 수만 년 동안 거친 호주 대륙 환경에서 생존한 이들이 그렇게 허무하게 당할 수만은 없었겠지요. 페뮬우이라는 선주민 전사는 바로 그 무력 저항의 중심에 있었습니다. 그는 1750년경에 태어나 1802년에 백인들에 의해 죽임을 당했습니다. 그는 First Fleet 이 도착한 시드니 지역의 선주민이었고, 부족 내에서 'Clever Man'으로 칭송받던 인물로 추정됩니다. 그의 게릴라식 저항은 1790년 12월 아서 필립의 사냥터 관리인 존 멕킨타이어(John McIntyre)를 공격해 죽임으로써 시작됩니다. 기록에 따르면 페뮬우이는 존 멕킨타이어가 자신들의 신성한 법과 질서를 어기면서 위협해왔기에 정당한 공격을 했던 것으로 전하고 있습니다. 일종의 정당방위라고나 할까요?

　아서 필립은 선주민과의 원만한 관계 형성에 노력했지만, 이번 경우에는 선주민들에게 본보기를 보여야 한다고 판단했고, 이들을 토벌하기 위해 50여 명으로 구성된 군대를 파견하기에 이릅니다. 이렇게 시작된 페뮬우이의 무력 저항은 1797년 시드니 서쪽 파라마타 전쟁(Battle of Parramatta)에서 정점을 찍게 되지요. 그는 100여 명의 선주민 전사들을 이끌고 파라마타로 진군해 막아서는 백인 병사들에게 창을 던지며 공격했습니다. 백인 병사들도 당연히 총으로 응사했겠죠. 최소한 5명 이상의 선주민이 사망했는데, 자료에 따르면 30명 이상의 선주민이 전사했다고 전하는 경우도 있습니다. 백인 병사들의 피해도 정확히 알 수는 없지만 약 10여 명 이상이 전사한 것으로 전해지고 있습니다. 화력에서 절대적으로 밀린 선주민들은 이 전투에서 패배했고, 페뮬우이 또한 7발의 총상을 입고 붙잡히게 됩니다. 그러나 그는 며칠 후 기적적으로 탈출하지요. 이 사건을 계기로 그는 백인들 사이에서 더욱 유명해졌고, 두려움의 대상이 됩니다. 결국, 이를 보다 못한 총독 필립 기들리 킹(Philip Gidley King)은 그를 잡기 위해 현상금과 포상을 걸기에 이릅니다. 포상금은 20갤런의 술과 옷 두 벌, 죄수일 경우 사면과 함께 영국으로 돌아갈 수 있는 추천서를 준다는 등의 내용이었습니다. 술이 곧 돈이던 시절이었기에 현상금은 효과가 있었어요. 결국, 1802년 파뮬우이는 사살되었습니다.

잔인하게도 그의 머리는 잘려 영국의 조지프 뱅크스(Joseph Banks)에게 보내집니다. 당시 영국인들은 선주민들을 자신과 같은 인간으로 취급하기보다는 인간과 오랑우탄 사이의 어떤 존재 정도로 생각했습니다. 실제로 선주민들의 신체를 연구 자료로 사용한 경우가 많았습니다. 심지어 태즈메이니아의 마지막 선주민으로 기록되고 있는 트루가니니(Truganini)의 뼈는 1876년 사망 후 그녀의 바람과는 다르게 무려 1976년까지 박물관에 전시되기까지 했지요. 페뮬우이의 저항은 비극적으로 끝났지만, 그의 정신은 아직도 선주민 사회에 그대로 남아 추앙받고 있습니다.

아서 필립 이후 시드니를 다스렸던 진정한 권력이 총독에게 있었는 지, 아니면 Rum Corps로 불렸던 군인들에게 있었는지 정확히 말하기 는 쉽지 않다. 실제 당시 총독은 독재에 가까운 권력을 행사할 수 있 었다. 그러나 아서 필립 이후 시드니 초기 정착 시절, 즉 1793년부터 1809년까지 임명되었던 세 명의 총독들은 부임 전 이미 강력해진 Rum Corps 군인들의 기득권 때문에 그 권력을 행사하는 데 어려움을 겪을 수밖에 없었다. 제2대 총독 존 헌터(John Hunter), 3대 총독 필립 기 들리 킹(Philip Gidley King)은 군인들의 등쌀에 시드니라는 작은 사 회조차 제대로 통제하지 못했다. 또한, 4대 총독 윌리엄 블라(William Bligh)는 나름 고집스럽게 기존 군인 기득권 세력에게 저항했지만, 결 국 호주 최초의 쿠데타로 총독 자리에서 쫓겨나는 신세가 되고 말았다. 이런 초창기 정치, 사회, 경제적 혼란을 잠재울 진정한 총독이 등장하 는데, 그가 바로 호주의 아버지(The Father of Australia)로 불리는 스 코틀랜드 출신의 라클란 맥쿼리(Lachlan Macquarie)다.

호주에 관해 조금이라도 아시는 분들은 '맥쿼리'라는 이름을 이미 들 어보셨을 것이다. 내 경우는 호주에 오기 전 호주에 대해 아무것도 몰 랐던 당시 '맥쿼리 뱅크'는 들어 알고 있었다. 호주를 대표하는 투자은 행으로 이미 우리나라 금융시장에 진출했었고, 2007년 세계 금융위기 전후로 한국에서 특히 파생상품 시장에서 두각을 나타냈었다. 그리고 보험 계리학과로 유명한 '맥쿼리 대학'도 들어보셨을 것이고, 시드니 시 내 중심 도로 중 하나인 '맥쿼리 스트리트'도 들어보셨을 것이다. 이렇 듯 맥쿼리는 호주의 아버지답게 이미 호주 사회 깊숙이 자신의 이름을 여러 곳에 걸쳐 남겼다.

　그럼 지금부터 그에 관해 좀 더 자세히 살펴보도록 하자. 멕쿼리는 시드니 초기 쿠데타를 포함한 혼란을 잠재우기 위해 파견된 다섯 번째 총독이다. 그는 기존의 해군 출신 총독들과는 다르게 육군 장교 신분의 총독으로 강력한 리더쉽과 선견지명을 갖춘 인물이었다. 일단 그는 자신이 직접 지휘하는 73연대 병력과 함께 도착했다. 이 부분이 기존 4명의 총독과 다른데, 당시 시드니를 장악하고 있던 Rum Corps의 군인들은 해병대 세력으로 육군 장교의 직접 지휘를 받던 터라 해군 출신 총독들의 명이 잘 서지 못했다. 게다가 윌리엄 블라가 축출된 쿠데타 이후 주요 지휘관들이 본국으로 송환되었기에 멕쿼리는 자신이 데리고 온 병력과 함께 시드니의 모든 권력을 쉽게 장악할 수 있었다.

　그는 영국에서 출발하기 전 이미 식민지 장관 캐슬레이(Lord Castlereagh)로부터 식민지 혼란의 수습을 위한 세부적 지시를 받았다. 일단 그는 쿠데타 이후 발생한 모든 법적 명령을 취소하고 축출되었던 전 총독 윌리엄 블라(William Bligh)의 성대한 환송식을 열어 화합과 단결을 통한 식민지의 밝은 미래를 역설하기 시작했다. 총독으로서 첫해 멕쿼리는 시드니를 질서가 잡힌 곳으로 만들기 위한 도시 계획을 수립했다. 우선 그 전까지 이름도 없던 거리에 명칭을 붙이기 시작했다. 당시 도로명은 별 의미도 없이 'rows' 나 아니면 'High Street' 혹은 이름조차 없었다. 무질서했던 도시에 체계적인 시스템을 구축하기 시작했다. 도로의 이름은 주로 영국의 왕과 귀족, 직전 총리와 같은 정치인 그리고 자신과 자신의 부인 이름을 따서 시드니의 주요 도로에 이름을 붙였다. 또한, 도로의 폭을 최소한 15m 이상으로 하고, 그 주변에 집을 짓고자 할 때는 반드시 정부의 승인을 받도록 했다. 그러면 여기서 잠시 쉬어가는 의미에서 호주 주요 도시 시드니와 멜버른의 주요 도로 이름에 대해 살펴보자. 호주에 사시는 분들이라면 자주 다니는 길의 이름이 어떻게 지어졌는지 알아보는 것도 흥미로울 것 같아 적어본다.

호주 여행 현장 가이드

시드니 시내 주요 도로 이름

George Street :
당시 영국 왕 조지 3세

York / Gloucester / Kent / Clarence / Cumberland / Sussex :
왕실 주요 귀족들(The Royal Dukes)

Pitt :
William Pitt(조지 3세 시절 20년간 영국의 수상을 지낸 정치인)

Castlereagh :
Lord Castlereagh 영국의 외무장관과 식민지 장관을 지낸 정치인

Phillip / Hunter / King / Bligh :
전직 시드니 총독들

Macquarie / Elizabeth :
멕쿼리는 본인 이름, 엘리자베스는 여왕이 아닌 멕쿼리 부인 이름

Harrington :
맥쿼리 자신의 전직 군사령관 이름

Argyle :
스코틀랜드에 있는 멕쿼리 고향 마을 이름

멜버른 시내 주요 도로 이름

Flinders :
Matthew Flinders(호주 대륙을 최초로 순환 항해한 항해사)

Bourke :
Richard Bourke(시드니 총독으로 멜버른이라는 도시의 이름을 지음)

Collins :
멜버른의 명품거리로 유명한 이곳은 David Collins에서 따왔다.
콜린스는 First Fleet으로 시드니에 와서 9년 동안 판사로 거주한 장교로
가장 오랜 기간 시드니에서 근무한 장교다.
1797년 영국에 있던 아내의 건강 악화로 귀국 후
『Account of the Colony of New South Wales』라는 2권짜리 책을 썼다.
이전에 출판된 어느 책들보다 상세한 시드니의 상황을 기술해서
많은 역사학자에게 귀중한 자료로 남았다.
그리고 1803년 다시 현재의 멜버른 쪽으로 두 번째 식민지 개척을 시도했지만
포기하고 결국 지금의 태즈메이니아를 두 번째 식민지로 열게 된다.

Elizabeth :
Richard Bourke의 부인 이름이라는 설도 있고,
엘리자베스 여왕의 이름이라는 설도 있음.

Swanston :
Charles Swanston 태즈메이니아의 은행가이자,
Port Phillip Association의 주요 멤버로서 초기 멜버른 도시 건설의 주역

Spencer :
Lord John Spencer 멜버른 설립 당시 영국 수상(1834~1837)

Queen :

영국 왕 윌리엄 4세(재위 1830~37)의 부인 Queen Adelaide의 이름에서 따왔음. 또한, 남호주의 주도인 애들레이드도 그녀의 이름에서 따왔다.
남호주(South Australia)도 윌리엄 4세 때인 1836년에 식민지로 건설되었기 때문에 여왕이었던 그녀의 이름이 지금까지 남은 것이다.

La Trobe :

초대 빅토리아주 총독을 지낸 Charles La Trobe의 이름에서 따왔다.
멜버른의 '해리 포터 도서관'으로도 유명한 주립도서관을
당시 대법관이었던 Redmond Barry와 함께 추진한 인물이다.
그러나 도서관 앞 광장에 커다란 동상은 총독이 아닌 Redmond의 동상이고,
반면 La Trobe의 동상은 도서관 왼편에 아주 초라하게 서있다.

〈빅토리아 주립도서관 내 La trobe reading room, 멜버른〉
34.75m 높이와 같은 너비로 만들어진 돔으로 이루진 이 공간은
1913년 오픈 이후 도서관을 대표하는 공간으로 자리 잡았다.
예전에는 중앙 단(the dais)에 도서관 직원이 앉아 떠드는 사람들에게 주의를 주기도 했다고 한다.
100년도 넘은 책상과 걸상을 지금도 고스란히 사용하므로 이 공간에서만큼은
시간을 초월한 책에 대한 사랑을 확인할 수 있을 것이다.
사진 출처: 도서관 공식 인스타그램 계정 @Library_Vic

도시의 공공위생을 향상하기 위해 당시 식수의 주요 공급원이었던 탱크 스트림(Tank Stream)에서 빨래를 금지했고, 대낮에 정부 부둣가에서 목욕도 금지했다. 이는 당시 시드니 사람들이 얼마나 대책 없이 더럽게 살고 있었다는 방증이다. 멕쿼리가 시드니 총독으로 재임하던 시기 모국 영국은 나폴레옹과의 전쟁 후 경제적 궁핍과 함께 범죄율이 급증했다. 이 덕에 호주로 오는 죄수 수송선은 점점 그 횟수가 늘었고 시드니 인구는 1815년부터 1819년 사이에 15,063명에서 31,472명으로 무려 두 배 이상 급증했다. 결국, 멕쿼리는 절대적으로 부족한 공공 인프라에 직면할 수밖에 없었고, 이를 극복하기 위해 12년 재임 기간에 265개의 공공사업을 진행 시켰다.

The Mint(조폐국, 1811~1816), Hyde Park Barracks(1819), St. James Church(1819~1824)와 같이 멕쿼리가 진행시켰던 주요 사업의 상당수는 현재까지 존속하고 있다. 멕쿼리의 공공 사업 중 가장 큰 것은 단연 시드니 병원 건립이었다. (현재도 멕쿼리 스트리트의 시드니 병원으로 200년 넘게 운영되고 있다.) 당시 죄수들을 위한 병원은 시드니 부두 근처에 널브러져 있던 천막들이 전부였다. 장기간 배를 타고 온 죄수들은 열악한 환경에서 건강이 극도로 나빠진 경우가 허다했다. 즉, 배에서 내리면 그대로 쓰러졌다. 새로운 병원 건설이 절실했다. 엄청난 규모의 병원을 건설하는 데 막대한 자금이 필요했던 멕쿼리는 술(럼)에 대한 수입 독점권과 죄수들의 노동력을 이용했다. 더 많은 술을 팔아 병원 건설 자금에 투입했으니 결국 병원을 짓기 위해 더 많은 주정뱅이를 양산한 결과라고나 할까? 그러나 당시 자체적으로 자금을 조달할 방법이 딱히 없었던 것도 사실이다. 또한, 프랑스와의 전쟁으로 재정적 압박이 심했던 런던 정부는 이러한 맥쿼리의 공공사업 진행에 불만이 많았다. 이러한 안팎의 어려움 속에서도 맥쿼리는 시드니의 기초를 닦았다고 볼 수 있는 것이다.

〈맥쿼리 시대에 만들어진 건물들〉
Hyde Park를 지나 맥쿼리 street에 현재까지 남아있는 건물들이다.
200년이 지난 건물에서 시드니 초기 모습을 상상해볼 수 있다.
시드니 여행 중 직접 찍은 사진들이다.
The Mint(상단 왼쪽), Hyde Park Barracks(상단 오른쪽), 시드니 병원(아래)

멕쿼리는 두 번째 식민지 태즈메이니아의 초기 도시 건설에도 지대한 영향을 끼쳤다. 또한, 시드니 서쪽 내륙으로의 진출에도 업적을 남겼다. 시드니의 백인들은 정착 초기 약 20여 년 간 시드니 해안 평야 지대에 갇혀 생존하고 있었는데, 인구의 증가로 서쪽 내륙으로 들어갈 수밖에 없는 상황이었다. 당시로써는 거대한 블루 마운틴(Blue Mountains)이 막고 있는 서쪽으로의 진출이 거의 불가능해보였다. 1812년 까지만 해도 그 유명한 탐험가 메튜 플린더스(Matthew Flinders)조차도 블루 마운틴은 통과할 수 없을 것이라고 시인할 정도였다.

그러나 그다음 해 멕쿼리의 지원을 받은 3명의 탐험가가 결국 불가능해보였던 블루 마운틴을 넘었다. 그동안의 수많은 실패를 통해 얻은 지리적 지식과 경험이 바탕이 된 쾌거였다. 당시 3명의 탐험가 중 눈여겨볼 한 명이 있는데, 바로 윌리엄 찰스 웬트워스(William Charles Wentworth)다. 그는 Second Fleet의 외과 의사로 왔던 다씨 웬트워스(D'Arcy Wentworth)의 아들로 향후 식민지 자치정부 수립에 큰 공헌을 한 정치가로 이름을 남겼다. 참고로 현재 시드니로 들어오는 포트 젝슨(Port Jackson Bay) 초입에 1800년대 웬트워스가 살던 집이 보클루스(Vaucluse House)라는 이름으로 작은 박물관 겸 관광지로 남아있으니 시드니에 오면 한 번쯤 찾아보는 것도 19세기 호주 식민지 시대 저택의 모습을 볼 수 있는 좋은 기회라 생각된다.

탐험가들이 목숨 걸고 뚫은 이 길을 멕쿼리는 정확한 측량과 함께 도로로 건설한다. 건설 담당자는 49살의 윌리엄 콕스(William Cox)로 그는 당시 기술력과 제한된 도구로 160km가 넘는 험난한 산악길을 평지로 만들면서 도로를 뚫었다. 당시 그에게 주어진 것은 도끼 등 기초 장비와 5명의 일반인, 30명의 죄수 그리고 그들을 관리할 8명의 군인, 말과 황소 6마리, 2대의 짐수레가 전부였다. 물론 30명의 죄수에게는 대가로 사면이 약속되었다. 낙관적인 전망으로도 공사 기간은 최소 8개월 이상 소요될 것으로 예상되었으나 Cox는 이를 무려 3개월 단축한 단 5개월 만에 공사를 마치고 베스허스트(Bathurst) 지역에 도착해 유니언잭을 꼽은 것이다. 지금도 많은 관광객이 시드니에서 블루 마운틴으로 가는 이 길은 바로 이때(1814~1815) 근간이 만들어진 것이다.

멕쿼리의 업적은 경제 시스템 구축 면에서도 빠지지 않는다. 초기 시드니 경제는 영국을 포함해 해외 수입에 거의 의존하고 있던 터라 수입 대금 지급을 위한 영국 화폐 실링의 유출이 심해 국내 통화의 부족 현상이 심했다. 즉, 실제 가치를 대변하는 물리적인 화폐가 절대적으로 부족했던 것이었다. 그러다 보니 앞서 언급했듯이 술(Rum)이 통화로 사용되기까지 했다.

이에 멕쿼리는 절묘한 방법을 고안하는데, 당시 교역을 위해 시드니에 온 스페인 상인으로부터 4만 달러에 달하는 동전을 사들였다. 그 동전의 속을 파내서 그 바깥 고리에 해당하는 부분을 식민지 달러, 즉 영국 돈 5실링으로 정했고, 그 속의 작은 동전은 중앙에 왕관 문양을, 테두리에는 New South Wales라고 새겨넣고 식민지 달러의 1/4 가치로 통용시켜 통화의 부족분을 해결했다. 또한, 1817년 런던 정부의 우려에도 불구하고 호주 최초의 은행인 The Bank of New South Wales를 설립하기에 이른다. 이 은행은 현재 호주의 4대 시중은행 중 하나인 웨스트팩(Westpac)으로 이어졌다.

멕쿼리의 개혁은 여기서 멈추지 않았다. 바로 사회계급의 문제를 건드린 것이다. 나는 멕쿼리가 호주 사회에 남긴 가장 큰 유산이 바로 이것이라 생각한다. 당시 영국 사회는 견고한 신분제가 유지되고 있었고, 시드니 내부에도 스쿼터(Squatter, 시드니 정착 초기 무주공산의 넓은 땅을 불법으로 먼저 차지하고 양모 사업 등으로 재산을 모았던 부류)를 중심으로 그들만의 귀족 그룹이 형성되고 있었다. 인구의 대다수를 차지하는 죄수와 형기를 마친 사람들은 실제로 정부 조직에서 일할 수도 없었다. 이때 멕쿼리는 그들에게 정부에서 일할 기회를 주기 시작했고, 이는 기득권 세력의 반발을 불러일으키기 충분했다. 시드니 내 특권층과 영국 정부의 비판과 견제에 결국 멕쿼리는 1820년 사임을 신청하고 1822년 대다수 시드니 시민들의 열렬한 환송을 받으며 12년 총독 생활을 마무리하게 된다.

1824년 영국에서 지병으로 사망한 후 그의 명성은 더욱 높아졌다. 1850년대 골드러쉬가 있기 전까지 호주 인구의 대부분을 차지했던 죄수 출신과 그들의 후손들에게 그는 더욱 특별한 존재로 추앙되었다. 그가 남긴 공공건물과 도시계획, 내륙으로의 개척 덕분에 시드니는 자립이 가능한 식민지로 탈바꿈할 수 있었기 때문이다. 'Australia'라는 호주의 명칭도 멕쿼리에 의해 채택되었다. 그동안 공식 명칭은 '테라 오스트랄리스(Terra Australis)'로 불리었으나 호주 대륙을 최초로 순환 항해한 메튜 플린더스(Matthew Flinders)는 'Australia'로 명명하길 바랐다. 그러나 그의 영향력은 멕쿼리에 미치지 못했다. 1817년 멕쿼리는 영국으로 보내는 공식 문서에서 최초로 'Australia'라는 명칭을 사용했고, 결국 1824년 영국 해군의 공식 지도에 호주 대륙은 'Australia'로 명명된다. 진정 멕쿼리는 초기 시드니 총독 중 가장 진보적 해안을 가졌었고, 그로 인해 시드니는 보잘것없던 죄수 수용소에서 하나의 국가로서의 기틀을 갖추게 되었다. 지금도 그의 고향 스코틀랜드에 있는 묘비에는 이렇게 새겨져 있다. "The Father of Australia."

제 10 장

호주 내 식민지 확장 과정

    호주는 섬이라고 하기에는 너무나 크기 때문에 하나의 대륙으로 불리기도 한다. 전체 면적은 약 7백 7십만km²로 러시아, 캐나다, 미국, 중국, 브라질에 이어 세계에서 6번째로 큰 나라다. 대한민국 면적이 약 10만km² 정도이니 우리나라보다 약 77배 정도 큰 영토를 가진 나라다. 현재 호주는 연방국가로 본토 내에 6개의 주(State)와 2개의 준주(Territory)를 가지고 있다. 그럼 지금부터 각 주가 어떻게 건설되었는지 알아본다.

〈연방 국가 호주를 구성하는 주와 주요 도시〉

첫 번째 건설된 NSW주는 이미 충분히 설명했으므로 두 번째 태즈메이니아(Tasmania)에 대해 알아본다. 아마도 호주 내 두 번째로 큰 도시인 멜버른이 있는 빅토리아(Victoria)주가 시드니 다음으로 건설되었을 것으로 생각할 수 있지만, 사실은 태즈메이니아가 더 빠르다. 그 이유는 다음과 같다. 앞서 설명했듯이 유럽인들의 호주 대륙 탐험은 17세기 이후 본격화되었다. 그러나 호주 대륙의 해안선 지도는 First Fleet 이후에도 완전히 그려지지 못한 실정이었다. 네덜란드인 아벨 타즈만(Abel Tasman)에 의해 뉴 홀랜드(New Holland)로 알려진 대륙 서쪽과 영국인 제임스 쿡(James Cook)에 의해 명명된 New South Wales 지역이 중간에 해협으로 갈라진 땅인지, 한 덩어리인지도 사실 몰랐다. 이런 상황에서 1800년부터 프랑스와 영국이 경쟁적으로 이 지역에 탐험대를 파견하기 시작했다.

우선 식민지 개척보다는 과학적 탐구에 집중했던 프랑스가 먼저 탐험대를 파견했다. 이에 영국은 이보다 8개월 늦은 1801년 메튜 플린더스(Matthew Flinders)를 보냈다. 플린더스는 당시 영국에서 가장 잘 알려진 탐험가 중 한 명이었다. 3년 전 1798년 이미 반 디먼스 랜드(Van Diemen's Land, 현재 태즈메이니아 섬의 옛 이름)를 한 바퀴 도는 항해를 통해 호주 대륙과 떨어진 섬이라는 것을 확인했다. 결국, 플린더스는 애들레이드 남쪽의 스펜서 만(Spencer gulf)과 세인트 빈센트 만(St. Vincent gulf)이 호주 북쪽 카펜테리아 만(Carpentaria gulf)과 연결되지 않은 것을 확인하고 뉴 홀랜드와 NSW는 붙어있는 하나의 땅 덩어리라는 사실을 확인했다.

비슷한 시기 시드니 총독 필립 기들리 킹(Philip Gidley King)은 프랑스가 반 디먼스 랜드에 식민지를 건설하려 한다는 정보를 입수했다. 이에 그는 지금의 태즈메이니아 남쪽 호바트(Hobart)에 군대를 파견했다. 프랑스의 침략을 저지하려고 했던 것이다. 그러나 킹 총독은 같은 시기에 영국에서 진행되던 2차 호주 식민지 개척 계획은 전혀 모르고 있었다.

영국은 1803년 초 데이비드 콜린스(David Collins)를 대장으로 First Fleet과 비슷한 이주 계획을 다시 실현하려고 했다. 규모는 First Fleet에 비해 작았다. 466명을 태운 두 척의 배가 1803년 4월 영국을 떠난다. 이들의 목적지는 지금의 멜버른이 있는 포트 필립(Port Phillip Bay)이었다. 도착 후 지역 정찰을 통해 콜린스는 척박한 땅과 부족한 식수로 이 지역이 정착에 적합하지 않다고 결정하고 시드니 총독 킹에게 이 사실을 보고했다. 그러자 킹은 자신이 앞서 보낸 군대가 주둔하고 있는 호바트로 가서 그곳에 정착지를 건설할 것을 명령했다. 결국, 1804년 태즈메이니아가 멜버른보다 먼저 식민지로 건설된다.

영국은 호바트 근처 포트 아서(Port Arthur)에 죄수 수용 시설을 만들고 주로 관리가 힘든 죄수들을 이곳으로 보냈다. 현재 포트 아서의 감옥은 얼핏 보면 스코틀랜드의 무너진 옛 성처럼 보이는 유명 관광지가 되었지만 19세기 중반까지만 해도 무시무시한 감옥으로 알려져 있었다. 이런 반 디먼스 랜드의 이미지는 1853년을 끝으로 더는 죄수 이송이 없었음에도 불구하고 강하게 남아있었다. 이에 1856년 자치정부의 수립과 함께 식민지의 공식 명칭을 반 디먼스 랜드에서 태즈메이니아로 변경하게 된다. 현재 태즈메이니아는 깨끗하고 아름다운 자연환경 덕분에 호주인들로부터는 '타지(Tassie)'라는 애칭으로도 불리는 최고의 관광지 중 한 곳으로 사랑받고 있다.

　이제 호주에서 두 번째로 큰 도시 멜버른의 탄생과정을 살펴본다. 앞서 언급했듯이 1803년 데이비드 콜린스(David Collins)를 대장으로 지금의 멜버른 지역인 포트 필립(Port Phillip)으로의 정착 시도는 실패로 돌아갔다. 그 후 20여 년의 세월 동안 멜버른은 말 그대로 방치되고 있었다. 1824년에 와서야 시드니로부터 멜버른까지 육로를 열어보겠다는 시도가 있었는데, 그 주인공이 바로 해밀턴 흄(Hamiltion Hume)이다. 그래서 지금도 시드니와 멜버른을 연결하는 고속도로의 이름은 흄 하이웨이(Hume Highway)다. 이 탐험의 목적은 내륙지역의 농지 개척과 실제 내륙수로의 흐름을 파악하는 것이었다. 흄의 탐험대는 2달 후 천신만고 끝에 머레이(Murray) 강을 건너 지금의 질롱(Geelong) 근처 해안가에 도착했다. 그러나 놀라운 것은 이미 수많은 백인이 그곳에 거주하고 있었다는 것이다. 이들은 대부분 고래잡이 선원 출신이거나 도망친 죄수들이었고, 시드니의 법적 영향권에서 벗어나 나름대로 집도 짓고 농사도 지으면서 살고 있었다. 실제로 그 당시 이미 서호주 퍼스 옆 작은 섬 로트네스트(Rottnest Island)부터 호주 대륙 남쪽 해안을 따라 멜버른까지 약 3,500km가 넘는 지역에 백인들은 나름대로 거주하고 있었다.

　1826년 시드니 정부는 프랑스 탐험가들이 지금의 멜버른 지역에 식민지를 만들려고 하는 시도가 있음을 파악하고 군인들을 보내 정착지를 먼저 건설했다. 참고로, 당시 영국 정부가 프랑스의 식민지 개척을 민감하게 경계했던 것은 아마도 프랑스와 북미 대륙에서 벌였던 '7년 전쟁(프렌치-인디언 전쟁이라고도 불린다, 1756~1763)'의 여파라고도 볼 수 있다. 식민지를 개척하는 데 있어 전과 같은 고생을 더는 하고 싶지 않았을 것이다. 그러나 한 1년 넘게 머물면서 프랑스의 정착 시도가 더는 없음을 확인한 시드니 정부는 이 지역을 다시 버린다. 자신들도 도저히 못 살 정도로 척박한 지역이라고 판단했기 때문이다. 즉, 당시 멜버른은 나도 싫지만 남 주긴 더 아까운, 뭐 그런 계륵 같은 땅이었던 것이다. 세월이 좀 더 흐르고 1830년대가 되면서 태즈메이니아로부터 농부들이 멜버른으로 넘어오기 시작했다. 그동안 태즈메이니아에서는 공짜로 땅을 불하해주고 있었는데, 이 시기가 되면 더는 그렇게 못하는 상황이 된 것이다. 이제 돈을 주고 땅을 사야 하는 농부들 입장에서는 새로운 땅을 공짜로 얻을 방법을 생각하지 않을 수 없게 되었다. 그 대안이 바로 멜버른이었다. 이들을 이끌었던 인물이 존 배트맨(John Batman)이었다. 그는 태즈메이니아 농부들을 대상으로 Port Phillip Association이라는 민간 단체를 만들고 이 지역 농장 개척의 선봉에 섰다. 1835년 배트맨은 직접 멜버른 지역으로 건너와서 지금의 노스코트(Northcote) 지역 약 6만 에이커(7천3백만 평, 윤중로 제방 안쪽 여의도 면적의 약 80배)의 땅을 선주민들로부터 구매했다. 그럼 도대체 뭘 주고 샀다는 것일까? 당시 선주민들이 신기하게 여기던 칼, 도끼, 가위, 옷, 밀가루 등을 넘기고 땅을 샀다고 전한다. 현재 이 지역은 멜버른에서도 집값이 비싼 지역이라 이 정도의 땅을 현재 가치로 환산한다면 얼마나 될지 당시 배트맨은 아마 상상조차 못 했을 것이다. 그리고 멜버른 시내를 흐르는 야랴 강(Yarra River)을 거슬러 지역을 꼼꼼히 살펴보고 정착지를 선정하는데, 그곳이 바로 지금의 멜버른 시티가 된다. 그러므로 멜버른이라는 도시는 1835년에 탄생한 것이다. 배트맨 이후 멜버른으로 수많은 정착민들이 몰려왔다. 이들은 모두 무허가 거주민들이었다. 당시 아무런 법적 구속력이 없었기에 그냥 먼저 와서 정착한 사람이 주인이 되는 것이었다.

그렇다면 당시 시드니 정부는 멜버른 지역을 어떻게 보고 있었을까? 리처드 보크(Richard Bourke) 총독은 농부들이 점유한 토지를 일단 불법으로 간주했다. 아직 영국 국왕에 의해 공식적으로 인정된 땅이 아니기 때문이었다. 그러나 보크 총독은 이미 벌어진 현실을 놓고 영국 왕실의 승인 같은 것을 따질 여유가 없었다. 일단 1836년 윌리엄 론즈데일(William Lonsdale)을 보내 상황 파악을 시도했는데, 이미 200곳이 넘는 거주 구역이 있음을 파악했다. 론즈데일은 인구와 땅의 소유지 구분을 면밀히 조사해 보고했다. 그다음 해 보크 총독이 직접 멜버른으로 내려와 이 지역의 이름을 공식적으로 멜버른(Melbourne)이라고 명명하게 된다. 멜버른은 당시 영국 수상이었던 제2대 멜버른 자작 윌리엄 램(William Lamb, 2nd Viscount Melbourne)의 이름에서 따왔다. 이렇듯 그의 이름이 멜버른은 아니었고, 그가 의원이 되었던 지역인 영국 더비셔(Derbyshire)에 있는 작은 도시 멜버른에서 따서 그를 멜버른 경(Lord Melbourne)이라고 불렀기 때문이다.

이렇게 멜버른은 시드니의 부속 식민지로 출발했으나 인구 유입이 급격히 늘어났기에 런던에서도 이 지역을 관리할 보다 상급자의 파견을 결정했다. 그가 바로 찰스 라트로브(Charles La Trobe)다. 당시 보통의 총독들과 다르게 그는 군대 경력도 없고, 행정 경력도 별다른 게 없었지만, 1839년부터 무려 14년간 멜버른을 효율적으로 관리했다. 당시 영국에서 파견된 그 어떤 관리보다 긴 기간 총독으로 근무했다.

당시 멜버른은 이미 1만 명이 넘는 정착민들이 해안선 북쪽 비옥한 땅으로 퍼져 살고 있었고, 라트로브가 도착할 시점 이미 시드니로부터 독립의 목소리가 높았다. 당시 멜버른 정착민들은 사회 기반 시설이 절대 부족했기 때문에 정부에서 땅을 팔아 얻은 이익(Crown Land Sales)으로 멜버른에 보다 많은 사회 기반 시설이 건설되기를 기대했다. 그러나 실제 모든 수익이 시드니 정부로 들어가다 보니 자신들에게는 그 혜택이 돌아오지 못하므로, 자치를 통해 그 문제를 해결하고자 했던 것이다. 1840년부터 본격적인 NSW로부터의 독립 청원이 시작됐다. 결국 1847년 멜버른은 시드니로부터 독립된 도시로 선포되었고, 1850년이 되면 인구는 거의 10만 명에 달했다. 결국, 1851년 당시 빅토리아 여왕은 멜버른이 속한 지역을 NSW로부터 독립된 주로 승격시키고 자신의 이름을 따서 Victoria 주로 명명했다. 그 직후 멜버른 북서쪽 지금의 발라랏(Ballarat), 벤디고(Bendigo) 지역에 금광이 발견되면서 멜버른은 19세기 후반 대규모 인구 유입과 함께 세계 최고의 부자 도시로 탈바꿈하게 된다.

〈멜버른의 모습들〉
멜버른에 사는 저자가 직접 찍은 사진들.

현재 호주 면적의 약 30% 이상을 차지하는 서호주(West Australia)는 퍼스(Perth)라는 도시를 주도로 쓰고 있다. 미국 텍사스보다 4배 넓고, 유럽의 프랑스, 스페인, 독일, 이탈리아, 영국, 스위스, 네델란드, 폴란드, 그리스, 포르투갈을 모두 넣을 수 있는 면적이다. 이 지역은 1820년대 들어 본격적으로 정착이 시도되었다. 결국, 제임스 스털링(James Stirling)의 집요한 노력 끝에 1829년 지금의 스완강(Swan River) 근처에 퍼스(Perth)라는 도시가 세워지고, NSW에 속하지 않는 모든 뉴 홀랜드(New Holland) 지역은 영국령으로 접수된다. 1832년까지 인구는 고작 1,500명 수준이었다. 그 후 20년 세월이 흘러도 인구는 6천 명을 넘지 못했고, 주로 퍼스나 알바니(Albany) 주변 또는 남서부 해안 일대에 집중적으로 거주했다. 퍼스라는 도시명은 당시 영국의 식민지 장관 조지 머레이(George Murray)의 고향이자 지역구인 스코틀랜드의 도시 퍼스에서 따온 것이다. 1890년대 초반까지 인구는 5만 명에 미치지 못했지만 1892년 이후 쿨갈디(Coolgardie)와 칼골리(Kalgoorlie) 지역에서 금이 발견되면서 1902년에는 25만 명 수준으로 증가했다. 현재 서호주는 호주 최대 산업인 광산업의 중심이자 아름다운 자연환경 덕분에 많은 관광객이 찾고 있다.

남호주(South Australia)의 백인 정착은 1836년부터 시작했다. 특이한 점은 남호주는 죄수의 유입 없이 자유 정착민만으로 처음부터 만들어진 식민지라는 것이다. 남호주 건설은 영국에서 호주로 자유 이주민 송출 운동의 중심에 있던 에드워드 웨이크필드(Edward Wakefield)에 의해 주도되었다. 그는 죄수 유배와는 다르게 토지 판매(Crown Land Sale)를 통한 수익금으로 젊은 커플들을 보내, 영국 내에서 발생하던 인구 증가 압력도 해소하고 동시에 식민지 발전에도 기여할 방안의 제안서를 작성했다. 결국, 1833년 런던에 남호주 협회(South Australian Association)가 설립되고, 이를 통해 새로운 해외 식민지로의 이주를 적극적으로 권장하는 운동이 전개되었다. 그렇다면 남호주로 자유 이민자들을 불러들일 수 있었던 요인은 무엇이었을까? 멜버른 쪽으로 가면 돈 안 내고도 땅을 얻을 수도 있었는데 말이다. 이주 프로모션 과정으로 볼 때 남호주는 다른 호주 내 식민지와는 다르게 죄수가 없는 보다 문명화된 백인 기독교인들만을 위한 식민지로 건설된다는 점이 특히 강조되었다. 1836년 첫 번째 총독 존 힌드마쉬(John Hindmarsh)가 이끄는 이주민들이 지금의 애들레이드 쪽으로 들어왔다. 12월 28일 200여 명의 자유 정착민들 앞에서 남호주는 영국의 식민지로 탄생했다.

도시 이름 애들레이드는 당시 왕 윌리엄 4세의 왕비 이름에서 따왔다. 첫해 546명으로 시작한 이 작은 식민지는 10년 후 인구가 14,630명으로 늘었다. 1860년대 125,000명까지 늘었고, 19세기 말 NSW, 빅토리아를 이은 세 번째로 인구가 많은 식민지로 자리 잡았다. 현재 애들레이드는 와인 산지로도 유명하다. 특히 애들레이드 힐(Adelaide Hill), 바로사 벨리(Barrosa Valley), 클레어 벨리(Clare Valley)는 일교차가 큰 시원한 기후(Cool Climate)에 적합한 화이트 와인 등 최고급 품질의 와인을 생산하고 있다.

호주 여행 현장 가이드

애들레이드 근처 한돌프(Hahndorf) 독일 마을

애들레이드 이야기가 나온 김에 근처에 있는 독일인 마을 한 곳을 소개하겠습니다. 우리나라도 남해에 가면 독일 마을이 있지요? 1960년대 독일로 가셨던 광부, 간호사분들 중에 독일에 남으셨던 분들을 고국으로 다시 모시기 위해 남해군에서 개발한 곳이라고 들었습니다. 저도 가보았지만 나름 한국의 보통 시골 마을과는 확연히 다른 분위기가 있더군요. 유래는 조금 다르지만, 호주에도 대표적인 독일인 마을이 하나 있지요. 바로 한돌프(Hahndorf)라는 이름의 아름다운 마을입니다. 호주 하면 영국인들이 와서 만든 나라로 알고 계실 텐데, 왜 갑자기 독일인? 하고 의아해하실 수 있는데요, 아시다시피 호주는 미국이나 캐나다와 비슷한 이민자 국가입니다. 나름 아시아 최고의 다문화주의 사회를 이루고 있다고 자부하고 있지요. 그래서 현재 호주인들의 뿌리를 좀 알아보고 가겠습니다.

2020년 기준 호주의 전체 인구는 약 2,570만 명 정도 됩니다. 대충 한국 인구의 절반 정도 되는 겁니다. 물론 땅덩어리는 77배나 크지만요. 아무튼 이 중 약 70%는 호주에서 출생했고요, 나머지 30%, 약 765만 명은 저처럼 다른 나라에서 출생한 사람들이죠. 주요 해외 출생지로는 아직도 영국(98만)이 제일 많고요, 그다음으로 인도(72만),

중국 본토(65만), 뉴질랜드(56만), 필리핀(31만), 베트남(27만), 그다음으로 남아공, 이탈리아, 말레이시아, 스리랑카, 스코틀랜드, 네팔 그리고 한국(11만) 독일(11만) 순입니다. 생각보다 한국 출신이 적지요?

그럼 호주인들은 자신들의 선조를 어디서 온 사람들로 스스로 밝히고 있을까요? 이건 2016년 인구통계 자료에서 찾은 것인데요, 1위는 영국(36.1%), 그다음이 재밌는데요, 호주라고 대답한 비율이 무려 33.5%입니다. 1788년 백인 정착 이후 20세기 들면서 이민이 폭발적으로 증가했고, 인종 간 결혼이 많아지면서 사실 많은 호주인이 자신의 뿌리를 정확히 따질 수 없다는 것이죠. 예를 들어, 할아버지는 아일랜드, 할머니는 영국, 그런데 어머니 쪽은 중국계와 이탈리안 계가 섞였다면 이 사람은 자신을 어떻게 표현할 수 있겠습니까? 그러니 그냥 호주라고 표현하는 것이지요. 아무튼 자신들의 뿌리를 밝힐 때 세 번째로 많은 곳은 아일랜드(11%), 스코틀랜드(9.3%) 그다음은 중국, 이탈리아, 독일 순입니다.

자, 그럼 대충 호주인들의 뿌리도 알아봤고, 이제 한돌프(Hahndorf)라는 독일 마을이 생긴 유래를 좀 알아보겠습니다. 한돌프 마을은 애들레이드 남동쪽으로 약 28Km 정도 떨어진 예쁜 마을입니다. 주변에 애들레이드힐(Adelaide Hills)이라는 와이너리로 유명한 지역이 있지요. 이 지역 선주민들도 1850년대 이후 역시 백인들에게 밀리면서 자신들의 터전을 잃어버리게 됩니다. 한돌프 마을은 호주 내 가장 오래된 독일인 정착촌으로 현재 남호주 주에서 주정부 보호지역(State Heritage)으로 보호하고 있습니다. 독일인들의 정착은 1838년으로 거슬러 올라가는데요, 남호주로의 이민을 추진하던 단체의 대표가 런던에서 남호주 홍보를 하던 중에 루터

교(신교) 독일인 카벨(Kavel) 이라는 사람을 만납니다. 카벨은 당시 독일 프로이센 왕으로부터 박해받던 루터 교도들의 해외 이주를 돕고 있었지요. 이런 상황에서 이주협회 회장은 루터 교도들에게 감명받고 이들을 도와 남호주로의 이주를 알선하게 됩니다. 금전적으로 상당한 도움을 준 것이지요. 즉, 이들은 종교의 박해를 피해 온 난민들이라고 볼 수 있습니다. 결국 1838년 드디어 38세대 187명의 독일 루터 교도를 태운 배가 애들레이드로 입항합니다. 당시 이 배의 선장이 바로 덴마크 사람 디르크 한(Dirk Hahn)이었습니다. 디르크 또한 이들에게 존경심 또는 선의를 갖게 되고 이들의 정착을 적극적으로 돕습니다. 독일인들의 입장에서는 이 먼 곳까지 자신들을 태워주고 정착을 도와준 디르크 한이 너무나 고마웠나 봅니다. 결국, 자신들의 정착지 마을 이름을 디르크 한의 이름을 따서 한돌프(Hahndorf – Hahn의 마을)라고 짓게 되지요. 이들 독일인 개척자들은 디르크 한의 도움으로 협상을 잘해서 100에이커의 땅을 첫 1년 동안 무상으로 쓸 수 있게 됩니다. 거기에 더해 농사에 필요한 씨앗과 가축도 받지요. 물론 그다음부터는 모든 것들이 이 마을 전체의 공동 채무가 되지만, 독일인들의 근면성에 신교도들의 신앙심과 절실함이 더해져 이들은 곧 모든 빚을 청산하고 성공적으로 자립하게 됩니다.

직접 가보시면 다양한 가로수들이 가을이면 아름답게 단풍이 드는데, 이 나무들은 1885년부터 심어졌다고 하니 130년이 훌쩍 넘은 고목들이지요. 호주의 20세기 역사에서 빼놓을 수 없는 1차 세계대전이 발발하자, 아무래도 적국인 독일인들에 대한 감정이 좋을 리 없었습니다. 이들은 독일 색깔을 빼기 위해 잠시 마을의 이름을 바꾸기까지 합니다. 물론 전쟁이 끝나고 다시 한돌프라는 이름으로 돌아왔지만요. 아름다운 마을입니다. 독일 소시지와 맥주를 고목이 우거진 길 가에서 맛볼 수 있는 곳! 꼭 한 번 들러보시길 추천해드립니다.

〈한돌프(Hahndorf) 마을 Main Street〉
가을이면 130년도 넘은 고목들의 단풍으로 아름다운 거리에서
독일식 소시지에 맥주를 즐길 수 있는 그림같은 작은 숲속 마을
사진 출처: Mount Barker District Council facebook page

퀸즐랜드(Queensland)는 앞서 살펴보았듯이 호주 대륙 중 유럽인들이 최초로 탐험한 지역임에도 불구하고 가장 늦게 식민지로 탄생했다. 본격적인 정착 시도는 1823년부터 시작했다. 측량사이자 탐험가 존 옥슬리(John Oxley)는 당시 시드니의 토마스 브리즈번(Thomas Brisbane) 총독으로부터 반역죄에 해당하는 죄수들을 가둘만한 엄격한 수용 시설에 적합한 장소를 찾으라는 명령을 받는다. 우선 포트 멕쿼리(Port Macquarie) 지역이 추천되었지만 적합성에서 빠지고, 옥슬리는 대신 더 북쪽 해안에 위치한 몰턴 베이(Moreton Bay)를 추천한다. 그리고 1824년부터 본격적으로 그곳에 정착지를 꾸리기 시작했다. 그 후 이곳은 1839년까지 15년간 감옥으로서만 기능했다. 몰턴 베이는 노퍽 아일랜드(Norfolk Island), 태즈메이니아의 포트 아서(Port Arthur)와 더불어 호주 내 가장 악명 높은 교도소 중 하나였다.

이렇게 죄수 전용 정착지로 출발한 몰턴 베이는 시드니와 마찬가지로 점점 서쪽의 비옥한 농장지를 찾아 확장되기 시작했다. 반면 죄수 수용 시설은 계속 감소해 1839년경에는 거의 자취를 감췄고, 대신 일반 자유 정착민의 증가로 지금의 브리즈번(Brisbane) 도심이 만들어지게 된다. 도시 이름 브리즈번은 당연히 당시 시드니 총독 토마스 브리즈번(Thomas Brisbane)에서 따왔다. 1850년대까지 브리즈번의 인구는 1만 명이 못 되는 수준이었다. 이들 중 농장 경영주들이 주축이 되어 NSW로부터 독립된 식민지로 거듭나자는 주장이 일었고, 꾸준한 자치 식민 청원으로 결국 1856년 브리즈번 지역 몰턴 베이(District of Moreton Bay)는 독립된 식민지로 허가

받게 된다.

이들이 NSW로부터 분리 독립하고 싶었던 가장 큰 이유는 죄수들의 노동력이 절실했기 때문이다. 1840년 이후 시드니로의 죄수 유입이 더는 없었기에 막 농장을 개발하던 브리즈번의 농장주로서는 새롭게 식민지를 열어 영국으로부터 다시 죄수들을 받고 싶었던 것이다. 1859년 6월 몰턴 베이는 퀸즐랜드로 다시 태어났다. 이름은 당연히 당시 빅토리아 여왕에서 따온 것이다. 당시 인구 약 2만5천 명 수순의 이 작은 정착지는 곧 심각한 경기 침체를 경험한다. Bank of Queensland가 문을 닫았고, 식민지 정부 재정도 거의 바닥을 드러냈다. 당시 입스위치(Ipswich)와 브리즈번을 연결하는 첫 번째 철도 공사도 취소됐고, 넘쳐나는 실업자들은 브리즈번 시내에서 데모하는 형국이었다. 그러나 다행히 1867년 브리즈번 북쪽 160km 떨어진 김피(Gympie) 지역에서 금이 발견되면서 퀸즐랜드는 침체를 넘어 번영의 길로 들어서게 된다. 금이 발견될 당시 인구는 약 10만 명 수준이었으나 30년 후 인구는 약 50만 명을 넘게 된다. 2020년 현재 브리즈번 인구는 약 2백5십만으로 호주 내 세 번째로 큰 도시로 성장했다.

제 11 장

초창기 호주 경제 성장의 요인

이번 장에서는 초기 백인들이 정착지를 꾸리는 과정을 경제적 관점에서 알아보고자 한다. 1788년 First Fleet의 도착과 함께 시작한 호주 정착민 사회는 생각보다 빠르게 경제적 성장을 거두면서 불과 한 세기 만에 세계에서 가장 부유한 사회로 발전했다. 어떻게 이런 일이 가능했을까? 아무리 당시 세계 최상의 문명을 가졌던 영국인들이라 하더라도 그저 무에서 유를 창조한 것일까? 즉, 호주 초기 정착민 사회의 경제적 성장에 어떠한 요인이 있었는지에 대해 살펴보려고 한다.

이에 대한 답을 찾기 위해 이 땅에 살고 있던 선주민들의 역할을 먼저 고려해봐야 할 것이다. 산업혁명 이후 유럽이나 아시아의 본격적인 경제적 성장은 기존의 정치, 사회, 문화 기반 위에서 이루어졌다. 그러나 신세계 정착민 사회의 경우 기존 선주민 사회의 여건에 따라 다양한 모습으로 발전했다. 호주, 미국, 캐나다 같은 경우는 기존 선주민 인구가 상대적으로 극히 적었을 뿐 아니라 경제 구조 자체도 주로 수렵 채집 단계에 머물러 있었다. 그러나 뉴질랜드만 해도 마오리 선주민들은 이미 농경사회를 구축하고 있었고, 아메리카의 멕시코나 페루의 경우 인구나 사회 시스템 등이 상당한 수준에 도달해있었다. 그러므로 호주, 캐나다, 미국 같은 경우 기존 유럽 사회와 단절의 폭과 깊이가 다른 신세계보다 더 컸다고 볼 수 있다.

그럼 이제부터 1788년 이전 호주 선주민 사회의 경제적 기반을 살펴보자. 우선 인구 부분은 앞서 언급했듯이 정확한 정보가 없는 실정이다. 왜냐하면, 신뢰할 수 있는 인구조사 통계가 없기 때문이다. 초창기 백인들의 각종 기록을 근거로 대략 30만~100만 명 정도로 추측할 뿐이다. 1788년 영국인들의 도착과 함께 선주민 사회 내에는 천연두가 창궐했고, 그로 인해 수많은 선주민 시체가 쌓였다고 초기 백인들은 기록하고 있다. 물론 이 전염병이 First Fleet에 의해 호주 대륙으로 처음 들어왔을 것이라는 것이 대다수 역사학자의 의견이지만, 반론도 만만치 않다. 그중 대표적인 것이 First Fleet이 도착하기 10여 년 전에 이미 호주 대륙 북쪽의 인도네시아 마카산(Makassan) 부족들을 통해 전염병이 퍼져 들어왔다는 주장이다. 당시 이미 인도네시아에는 유럽 선원들이 많이 있었고, 마카산들은 이미 고대로부터 호주 선주민과 교역해 왔다는 것이 정설이기 때문에 이 주장에 힘을 실어주고 있다. 전염병을 피해 선주민들은 부족을 떠나 도망치기 시작했을 것이고, 이런 이동이 결국 10여 년 후 시드니 지역까지 병균을 퍼트렸다는 주장이다. 아무튼 경제적 측면에서 선주민 숫자는 호주 대륙의 크기에 비해 극히 적었다. 뉴질랜드의 경우 백인들이 들어올 당시 마오리족의 인구는 약 10~20

만 명으로 추정한다. 그러나 면적이 호주 대륙의 4%에 지나지 않는 점을 고려할 때 인구 밀도 면에서는 호주보다 훨씬 높았다는 것을 알 수 있다. 참고로 유럽인들과의 접촉이 시작될 즈음 북미 아메리카 선주민의 숫자는 최소 5백만 명 수준이었던 것으로 알려졌다.

호주 선주민 사회는 농경사회로 진입하지 않은 수렵 채집 경제를 유지하고 있었다. 그러므로 잉여물의 축적이 없었다. 즉, 생산적 자본의 축적이 이루어지지 못했다. 경제의 생산 요소를 자본, 노동, 토지로 구분할 때 호주에 온 백인들은 바로 이용할 수 있는 자본이라는 생산 요소가 전혀 없었고, 노동이라는 요소 또한 극히 미미했다고 볼 수 있다. 예를 들자면 보통의 농경사회에 존재하던 집, 농기구, 관계 시설, 도로 등 백인들이 바로 이용할 수 있는 것이 없었다는 의미다. 그러다 보니 초창기 백인들은 집도 없이 풍찬노숙의 고통을 겪을 수밖에 없었다. 남미에 진출한 스페인이나 인도의 영국인들은 강압적 착취 혹은 교역을 통해 경제적 수탈을 자행할 수 있었다. 그러나 호주의 경우 수탈할만한 잉여물이 없었다.

그렇다면 초기 백인들이 활용할 수 있는 경제적 요소가 전혀 없었다는 것인가? 그렇지 않다. 가장 중요한 요소인 토지, 즉 땅으로 대변할 수 있는 천연자원이 풍부했다. 앞에서 잠시 언급했지만, 선주민들이 수만 년 동안 지속해온 Firestick Farming(우리가 흔히 아는 화전민과 비슷해보이나 농경을 하지는 않았기에 정확히 화전민이라고 부르기도 애매해서 마땅히 번역할 단어를 찾기 어렵다.) 덕에 호주에는 목축에 필요한 천연 초지가 넘쳐났다. 이를 이용해 1800년대 초반 백인들은 호주 경제를 양모 산업의 최적지로 활용할 수 있었다. 양모 산업은 1820년 이후 호주 초기 경제 성장에 강력한 추진력을 제공했다. 1816년 약 7만5천 마리의 양은 1850년이 되면 200배 이상 증가해 1,600만 마리에 달했다. 백인들은 자신들에게 엄청난 수익을 주는 목축을 위해 더 많은 땅이 필요했고, 이 땅을 차지하는 데 있어 선주민과의 전쟁은 불가피할 수밖에 없었다. 그리고 선주민들의 노동력은 일부분에서 활용되었다. 물론 선주민 수가 워낙 적었고, 게다가 넓은 지역에 흩어져 있었기에 정확한 통계는 찾을 수 없지만, 초창기 백인들은 경찰을 돕는 추적자, 탐험 가이드, 가정 내 하인, 양치기, 목동, 고래나 바다표범 사냥에서 선주민들의 노동력에 의존한 것은 사실이다. 현지 지형과 기후 환경 등에 무지했던 초기 백인 정착민들에게 이들의 도움은 절실할 수밖에 없었다. 특히 목축과 농업 부분에서 역할이 두드러졌다. 또한, 내륙으로 정착지를 확장해가는 과정에서도 선주민의 도움은 절대적이었다.

두 번째 요인으로는 죄수들의 노동력을 들 수 있다. 유럽인들이 호주로 온 이유는 남미의 경우처럼 금이나 은을 쫓아온 것도 아니고, 인도처럼 기존에 쌓여있던 부를 빼앗으러 온 것도 아니다. 물론 당시 영국 해군에 필요한 목재를 구할 수 있다는 점은 일부 고려할 수 있겠지만, 무엇보다 세상의 외진 곳으로 죄수들을 영원히 보내 버릴 수 있다는 점이 호주를 선택한 가장 큰 이유였다. 호주로의 죄수 이송은 1788년부터 1868년까지 80년간 지속하였고, 총인원 약 162,000여 명에 달했다. 물론 호주 역사에서 이들은 결코 자랑스러운 존재들은 아니었다. 그러나 이들은 초기 정착에 필요한 노동력을 제공하기에는 충분했다. 이들은 대부분 젊은 남자들이 많았고, 가정을 꾸린 경우가 없었기에 부양할 어린이, 노인, 여성들의 숫자가 극히 적었다. 즉, 영국의 일반인들은 원하지 않던 지구 반대편 불모지 신세계 개척자로서는 이들만 한 적임자를 찾기도 사실 쉽지 않았을 것이다. 초기 시드니 사회는 모국 영국과 너무나 멀리 떨어진 관계로 총독이 절대적 권한을 행사할 수 있었다. 군대와 같은 계획과 통제의 경제 시스템이 구축될 수밖에 없었다. 죄수들은 미국 남부의 흑인 노예나 19세기 러시아의 농노들과는 근본적으로 달랐다. 이들은 정해진 수형 기간이 있었고, 이 기간이 끝나면 일반인과 동일한 신분이 되었다. 심지어 1819년 시드니에 죄수 수용을 위한 막사가 건설되기 전까지는 죄수들은 밤사이 구금되는 일도 없었다. 그러니 이를 진정한 열린 감옥(Open Prison)이라 부를 수도 있었을 것이다. 보통 현재의 일반인들에게 널리 인식되고 있는 초기 호주의 죄수들은 채찍을 맞고 지옥 같은 감옥에 갇혀있는 모습으로 주로 그려진다. 그러나 이는 노포크 섬(Norfolk Island)이나 반 디먼스 랜드(지금의 태즈메이니아)의 포트 아서(Port Arthur)와 같은 흉악범 위주로 관리 되던 곳의 과장된 이야기다. 이렇게 흉악범들은 호주 본토가 아닌 또다시 작은 섬으로 유배시켰다. 시드니 죄수들은 낮에는 정부에서 시키는 일을 해야만 했고, 그 일이 끝나면 일반인들이나 군인들의 사적 경제 활동에 노동력을 제공하기도 했다. 품행이 좋은 죄수들에게는 'Ticket of Leave'라는 일종의 동기부여 정책도 시행되었다. 이를 받은 죄수들은 정부에서 시키는 공적 노동을 마치면 자유롭게 자신의 숙소로 돌아가

여가 생활을 할 수 있었다. 이들은 휴식을 취하거나 혹은 개인적으로 노동력을 제공할 수 있었다. 물론 형기가 완전히 끝난 상태가 아니므로 일반인보다는 적었지만 그래도 일정 수준의 임금을 받았다. 또한, 사적 고용주의 학대에 대해서도 죄수들은 법적으로 대항할 수 있었다. 당시 죄수들의 교육 수준 또한 일반 영국인과 크게 차이 나지 않았고, 심지어 일부 정치범들의 경우 대학 이상의 학력을 가진 자도 있었다.

세 번째 요인은 양모 산업의 발전이다. 1800년대 초반 영국의 모직 산업은 안정적인 양모 공급이 절실했다. 기존의 양모는 주로 영국, 독일, 스페인 등에서 공급되었으나 급격한 수요 증가를 따라가지 못하던 실정이었다. 이때 호주의 넓은 목초지대는 그야말로 양모 생산에 최적의 솔루션을 제공할 수 있었다. 당시 호주에 털이 길고 고운 품종인 메리노(Merino) 양이 본격 도입되기 시작했다. 양은 스스로 새끼를 치기 시작했고, 초창기 백인들은 넓은 땅에 울타리도 없이 그저 양만 풀어놓으면 돈을 벌 수 있었다. 당시 호주 양모 산업이 유럽과 비교해 월등한 경쟁력을 가질 수 있었던 몇 가지 이유를 살펴보자면, 우선 메리노 양의 보급으로 품질이 좋았다. 그리고 양털 자체의 무게가 가볍고, 게다가 썩지도 않는다. 이는 원거리 해상 수송에 최적이었다. 또한 양털을 얻는 데까지 드는 비용이 거의 없다 보니 이는 수송 비용을 상쇄하고도 남았다. 유럽과 달리 호주에서는 땅에 대한 렌트비도 없고, 온화한 기후 덕에 양들을 가둘 축사도 필요 없었다. 즉, 초기 투자 비용이 거의 없었고, 그저 양만 풀어놓으면 되었기에 생산비 면에서 유럽의 경쟁자들은 결코 따라올 수도 없었다. 이렇게 호주의 양모 산업은 1820년 이후 제2

차 세계대전 전후까지 호주 최대의 수출 산업으로 자리 잡게 된다.

그렇다면 이런 양모 산업을 이끌었던 사람들은 어떤 사람들이었을까? 1820년대 양모 산업의 높은 수익성은 일부 자유 정착민을 호주로 이주하게 만드는 요인이기도 했지만, 대부분의 경우 전직 군인 혹은 형기를 마친 죄수들이 바로 그들이었다. 이들은 호주가 가진 가장 중요한 자원, 바로 '땅'을 선점하기 시작했다. 원칙적으로 영국은 해외 식민지에서 얻은 땅의 경우 '어느 누구의 땅도 아닌' 영국 왕의 땅으로 간주했다. 라틴어 표기로는 '테라 눌리우스(Terra Nullius)', 영어로는 'No man's Land'라는 이 원칙으로 호주의 땅도 자동으로 영국 왕실의 땅이 되는 것이었다. 그러나 당시 시드니 주변 땅은 제대로 된 측량조차 이루어지지 못했던 상태로 식민지 정부의 규제가 미치지 못했다. 즉, 먼저 차지하는 자가 주인인 그야말로 무주공산이었다. 당시 이런 상황에서 땅을 선취한 사람들을 스쿼터(Squatter)라고 부른다. 일종의 '불법점유자'라고 볼 수 있다. 시드니 정부 입장에서는 양을 키우기 적합한 땅을 서둘러 개척하기 위해서라도 이런 행위를 눈감아줄 수밖에 없었다. 이 스쿼터들이 결국 호주 초기 사회의 지주 또는 젠트리(Gentry) 계급을 형성하게 되고, 향후 경제적, 정치적으로 막강한 영향력을 행사한다.

이야기를 조금 더 진전시켜보자면, 1850년대가 되면 총독의 절대적 영향력에서 점차 벗어나 자치 의회가 만들어지기 시작했다. 물론 아직은 총독의 영향력이 막강했지만, 이러한 변화는 어쩌면 자유 정착민의 숫자가 급격히 늘어나면서 시작된 것이다. 그러나 새롭게 유입되기 시작한 자유 정착민들이 호주에 와서 농장이나 목장을 경영하고 싶어도 이미 많은 땅이 소수의 스쿼터들에게 점령된 상태였다. 새로 유입된 정착민들은 자신들의 수적 우위를 이용해 자치 의회를 압박하기 시작했다. 결국, 이들의 요구에 따라 스쿼터들로부터 땅의 일부를 살 수 있는 법률이 만들어진다. 이렇게 상대적으로 작은 땅을 사게 된 자유 정착민들을 기존 기득권 세력인 스쿼터에 대응하는 개념으로 실렉터(Selector)라고 부른다. 호주는 1800년대 중반 이후 소수 기득권 집단인 스쿼터들과 신흥 다수 세력인 실렉터 간의 대립이 본격화된다. 이러한 사회적 변화 속에서 법을 무시하고 외곽지역에 사는 부쉬레인져(Bushranger)라는 사람들이 곳곳에 등장하기 시작했다. 이들은 지역 유지인 스쿼터들의 농장이나 목장에 침입해 가축 등을 훔치기 시작했다. 당시 미미한 경찰력의 한계 상황에서 공권력과 부쉬레인져 간의 무력 충돌은 불가피한 것일지도 모른다. 바로 이 시점에 호주의 로빈후드라고도 불리는 네드 켈리(Ned Kelly)가 등장한다. 네드 켈리는 잠시 후 좀 더 자세히 살펴볼 것이다.

마지막으로 모국 영국의 도움을 빼놓을 수 없다. 사회를 기초부터 새롭게 만들어가는 과정에서 영국의 제도와 지식은 그 밑바탕을 제공했다. 물질적인 면에서도 영국의 도움은 절대적이었다. 초기 정착에 필요한 모든 물적 자원과 노동력을 제공했다. 호주 경제학자 노엘 버틀린(Noel Butlin)에 따르면 1820년대 호주 경제 규모에서 영국의 보조금이 차지하는 비중은 50~60%에 이른다고 알려졌다. 이 비율은 점차 감소하지만 1831년까지는 양모 산업보다도 영국의 직간접 보조가 호주 경제에서 더 큰 비중을 차지했다.

호주 여행 현장 가이드

호주판 로빈후드? 네드 켈리(Ned Kelly)

여행 가이드 일을 처음 시작한 날 멜버른에 학회 참석차 오신 어느 교수님과 함께 그레이트 오션로드 투어를 한 적이 있습니다. 그분이 돌아오는 길에 갑자기 네드 켈리에 관해 물어보시는 거예요. 당시 저는 전반적인 호주 역사에 대해서는 어느 정도 공부가 되어 있었지만 네드 켈리에 대해서는 사실 잘 몰랐습니다. 속으로 매우 부끄러웠지요. 그래서 그 후로 좀 더 알아보게 되었습니다. 네드 켈리는 상당히 드라마틱한 삶을 살다 갔어요. 앞서 언급했던 19세기 중반 호주 사회의 불합리한 구조 속에서 고통받은 민중의 모습이 보였지요. 그럼 지금부터 짧은 삶을 영화처럼 살다 간 이 친구에 관해 이야기해보겠습니다.

사실 본명은 에드워드(Edward)예요. 영어에서 보통 에드워드의 애칭이 네드(Ned)거든요. 1855년 멜버른에서 그리 멀지 않은 베벌릿지(Beveridge)라는 작은 시골 마을에서 출생했습니다. 아버지는 당시 대접 못 받던 아일랜드 출신 죄수였어요. 돼지 2마리를 훔친 죄로 호주로 7년 유배형을 받았지요. 네드의 아버지는 감옥으로 악명 높았던 Van Diemen's Land(지금의 태즈메이니아)에서 형기를 마치고 멜버른 지역으로 이주한 겁니다. 네드 켈리는 이렇게 당시 호주 사회에서도 가장 밑바닥 인생을 타고난 것이지요. 게다가 네드가 11살 되던 해 아버지가 사망합니다. 가난한 8남매의 장남인 네드는 소년 가장이 되어 마침 주변에 있던 역시 가난한 외갓집으로 이사합니다. 그런데 네드의 외삼촌들은 이미 말과 가축들을 훔친 전력으로 경찰의 요주의 대상이었지요. 그 덕에 네드도 어려서부터 이런저런 범죄 행위에 연루되기 시작합니다. 결국, 훔친 말을 거래했다는 혐의로 3년 형을 받고 감옥 생활을 하게 됩니다. 1874년 3년 형을 마치고 출소한 네드는 나름 건실하게 목재 채집 일을 2년간 열심히 하지요. 그러나 1876년 의붓아버지와 말을 훔치면서 다시 범죄의 세계로 빠지게 됩니다. 당시 19세기 중반 호주 사회는 무주공산에서 땅을 그냥 선취한 스쿼터(Squatter)들과 그 이후에 들어와 땅을 불하받고 싶어하는 가난한 실렉터(Selector)들 간의 갈등이 최고조에 이릅니다. 가난한 실렉터들은 스쿼터들의 농장에 몰래 들어가 말이나 가축을 훔치는 일이 다반사였죠. 그럼 경찰은 당연히 돈 많은 기득권 스쿼터편에 서서 네드 가족과 같은 가난한 사람들을 강압적으로 수사했던 겁니다. 호주처럼 넓은 땅에 어찌 모든 경찰력이 미치겠습니까? 그렇게 법망이 엉성한 곳에서 네드와 같은 범법자들이 생겨났던 겁니다. 이렇게 네드와 그 형제들은 부쉬레인져가 되었던 겁니다. 네드의 동생 제임스(James) 또한 말을 훔친 죄로 두 번에 걸쳐 총 15년의 수감 생활을 했죠. 그러나 그 후 다행히 마음먹고 잘 살아서 형 네드와는 다르게 1946년 88살까지 장수했어요. 또 다른 동생 덴(Dan) 또한 각종 범죄에 연루되었고, 결국 마지막을 형 네드와 함께합니다.

자, 그럼 이제부터 네드 켈리를 호주 민중들 사이에서 일약 스타 부쉬레인져로 만들게 된 도주와 검거 사건에 대해 알아보겠습니다. 1878년 4월, 핏츠패트릭(Fitzpatrick)이라는 경찰이 동생 덴(Dan, 16살)을 말 도둑 혐의로 체포하기 위해 네드의 집으로 옵니다. 그런데 난데없이 이 경찰은 집에 있지도 않았던 네드가 자신에게 총을 쐈다고 주장한 거예요. 이 과정에서 덴은 도망쳤고, 경찰의 체포 과정에 항의하던 엄마와 이를 돕던 친척과 이웃 몇 명 또한 경찰 살해 미수를 도운 혐의로 체포됩니다. 결국 그해 10월 멜버른의 레드몬드 베리(Redmond Barry) 판사는 이들에게 3년, 6년 형을 선고합니다. 도망간 덴과 경찰 살해 미수 혐의를 받은 네드 이 두 형제에게 현상금 100파운드가 걸립니다. 물론 당시 경찰의 주장은 또 달라요. 네드가 집에 있었다고 했으니까요. 그런데 보통 이 사건에서는 네드의 증언이 더 신뢰를 받는 것 같더군요. 사실 이 경찰도 아일랜드계예요. 이름에서 알 수 있지요. 패트릭은 전형적인 아이리쉬 이름이니까요. 아무튼 당시 경찰은 네드를 콕 집어서 체포하고 싶었던 것 같습니다. 아무튼 쫓기는 신세가 된 형제는 근처 야산(Bush)으로 몸을 숨깁니다. 그리고 그들의 친구 조(Joe, 20살)와 스티브(Steve, 17살)가 합류하지요. 이렇게 네드의 마지막 갱단 4명이 구성되는 겁니다. 당시 네드가 가장 형이었지만, 나이가 고작 22살이었어요. 그 후 10월 이들을 잡기 위해 4명의 경찰이 파견됩니다. 이를 알아차린 네드 일당은 이들이 야영하던 캠프를 선제 기습했고, 이 과정에서 네드는 3명의 경찰을 사살합니다. 이 중 스캔론(Scanlon)이라는 경찰의 죽음은 호주를 대표하는 화가 시드니 놀란(Sidney Nolan)의 유명한 작품에서도 볼 수 있습니다. 시드니 놀란은 네드 켈리를 주제로 많은 작품을 남겼으며, 2000년 시드니 올림픽 개회식에도 이 작품을 활용한 공연이 있었지요.

〈「스캔론 순경의 죽음(Death of constable Scanlon)」, Sidney Nolan, 1946〉
호주를 대표하는 화가 시드니 놀란의 네드 켈리 시리즈 중 한 작품이다.
사진 출처: National Gallery of Australia, Canberra

〈2000년 시드니 올림픽 개회식의 한 장면〉
시드니 놀란의 네드 켈리 이미지를 이용해 19세기 호주 역사를 시각적으로 표현했다.
사진 출처: 시드니 모닝 헤럴드(www.smh.com.au)

3명의 경찰을 살해한 이들에게 현상금은 각각 500파운드씩 걸립니다. 물론 죽거나 생포하거나 상관 없어요. 물론 경찰은 이들을 소탕하기 위해 병력을 더 동원했지만, 정보 부족과 추격의 미숙함으로 별 성과를 올리지 못합니다. 네드 일당은 빅토리아주 북부 지방을 거점으로 인질, 약탈, 은행강도 등 범죄 행각을 계속하지요. 유로아(Euroa)라는 마을에서는 은행을 털어 2천 파운드 이상의 현금과 금괴를 가지고 달아나기까지합니다. 그럼 현상금은 또 올라가겠죠. 두 배가 올라 이제 각 1천 파운드가 되었습니다. 그러나 이들은 다음 해 다시 제리데리(Jerilderie)라는 마을 경찰서를 습격해 2명의 경찰을 가두고 대담하게도 주말을 경찰서에서 보낸 후 월요일 아침 경찰 유니폼을 입고 또 은행을 털어 2천 파운드 이상을 챙기고 바로 옆 호텔에서 60여 명을 인질로 잡기까지 합니다. 이런 대담한 범행 중에 네드는 당시 빅토리아주 하원의원 도널드 카메룬(Donald Cameron)에 보내는 8천 자로 이루어진 자필 성명서를 써서 은행 직원에게 남겼고, 이것이 유명한 'Cameron letter' 또는 'Jerilderie letter'로 불리는 성명서입니다. 네드는 이를 통해 자신들의 정당성을 설명하려 했던 것이죠. 현재까지 네드 켈리가 수많은 사람의 동정을 받고 민중의 영웅처럼 인식되는 이유는 어쩌면 이들의 범죄 행위에도 불구하고 민중은 이들을 약자(Underdog)로 보았기 때문입니다. 이들이 권위에 끝까지 대항하는 모습을 당시 민중들은 진정한 호주의 정신(Australian Spirit)으로 여겼던 것 같습니다. 이런 생각의 바탕에 문법도 많이 틀린 이 투박한 성명서가 큰 역할을 했겠지요.

결국, 이들 도주의 마지막은 글렌로완(Glenrowan)이라는 마을에서 벌어집니다. 지금도 이 마을에 가면 경찰과의 총격전에 대비해 철제 농기구 등으로 직접 만든 철제 방탄복을 입은 네드 켈리 동상을 보실 수 있습니다. 네드 켈리를 관광 상품화한 것이지요. 네드 켈리를 상징하는 이 방탄복(Armour)은 무게가 41kg에 달하고 실제 체포 당시 그가 입고 있었는데, 현재 그 진품은 멜버른에 있는 빅토리아 주립도서관에서 보실 수 있습니다.

〈네드 켈리 방탄복(Armour)〉
네드 켈리가 마지막 총격전에서 실제로 만들어 입었던 방탄복.
시드니 놀란은 이 투구의 모습을 강렬하게 이미지화 시켰다.
방탄복 뒤로는 네드 켈리의 실물 사진도 볼 수 있다.
해리 포터 도서관으로 더 유명한 멜버른 빅토리아 주립도서관에 상설 전시되고 있다.
사진 출처: State Library of Victoria

마지막 인질극을 벌였던 호텔에서 네드를 제외한 3명은 목숨을 잃었고, 네드는 여러 발의 총상을 입은 체 생포되었습니다. 멜버른으로 이송되어 재판을 받은 네드는 결국 1880년 10월 경찰 살해 혐의가 인정되면서 사형이 선고됩니다. 사형 선고는 앞에 잠깐 등장했던 레드몬드 베리(Redmond Barry) 판사가 내렸는데, 훗날 그는 빅토리아 주립도서관 건설을 책임지게 됩니다. 네드 켈리의 마지막 유품인 방탄복이 그에게 사형 선고를 내린 판사가 건립한 도서관에 지금도 전시되고 있으니, 이 둘의 인연도 예사롭지는 않지요? 그런데 재밌는 건 주립도 서관 정면 입구에 서있는 레드몬드의 동상보다 네드 켈리의 방탄복이 현재 훨씬 중요한 보물이라는 것이지요. 결국, 1880년 11월 11일 빼 빼로 데이, 네드 켈리는 멜버른 감옥에서 형장의 이슬로 사라졌습니 다. 그가 마지막으로 했다는 말이 전해지는데요, 그것은 바로 "such is life."라고 합니다. '뭐, 인생이 다 그런 거지. 별수 있겠어?' 정도로 해석할 수 있는 그의 마지막 독백은 사실 25살 나이에 하기에는 쉽지 않은 말일 텐데요, 그렇죠?

이들, 4명의 악당은 2년 동안 도주하면서 권위와 권력으로 대표되 는 정부와 경찰을 웃음거리로 만들어버렸지요. 네드 켈리가 냉혈한이 자 범법자인 것은 확실합니다. 그럼에도 불구하고 그는 호주 사람들 에게는 힘 없는 민중을 대신해 권력에 맞섰던 인물로 기억되고 있습 니다. 호주 격언에 이런 말이 있습니다. "As game as Ned Kelly." 번 역하자면 '네드 켈리처럼 대담하고 용감하게.'라고 할 수 있겠죠. 심지 어 앞서 언급했듯이 화가 시드니 놀란(Sidney Nolan)도 네드 켈리의 일생에 영감을 받아 시리즈로 작품을 그리기도 했으니 네드의 국민적 인기를 실감하실 수 있을 겁니다. 그렇다면 그는 과연 영웅인가요? 악 당인가요? 저에게 있어 그는 기록상으로는 악당이겠지만, 심정적으로 는 그저 어린 나이에 야생마처럼 자유롭게 살고 싶어, 그렇게 진하게 살다 간 청춘이라고 여겨지네요. 여러분의 생각은 어떻습니까?

제 12 장

금의 발견과 유레카 봉기

호주 역사의 전환점

　호주의 역사를 몇 단계로 나눌 수 있다면 그 시작은 당연히 선주민이 호주 대륙으로 건너와 수만 년간 문명을 지속했다는 것이다. 그다음 유럽의 백인들이 18세기 말 시드니에서 정착을 시작했다. 그러므로 19세기 중반까지 호주 역사의 주 무대는 단연 시드니였다. 그러나 1850년대 이후 호주라는 나라를 지금의 모습으로 만들어준 결정적 사건은 지금 내가 사는 멜버른에서 시작했다. 호주 역사의 중심이 멜버른으로 이동한 것이다. 과거 시드니와는 달리 이번 역사의 국면에서는 더 이상의 죄수 이송도, 정부 주도의 선주민 학살도, Rum Corp으로 상징되는 부패한 군인들도, 그리고 이들과 손잡은 기득권 세력의 쿠데타도 없었다. 19세기 후반 호주는 과거 전근대적 사회에서 탈피한 새로운 문명의 모델로 미국과 함께 전 세계에 화려하게 등장한다. 그 역사의 중심에 바로 금(Gold)이 있었다. 골드러쉬는 새로운 개척과 경제적 성장을 가져왔다. 대규모 골드러쉬는 미국 캘리포니아에서 먼저 시작했다. 미식 축구팀 샌프란시스코 포티나이너스(San Franciso 49ers)에서도 보듯이 1849년은 골드러쉬로 미국 서부가 떠들썩하던 해이기도 하다. 이보다 조금 늦게 호주에서도 금이 터졌다. 1851년 멜버른에서 약 120km 떨어진 발라랏(Ballarat) 근처에서 대규모의 금광이 발견된 것이다. 이로써 인구 8만 정도의 빅토리아주는 멜버른을 중심으로 폭발적 성장을 하게 된다. 1854년의 인구를 살펴보면 빅토리아주는 28만 명으로 3년 만에 3배 이상 증가했다. 골드러쉬 이전 빅토리아주보다 3배 이상 인구를 가졌던 NSW(24만 명), 미국 캘리포니아(21만 명)를 훌쩍 넘어서는 규모로 급성장한 것이다. 순식간에 멜버른은 호주 내 가장 큰 도시가 되어버렸고, 당시 세계인들에게 가장 많이 회자되는 도시가 된 것이다.

1848년 멕시코와의 전쟁을 통해 미국은 캘리포니아를 얻었고, 그 직후 바로 골드러쉬가 발생함에 따라 캘리포니아는 일종의 무법지대가 되어버렸다. 아무것도 없던 황무지에 금이 터졌으니 그 상황이 어땠을지는 예전 서부영화의 총잡이들에서 상상해볼 수 있을 것이다. 반면 멜버른의 경우는 상황이 달랐다. 앞서 언급했듯이 호주는 인구는 적었지만, 양모 산업으로 이미 상당한 소득 수준과 사회 시스템을 유지하고 있었다. 그러나 골드러쉬와 같은 엄청난 사회, 경제적 외부 충격은 아무리 안정된 사회라도 흡수하기 쉽지 않다. 평소에 법을 잘 준수하고 성실하게 살던 사람들도 금이라는 유혹 앞에서는 일상을 내려놓고 금을 쫓는 경우가 허다했다. 다시 말해 사회가 일시적으로 마비되었던 것이다.

사실 호주의 경우 1844년 이미 시드니 서쪽 블루 마운틴 넘어 베스허스트(Bathurst)와 오렌지(Orange) 지역에서 금이 발견되었다. 당시 금을 발견했던 성직자 겸 지리학자 윌리엄 클락(William Clake)은 호주 대륙에 엄청난 양의 금이 묻혀있을 것이라고 이미 확신했다. 그는 그 증거로 약간의 금덩이를 가지고 당시 시드니 총독 조지 깁스(George Gipps)를 만났다. 총독 입장에서는 이제 막 기틀을 잡기 시작한 호주 사회에서 금의 발견은 곧 심각한 사회적 혼란을 가져올 것이라고 우려했다. 그는 윌리엄 클락에게 이렇게 말했다고 전해진다. "당장 그 금을 치우시오, 안 그러면 우리 목이 달아날 수도 있소!(Put it away, Mr. Clake, or we shall all have our throats cut.)" 이렇게 금의 존재를 숨기고 있던 상황에서 캘리포니아 골드러쉬가 발생한 것이다. 당시 호주는 수천 명의 젊은 남자 노동력을 캘리포니아에 빼앗기는 신세가 되었다. 호주 입장에서는 가뜩이나 부족한 인구를 잃어 사회적 혼란을 겪느니 현지 금광을 개발하는 쪽이 오히려 낫다는 결론을 내린다. 이에 먼저 금을 발견하는 사람에게 포상금까지 걸면서 금을 찾기 시작했고, 결국 1851년 1월 NSW 베스허스트 근처에서 금맥이 터지게 된다. 금이 발견되었다는 소식은 삽시간에 퍼졌고, 예상했다시피 사회는 곧장 혼란으로 빠졌다. 대부분의 남자가 하던 일을 멈추고 금광으로 향했다. 대장간은 폭주하는 삽과 곡괭이 주문을 맞출 수 없었고, 밀가루, 설탕, 차 등의 가격은 하룻밤 사이 두 배로 치솟았다.

이러한 외부적 충격에 의한 인플레이션은 이미 캘리포니아에서 목격되었던 사건이었기에 시드니 정부는 극도로 긴장할 수밖에 없었다. 결국, 당시 시드니 총독 찰스 피츠로이(Charles FitzRoy)는 골드러쉬에 대한 정부 제재를 시행할 수밖에 없었다. 우선 발견된 모든 금은 정부에 귀속됨(Crown ownership)을 공표했다. 그리고 정부의 허락 없이 금을 캐거나 파는 경우 민, 형사상 모두 처벌을 받게 했다. 그렇다면 어떻게 금을 캐라는 것인가? 바로 정부로부터 면허증을 사야만 했다. 이 면허증의 가격은 당시 보통 성인의 주급 수준에 달했고, 이는 금을 캐든 못 캐든 상관 없이 사야만 했다. 시드니 정부는 금을 캐는 데 실패한 사람들이 하루빨리 일확천금을 포기하고 자신의 삶으로 복귀하기를 바랐던 것이다. 이와 비슷한 면허세가 미국에서도 시행되었었다. 물론 캘리포니아의 경우 면허세는 외국인들에게만 해당되었다. 주로 중국인과 멕시코인들을 대상으로 징벌적 세금을 부과했던 것이다. 그 결과는 금광 근처 대도시 샌프란시스코에 무일푼 거지들을 양산하는 결과만 초래했다. 금을 캐지 못한 채 엄청난 면허세만 날린 외국인 금 채굴자들이 도시로 몰려 사회적 갈등과 불화만 초래했다. 그런데도 호주는 미국의 선례를 그대로 따라가려고 했던 것이다.

시드니 근처 골드러쉬의 혼란은 당시 막 탄생했던 빅토리아주에 심각한 위협으로 다가왔다. 시드니 정부와 마찬가지로 가뜩이나 절실했던 노동력을 빼앗길 수 있다는 우려였다. 결국, 빅토리아주 멜버른 정부의 초대 총독 찰스 라트로브(Charles La Trobe)도 금 발견에 포상금을 걸 수밖에 없었다. 그러나 멜버른 근처에서도 1850년에 윌리엄 캠벨(William Campbell)에 의해 이미 금이 발견되었고, 이는 비밀에 묻혀 있었다. 왜냐하면, 널리 알려지는 것보다 혼자 조용히 금을 캐는 편이 더 나았기 때문이다. 그러나 총독이 건 200파운드의 포상금은 이 비밀을 풀기에 충분했고, 결국 빅토리아주도 골드러쉬에 본격적으로 올라타게 된다. 골드러쉬는 빅토리아주 멜버른 역시 혼란 속으로 빠트렸다. 실제 운 좋은 사람은 보통 영국 노동자 10년 치 임금에 상응하는 금을 한 번에 발견한 때도 있었다. 멜버른 시내는 텅 비기 시작했고, 심지어 학교도 문을 닫을 수밖에 없었다. 임금은 치솟았고, 멜버른에 정박한 배는 다시 출항할 수도 없었다. 배를 타고 온 선원들이 모두 금광으로 달려갔기 때문이었다. 심지어 당시 세계 최고의 양모 산업조차 타격을 받을 수밖에 없었고, 라트로브 총독은 정부에서 일하는 공무원들의 임금을 두 배로 올려줄 수밖에 없었다. 멜버른 정부는 하루라도 빨리 골드러쉬로 인한 사회적 혼란을 끝내고 싶었다. 그러기 위해서는 더 많은 금 채굴자들을 단념시키고 일상으로 돌아가게 만들어야만 했다. 결국, 그는 금광에 들어가는 데 필요한 라이센스 비용(세금)을 두 배로 인상했다. 아마 그때까지도 라트로브 총독은 이 결정이 가져올 파장을 예상하지 못했을 것이다.

미국의 경우 자유방임 정책으로 호주보다 상대적으로 넓은 지역을 한 사람이 차지하고 금을 캘 수 있었다. 그에 따라 그곳에서는 곧 지주와 노동자의 관계가 형성되었다. 그러나 호주의 경우 현재 보통 집의 차고(Garage) 정도 크기의 땅만 금을 캘 수 있도록 불하받을 수 있었다. 이러한 차이는 상당히 큰 영향을 끼치게 된다. 호주의 경우 작은 땅을 많은 채굴자에게 동일하게 분배했기에 금을 캘 수 있는 확률이 상대적으로 낮았다. 빨리 단념하고 일상으로 돌아가라는 정부의 의도가 깔린 정책이었다. 동시에 과거 아서 필립에 의해 추진되었던 평등주의 사상이 미국과는 다르게 호주 금광에서도 반영된 것이다. 이 덕분에 1850년대 호주는 미국보다 더 많은 이민자를 골드러쉬로 받아들일 수 있었다. 이는 곧 영국 출신 외에 다양한 사람들이 호주로 오기 시작했다는 의미이기도 하다. 영국 출신 호주인들은 이때까지만 해도 자신들을 영국인(British Subjects)이라고 여겼으며, 모국에 대한 충성심도 가지고 있었다. 그러나 금의 발견 이후 세계 각지에서 수많은 사람들이 몰려들면서 상황은 바뀌기 시작했다. 그들은 기존 영국인들과는 달리 영국 왕실에 대한 충성심이 있을 리 없었다. 특히 미국인들에게 이러한 경향이 뚜렷했다. 미국인들은 이미 70여 년 전 모국 영국과 전쟁을 통해 독립을 쟁취했고, 불과 몇 년 전 캘리포니아 골드러쉬 때에는 금을 캐는데 어떠한 세금도 내지 않았기 때문이었다. 아일랜드 출신 또한 다른 생각을 하고 있었다. 이들은 호주로의 이주를 모국에서 당하는 영국의 압제에 대한 해방의 개념으로 생각하고 있었다. 거기에 1848년 유럽 혁명을 경험했던 유럽 각지의 사람들이 이 행렬에 더해지는 상황이었다. 세계 각지에서 금을 캐러 몰려온 사람들은 당시 호주의 외딴 아웃백 생활에 적응하기 어려웠을 것이다. 제한된 음식, 불편한 숙박, 모든 것이 비싼 물가, 가족의 부재, 거기에 피로와 지루함 그리고 외로움까지. 이런 모든 요소가 당시 경찰의 가혹한 라이센스 정책에 더해져 그들의 분노는 한계점을 향해 치닫고 있었다.

라트로브 총독의 라이센스 두 배 인상 발표 후 첫 번째 항거 모임이 1851년 8월 발라랏 근처에서 개최되었다. 언론도 과도한 세금을 부과

하는 정부를 향해 빅토리안 차르(Victorian Czar)라 표현했고, 이는 자유를 억압하는 정책이라는 점을 언급하면서 금 채굴자들의 항의 집회에 지지 의사를 표시했다. 50여 명 정도가 참석한 이 집회는 결국 3년 후 벌어질 유레카 봉기(Eureka Stockade)의 시발점이 되었다. 1853년에 와서는 2만 명이 넘는 금 채굴자들이 벤디고(Bendigo)에 모여 라이센스에 반대하는 조직(Anti-Gold Licence Association)을 결성하기에 이른다. 그들은 자신들의 고충을 담은 청원서에 모두 사인했다. 2만여 명이 직접 사인한 13m에 달하는 청원서(Bendigo Petition)는 멜버른 총독 라트로브에게 전달됐다. 그리고 약 6개월간 금 채굴자들은 라이센스에 반대하는 의미에서 모자에 빨간 리본을 달았다. 이런 조직적인 반대에도 불구하고 라트로브 총독은 어떠한 완화 조치도 내리지 않고 총독직을 마쳤다. 1854년 새로운 빅토리아주 총독 찰스 호탐(Charles Hotham)이 부임했다. 그는 전 총독 라트로브보다 직급이 더 높은 군인 출신이었다. 이것은 다시 말해 금광이 발견된 빅토리아주의 체급이 그만큼 올라갔다는 것을 의미하기도 했다. 그런데 문제는 호탐 총독이 직접 골드필드에 가보고도 상황의 심각성을 파악하지 못했다는 것이다. 그의 눈에는 채굴자들의 불만보다는 자신을 환영하는 모습만 보였던 것 같다. 골드필드 방문을 마치고 멜버른으로 돌아온 호탐 총독은 오히려 라이센스 감독을 더 강화하고, 때때로 시행하던 라이센스 검사도 매주 2회로 확대 실시할 것을 명령했다. 울고 싶은 놈 뺨 때린 격이다. 1854년 10월 양 진영 간 긴장감은 극에 달했다.

이런 분위기 속에서 몇 가지 사고가 발생한다. 10월 7일 자정이 조금 넘은 시각, 스코틀랜드 출신 채굴자 제임스 스코비(James Scobie)는 친구들과 숙소로 돌아가는 길에 유레카 호텔(Eureka Hotel) 내 있는 술집을 찾았다. 라이센스 정책으로 모두가 예민하던 시절 술에 취한 이들과 죄수 출신 호텔 주인 제임스 벤틀리(James Bentley) 사이에 싸움이 벌어졌고, 이 과정에서 금 채굴자 스코비가 살해되기에 이르렀다. 그런데 문제는 이 사건의 처리 과정인데, 술집 주인과 친구 사이인 치안판사가 성급하고 부실한 조사 후, 증거 불충분 사유로 술집 주인을 석방하는 사태가 벌어진 것이다. 또한, 스코비가 살해되고 3일 후 아르메니아 출신 요하네스 그레고리우스(Johannes Gregorius)라는 사람이 라이센스가 없다는 이유로 폭행을 당하면서 체포된다. 그는 가톨릭 신부의 몸종이었는데 신체적 장애와 함께 영어도 서툴렀다. 이 사건은 독실한 가톨릭 신자들인 아이리쉬들의 감정을 특히 상하게 했다.

이에 10월 15일 발라랏(Ballarat)에서 폭력을 행사한 경찰을 성토하는 집회와 그 이틀 후 살해당한 금 채굴자 스코비에 대한 진상 규명을 요구하는 대규모 집회가 연달아 개최되었다. 이 집회 후 채굴자들은 유레카 호텔로 행진했고, 이에 놀란 호텔 주인 벤틀리는 지역 경찰에 보호를 받기 위해 도망쳤다. 30여 명의 무장 경찰이 호텔에 도착했을 때 호텔은 이미 성난 군중들에 의해 불타 없어진 상태였다. 10월 말 더 많은 경찰 병력과 군 병력까지 골드필드로 집결하면서 발라랏(Ballarat)의 긴장감은 최고조로 치달았다. 경찰은 유레카 호텔의 방화범으로 3명을 구속했고, 채굴자들은 이들의 보석을 요구하면서 다시 대규모 집회를 개최했다. 11월 11일 발라랏에 모인 채굴자들은 발라랏 개혁 위원회(Ballarat Reform League)를 발족시키고 자신들의 요구사항을 담은 헌장을 제정했다. 당시 그들의 헌장은 상당히 진보적이었는데, 심지어 그 내용에는 보통선거권(Universal Suffrage), 의회 의원이 되는 데 필요했던 자산 소유 조건의 철폐, 비밀투표 보장 등이 포함되어있었다. 물론 라이센스 문제는 이 분쟁의 중심에 있었다. 당시 지역 신문『발라랏타임즈(Ballarat Times)』는 이들을 자유를 찾기 위해 권력에 저항하는 단체로 표현하기도 했다.

상황이 악화하자 호탐 총독은 스코비 피살 사건의 재조사를 명하고 결국 호텔 주인 벤틀리를 체포했다. 동시에 호탐은 발라랏의 치안 유지에 강한 의지를 보이면서 450명의 경찰과 군인을 추가로 투입했다. 이들은 필요하다면 뒷일 생각하지 말고 폭력을 사용해도 된다는 명령을 총독으로부터 이미 받은 상태였다. 얼마 후 호텔 방화범으로 잡힌 3명 모두에게 3년 중노동형이 선고됐다. 그러자 정부와 경찰에는 이 일로 채굴자들이 정부 캠프도 불태울 것이라는 소문이 나돌기까지 했다. 11월 27일 호탐 총독은 멜버른에서 채굴자 대표들을 만났다. 그들은 양측 간 긴장 관계를 풀기 위해 방화범으로 잡힌 채굴자 3명의 선처를 요구했다. 그러나 호탐 총독은 이들의 제안을 거절했고, 빈손으로 발라랏으로 돌아온 대표단을 맞은 것은 1만여 명의 화난 채굴자들이었다. 그들은 이미 자신들의 의지를 담은 결의안을 만장일치로 통과시킨 상태였다. 이 결의안의 요점은 현재의 악랄한 라이센스 정책은 불합리한 세금이라고 정의하고, 기존의 라이센스를 모두 불태운다. 그리고 라이센스가 없다는 이유로 체포될 경우 함께 힘을 합쳐 자신을 스스로 방어하고 보호할 것이라는 내용이었다. 이는 강압적 권력에 대한 도전과 저항이었다. 이들은 더 이상의 법적 처리 방안은 의미가 없다고 판단하고 불합리한 라이센스 정책에 대해서 무력으로 저항하겠다는 의지를 표현한 것이다.

11월 30일 목요일, 정부는 다시 라이센스 검사에 들어갔다. 그러자 채굴자들은 경찰을 향해 돌을 던지며 저항했다. 결국 이 사태가 12월 3일 일요일에 발라랏(Ballarat)의 베이커리 힐(Bakery Hill)에서 있었던 유레카 스톡케이드(Eureka Stockade)의 발단이 되었다. 이때 채굴자들의 지도자였던 아일랜드 출신 피터 라롤(Peter Lalor)은 다른 지도자들이 주저하는 사이 나무 그루터기 위에 올라 동료들에게 자유를 외치는 선동을 하면서 이 저항 운동의 중심에 서게 된다. 12월 1일 금요일 아침, 남십자가(Southern Cross)를 그린 깃발을 든 200여 명의 무장한 채굴자들이 베이커리 힐로 모여들었다. 채굴자들의 숫자는 순식간에 1,500여 명으로 늘어났다. 무장과 함께 자체적으로 지도자를 선출하면서 그들은 조직력을 강화하는 동시에 통나무로(Wooden Stockade) 펜스를 쳐 요새를 만들면서 정부 권력에 저항할 준비를 했다. 12월 2일 토요일 밤, 경찰과 군대가 쳐들어온다는 두 번의 잘못된 정보 후 다수의 채굴자는 요새를 떠나 자신들의 텐트로 돌아가 잠을 청했다. 결국, 남은 인원은 약 150여 명. 요새 안 첩자를 통해 내부 사정을 속속히 알고 있던 군대와 경찰은 일요일 새벽 300여 명의 무장병력으로 공격을 개시했다. 숫자와 화력에서 밀렸던 채굴자들은 속수무책으로 당할 수밖에 없었다. 이 싸움에서 22명의 채굴자, 7명의 군인이 사망했다. 부상자가 속출했고 100여 명이 넘는 인원이 체포됐다. 그들은 정부 캠프 내 나무로 만든 작은 감옥에 갇혔는데, 워낙 좁은 곳에 많은 인원이 갇히다 보니 앉을 자리조차 없었다고 한다. 같은 날 지역 신문 발라랏 타임즈(Ballarat Times) 사장도 검거되는데 죄목은 선동죄였다. 11월부터 기사를 통해 지속해서 채굴자들을 선동했다는 이유였다.

그럼 저항의 주동자 아이리쉬 피터 라롤(Peter Lalor)은 어찌 되었을까? 그는 싸움 중 왼팔에 여러 발의 총을 맞았지만, 친구의 도움으로 간신히 탈출에 성공했다. 결국 다친 팔을 절단했지만 그는 살아남았고, 그 소문이 퍼지자 호탐 총독은 그에게 현상금을 걸기까지 했다. 또한, 이 사건 후 발라랏 지역에 계엄령(Martial Law)을 선포했다. 이후 여론은 호탐의 진압을 지지하는 쪽과 반대하는 쪽으로 갈렸다. 12월 6일 멜버른 시내에 있는 세인트 폴(St. Paul) 성당에서 수천 명이 모인 가운데 호탐 총독의 주도하에 사태 해결을 위한 위원회가 꾸려졌다. 체포된 자 중 13명의 주동자는 반역 혐의로 끌려왔다. 그러나 일이 호탐 총독이 원했던 대로만 진행될 리 없었다. 다음 해 1855년 1월 10일 호탐이 제안해 꾸려진 위원회는 호탐을 설득해 이들에게 사면을 내릴 것을 요구했지만, 호탐은 받아들이지 않았다. 결국 재판으로 갈 수밖에 없었다. 3개월간의 위원회 조사와 재판 결과 재판부는 이들에게 무죄를 선고했고, 위원회는 불합리한 라이센스 정책의 철폐를 권고했다. 더 나아가 위원회는 라이센스 세금 부과 방식을 비판했고, 심지어 채굴자들이 요구했던 투표권 확대와 자신들의 대표자를 의회에 보낼 수 있게 해달라는 요구에도 지지 의사를 분명히 밝혔다. 또한, 주동자 피터 라롤에 대한 현상금도 철회되었으며, 그는 결국 발라랏을 대표해서 빅토리아주 의회에 입성하게 된다.

유레카 봉기는 호주 정치 역사에 중대한 영향을 끼쳤다. 당시 발라랏 개혁 위원회의 요구 사항들은 호주 전역으로 퍼져 시행되었고, 이들 중 많은 부분은 영국보다 먼저 적용되기도 했다. 유레카 봉기는 호주 민주주의를 위한 첫 번째 위대한 저항으로 인식되었다. 그리고 자유를 향한 그들의 슬로건은 향후 많은 정치 집단에도 영향을 끼쳤다. 지금도 발라랏에 가면 당시 사용했던 유레카 깃발을 볼 수 있다. 영국 유니언 잭이 아직 남아있는 호주 국기를 바꿔야 한다는 의견이 자주 나온다. 그때마다 대안으로 거론되는 것이 바로 유레카 깃발이다. 남십자성 아래에서 자신들의 자유와 권리를 주장하면서 권력에 저항했던 이들을 상징하는 이 깃발이 호주를 대표하는 상징으로 쓰인다면 최소한 지금의 국기보다는 더 큰 의미가 있다고 나는 생각한다.

제 13 장

골드러쉬와 중국인 - 환영 받지 못한 사람들

골드러쉬는 전 세계 일확천금을 꿈꾸는 사람들을 흥분시키기에 충분했다. 1849년 캘리포니아 골드러쉬 이후 어디 또 다른 곳이 없나 은근히 기대하고 있던 사람들에게 호주 멜버른은 새로운 기회의 땅이었다. 수많은 유럽인과 미국인을 제외하고 그다음으로 큰 규모로 이 노다지 판에 끼어든 사람들은 바로 중국인이었다. 호주는 금의 발견과 함께 자신의 인종적 얼굴을 바꾸기 시작했다. 사실 금이 발견되기 전 호주에는 이미 수천 명의 중국인들이 일하고 있었다. 당시 이들은 주로 농장에서 일했는데, 영국으로부터의 죄수 이송이 막히면서 농장주들은 중국인들을 통해 값싼 노동력을 수혈받았던 것이다. 이렇게 호주로 온 대부분의 중국인은 남부 광둥 지역 사람들이었다. 청나라 말기 중국으로 통하는 모든 무역이 광둥 지역을 통해 이루어졌기에 중국 내 어느 지역보다 광둥 지역의 세계화 지수는 높았다. 또한, 아편전쟁 등 정치적 급변과 흉년 등으로 광둥 지역 인민들의 삶이 극도로 피폐했기에 이들은 바다 건너 외부 세계로 눈을 돌릴 수밖에 없었던 것이다. 그러기에 캘리포니아 골드러쉬 때 이미 중국인들은 미국 서부에서 금을 캐고 있었고, 1860년대 건설된 미국 대륙횡단 철도 건설도 중국인이 없었다면 불가능했을 것이다. 이런 상황에서 미국보다 가까운 호주에서 금이 났으니 중국인들이 어찌 이 기회를 놓치려 했겠는가. 서양도 아니고 그렇다고 동양도 아닌 호주 대륙에서 상이한 두 문명이 같은 이민자 신분으로 그렇게 조우한 것이다. 중국인의 호주 이민의 역사는 이렇게 시작했다.

불행히도 호주에서 요즘도 간혹 보이는 아시안들에 대한 혐오와 난민들에 대한 의심의 눈초리는 19세기 중반 빅토리아주 골드필드에 중국인들이 들어오면서부터 시작된 것이라고 볼 수 있다. 호주 골드러쉬 당시 중국인 만큼 폭력과 괄시 그리고 차별을 받은 민족도 없었다. 그들은 공개된 장소에서 폭력을 당하기 일쑤였고, 지역 언론에서는 그들을 이교도, 야만인 혹은 아주 불결한 존재로 묘사하기도 했다. 실제 당시 멜버른 지역 유력 신문 『아르고스(Argus)』는 중국인을 사회적 악(Social Evil)으로 표현했고, 이들이 결국 자신들, 즉 유럽계 백인들을 오염시킬 것이라고 언급했다. 『시드니 모닝헤럴드』는 심지어 중국인들은 영아 살해 및 비정상적인 범죄를 저지른다고 주장하기에 이르렀다.

문제는 당시 호주 골드필드에 와있던 유럽 백인들은 실제로 중국인들을 처음 보는 경우가 허다했다는 것이다. 물론 누구의 관점에서 보느냐에 따라 당연히 다르겠지만 유럽 백인들에게 중국인들의 외모가 일단 위협적이었다. 변발한 청나라 사람들의 머리 모양, 옷차림이 우선 달랐을 것이다. 그리고 짐을 가지고 다니는 것도 어깨에 막대기 같은 것을 얹어서 양쪽에 보따리 뭉치를 묶었고, 걸음걸이도 잔걸음으로 빨리빨리 걸어 다니니 백인들 보기에는 항상 조깅하듯이 걷는 것처럼 보였을 것이다. 지금도 전 세계 어디를 가도 차이나타운이 있듯이 중국인들은 자신들끼리 독립된 지역에 거주했고, 그들만의 상점을 경영하기 시작했다. 중국인들은 근면 성실했고, 새벽부터 밤까지 금을 찾아 땅을 팠다. 그러나 그들은 또한 도박을 즐겼고, 술도 많이 마셨으며 게다가 아편을 많이 피웠다. 중국인들이 골드필드에 들어온 후 10년 사이에 발라랏에만 대략 50개가 넘는 도박장과 80곳이 넘는 아편굴이 생겼다. 당시 중국인 중 약 40%는 아편 중독자였다고 전한다. 백인들은 특히나 아편을 우려했다. 자신들을 오염시킬 수 있다고 여겼던 것 같다. 그러나 당시 아편은 불법도 아니었고, 게다가 아편 무역은 영국인들에 의해 자행되었으니 백인들의 아편에 대한 우려는 모순의 극치를 보여주는 듯하다. 호주에서는 1880년대 들어서야 아편 사용을 줄이기 위해 노력하기 시작했고, 1908년에 와서야 불법화했다. 아편은 보통 중국을 통해 들어왔는데, 빅토리아주 정부는 이를 제재하기는커녕 중국인들이 주로 사용하는 아편과 수입되는 쌀에 1855년부터 세금을 부쳐 재정 수입을 늘리기 위해 노력했다. 당시 남초 현상이 심했기 때문에 성적으로도 상당히 문란했다고 신문들은 주장했다. 시드니 초기 죄수들이 들어왔을 때와 비슷한 상황이라고 할 수 있다. 물론 중국 남자와 백인 여자 사이의 결혼은 상당히 드문 일이었다. 그러나 없었던 것도 아니다. 1867년 빅토리아주에는 중국 남자와 백인 여자 커플이 50~60쌍 정도 있었고, 그들 사이에 130명 정도의 자녀들이 있었다고 전한다.

중국인을 향한 폭력과 차별은 계속되었고, 백인들은 빅토리아주 정부에 중국인에 대한 대책 마련을 요구했다. 그 결과 1856년 4월 주 정부는 인종차별적 법을 제정하기에 이른다. 이 법으로 중국인에 대한 차별적 과세가 실시된다. 골자는 빅토리아주 항구에 도착하는 모든 중국인은 인두세 형식으로 1인당 10파운드의 세금을 내야만 한다는 것이었다. 당시 유럽인들이 노동을 통해 1년에 벌 수 있는 돈이 약 20파운드 정도였으니 백인 1년 연봉 절반을 세금으로 내야만 중국인들은 빅토리아에 올 수 있었다. 중국인들에게는 엄청난 부담이자 차별이었다. 실제로 중국인들은 돈이 별로 없었고, 호주까지 오는 뱃삯도 주로 빌려서 오던 처지라 이러한 조치는 가히 충격적이었다. 의심의 여지 없이 주 정부는 중국인들의 이런 사정을 알았고, 그래서 타고 온 배의 선장에게서 그 인두세를 거뒀다. 그렇다고 중국인들이 그냥 포기할 사람들인가? 그들은 다른 묘안을 찾았다. 중국인들은 주 정부 세금을 피하고자 멜버른 항구를 지나 빅토리아주가 아닌 남호주(South Australia)주의 애들레이드로 입국하기 시작했다. 그러다 보니 이들은 육로를 통해 약 800km를 걸어서 골드필드로 갈 수밖에 없었다. 그 후 중국인들은 조금이라도 가까운 항구를 찾게 되었고, 결국 빅토리아주와 남호주(SA)주 가 만나는 로브(Robe)라는 작은 항구로 들어오기 시작했다. 1년 사이 인구 2백여 명의 이 작은 마을은 중국인들로 활기를 띠는 항구가 되어버렸다. 2만 명 이상의 중국인들이 배에서 내려 발라랏까지 약 400km를 걸어서 갔던 것이다. 이들은 100~600여 명 무리를 지어 골드필드를 향해 걸었다. 이들의 행렬은 길게는 수십 km까지 이어졌다고 한다. 그러나 이런 뒷문도 오래 가지 못했다. 빅토리아주의 압박과 지역주민들의 반발로 결국 남호주(SA) 주도 중국인 반대법(anti-Chinese)을 1857년에 제정했기 때문이다. 그 결과 로브(Robe)에는 더 이상 중국인을 태운 배가 들어오지 않았다.

1850년대 말이 되면서부터 인두세 도입과 쉽게 채굴할 수 있던 사금의 감소로 빅토리아주 골드필드에서 중국인의 숫자는 감소하기 시작했다. 1850년대 말 약 4만5천 명 수준에서 10년이 지난 1860년대 말에는 약 2만 명 수준으로 감소했다. 많은 중국인이 빅토리아주를 떠나 새롭게 금이 나기 시작한 NSW 쪽으로 이동했다. 그러나 그들을 향한 적대적 공격은 NSW의 새로운 골드필드에서도 마찬가지였다. 백인들은 중국인들을 원숭이나 오랑우탄에 비유하기도 했고, 그들을 향한 물리적 폭력도 여전했다. 1860~1862년 사이 중국인을 향한 폭력은 증가했고, 결국 비극은 람빙 평원(Lambing Flat)에서 터졌다. 시드니 모닝 헤럴드에는 당시 실제 목격담을 기사로 다뤘는데 다음과 같다. 수천 명의 백인이 중국인을 골드필드에서 몰아내기 위해 삽과 몽둥이 등으로 무장하고 그들을 위협했다. 당시 중국인 1,200여 명은 따로 떨어진 구역에서 금을 캐고 있었는데, 수천 명의 백인이 그곳으로 난입해서 모든 장비와 식량, 텐트 등을 파괴하고 불살랐다. 그뿐만 아니라 변발한 중국인들의 머리꼬리를 잘라서 그들의 깃발에 달고 오는 만행을 저질렀다. 심지어 그 머리꼬리 중에는 실제 피 묻은 머릿가죽이 붙어있는 예도 있었다고 목격자는 전하고 있다. 람빙 평원 지역은 당시 중국인의 이름을 따서 현재는 '영(Young)'이라는 이름의 도시로 남아있다.

1856년부터 빅토리아주를 시작으로 모든 식민지 의회에서 중국인 이주를 막는 법률 제정에 들어갔다. 남호주(SA) 1857년, NSW 1861년, 퀸즐랜드 1877년, 서호주(WA) 1886년 그리고 마지막으로 태즈메이니아(TAS)가 1887년에 법률을 제정했다. 이 법률들이 모태가 되어 1901년 호주 연방 탄생과 함께 인종차별적 이민정책으로 악명 높은 「이민규제법(Immigration Restriction Act, 1901)」이 제정되기에 이르는 것이다. 이 법이 공식적으로 1973년까지 유지된 백호주의(White Australia Policy)에 근간이 되는 것이다. 지금도 호주 하면 인종차별이 심한 나라라고 생각하는 사람들이 많다. 그 중심에 바로 백호주의(白壕主義)가 있었다. 이제부터 21세기 전 세계에서 그나마 가장 훌륭한 다문화주의(Multiculturalism)를 정착시키고 있는 호주가 과거 어떤 난관을 뚫고 지금의 모습을 갖추게 되었는지 호주 이민의 역사를 통해 살펴보기로 한다.

제 14 장

호주 다문화주의는 현재진행형

(1) 백호주의의 시작

이런 상상을 해본다. 만약 대한민국이 세계 최고의 국력을 가졌고, 인도양 어디쯤 한반도 면적의 30배에 가까운 미지의 신세계를 차지했다면 과연 우리는 그 새로운 땅을 어떻게 만들고 싶을까? 턱없이 부족한 인구로 어떻게 그 땅을 개척할 것이며, 외부의 침략으로부터 방대한 새로운 영토를 어떻게 지켜낼 것인가? 심지어 그 땅에 우리 민족이 수백 년 쓰고도 남을 엄청난 양의 지하자원이 묻혀있다면? 젖과 꿀이 흐르는 한민족만의 유토피아를 그려볼 수 있지 않을까? 우리 민족만의 우수성을 기반으로 한 굳건한 단일민족국가. 그런 원대한 꿈! 1901년 호주가 영국으로부터 독립하여 연방국으로 탄생할 당시 호주 백인들이 꿈꾸었던 것이 바로 그것이었을 것이다.

호주 여권이 한국 여권과 다른 점이 하나 있다. 바로 출생지 표시다. 그만큼 해외에서 출생한 국민이 많기 때문이다. 2020년 현재, 호주 인구의 약 30%(7백5십만 명)는 해외에서 출생한 이민자다. 그들 대부분은 가정에서 영어가 아닌 모국어를 사용할 것이고, 호주에서 출생한 자녀들도 자연스럽게 부모의 문화권에 속할 수밖에 없다. 우리 세 식구도 여기에 해당한다. 우리 가족이 호주에 온 지 15년이 지났지만, 이민 1세대인 나는 여전히 경계인의 삶을 살고 있으며 나 자신을 '호주에 사는 한국인'이라고 믿는다. 그럼 3살 때 이곳으로 온 내 딸은 어떨까? 모든 교육을 호주에서 받고, 호주 친구들과 성장한 딸은 아마도 자신을 '한국에서 태어난 호주인'이라고 생각할 것이다. 그만큼 호주는 인종과 문화의 다양성이 존재하는 곳이다. 각자의 문화와 언어를 상호 존중하면서 호주라는 울타리에서 함께 공존하는 방식이다.

다양성은 양날의 칼이다. 서로 존중하고 배려할 수만 있다면 문화의 풍요로움은 무한한 가능성을 열어줄 수 있다. 그러나 서로에 대한 무지에서 시작된 편견과 혐오가 지배한다면? 이런 문화적 다양성의 아슬아슬한 줄타기를 하는 나라가 바로 호주다. 그러기에 이 나라가 현재 누리고 있는 풍요로움은 결코 쉽게 얻어진 것만은 아니다. 지금부터 이민자의 나라 호주가 현재의 모습을 갖추기까지의 과정을 살펴볼 것이다. 이것은 나와 내 가족 그리고 내가 속한 공동체에 관한 이야기다. 여러 자료 중 나는 호주 다문화주의를 대표하는 공영 방송국 SBS에서 2011년 방영된 다큐멘터리 3부작 『IMMIGRATION NATION』을 기반으로 설명한다는 것을 밝힌다.

영국 백인들이 1788년 NSW(New South Wales)주 시드니에 정착한 이후 호주 대륙에는 6개의 영국 식민지가 만들어진다. 물론 그 식민지들이 현재 6개의 주(State)로 남아있다. 그 후 1800년대 중반을 거치면서 각 식민지 내 영향력 있는 지배층은 자신들의 경제적 이익을 보호하기 위한 식민지 간 연합을 제한적으로 모색하지만 큰 성과를 거두지는 못하고 있었다. 그러던 중 1890년대 들면서 몇 가지 요인이 호주 연방 정부 탄생을 이끌게 되는데, 우선 그 당시 호주 인구 약 3백5십만 명 중 70% 이상이 호주에서 출생했다는 점이다. 이로써 영국이 아닌 호주라는 국가주의 개념이 싹트기 시작했다. 또한, 통신의 발달은 식민지 간 그리고 외국과 소통을 보다 원활하게 만들었다. 군사적으로는 당시 영국의 남태평양 해군력이 독일, 프랑스, 러시아 등의 확장을 완전히 통제할 수 있는 수준이 아니었기에 자체적으로 힘을 모아 자신을 방어해야 할 필요도 있었다. 경제적으로는 골드러쉬로 대규모 중국인들이 들어와 자신들의 상권을 침탈하기 시작했고, 또한 저임금 노동력의 유입으로 임금 하락의 위험 또한 자꾸만 커지던 상황이었다. 결국, 이러한 내부적 인구구조의 변화, 군사, 경제적 위협이 호주 연방 정부 탄생의 결정적 요인이 되었다. 6개 식민지 간 10여 년 간의 지루한 협상과 투표를 통해 결국 1901년 1월 1일 시드니 센테니얼 파크에서 호주는 연방 국가(The Commonwealth of Australia)의 탄생을 공식적으로 선포하게 된다.

그렇다면 호주를 개국한 주역들은 과연 어떤 사회를 꿈꾸었을까? 이들은 지금껏 유럽이 가져보지 못한, 평등주의 사상에 기반한 진보적이고 민주적인 사회, 다시 말하자면 귀족과 부자만을 위한 사회가 아닌 열심히 일한 노동자라면 누구나 대접받고 행복하게 살 수 있는 '노동자들의 천국(Working Men's Paradise)'을 만들고 싶었던 것이다. 예를 들어 호주 연방 정부는 뉴질랜드에 이어 세계 두 번째로 1902년 여성 참정권(Commonwealth Franchise Act)을 법적으로 확보했다. 미국의 경우 연방정부 차원에서 1920년, 영국의 경우 1928년에 와서야 남녀 동등한 참정권이 확립되었으니, 민주주의 선진국이라는 이들보다도 20년 이상 앞선 것이다. 또한 최저임금과 주 48시간 근무 조건이 1907년에 도입되니 이 또한 1917년 러시아 볼셰비키 혁명보다도 10년이 앞선다. 그러나 이들이 꿈꿨던 이상적 유토피아는 치명적 결함을 내재하고 있었다. 그것은 이러한 유토피아를 건설하고 그 안에 살 수 있는 사람을 오직 영국 백인(Anglo-Saxon)으로만 한정했다는 것이다. 결국 그들이 만들고자 했던 유토피아는 인종적 우월성에 기반한 인종차별, 그 위에 만들어진 모순덩어리였던 것이다.

1901년 8월 호주 초대 총리 에드문 바튼(Edmund Barton)은 연방 의회에서 이민 규제법의 도입을 위한 연설을 시작했다. 그의 손에 한 권의 책이 들려 있었는데 그것은 당시 영국 출신 호주 지식인 찰스 피어슨(Charles Pearson)이 쓴 『National Life and Character : A Forecast』였다. 이 책의 주요 내용은 '흑인, 황인종이 지금의 열등함에서 벗어나는 순간 그들의 지배력은 커질 것이고, 이는 백인들에게 치욕스러운 일이 될 것이며, 결국 백인들의 문명은 중국, 아프리카, 인도 등의 다른 문명, 문화, 인종에게 침탈될 것이다.'라는 내용이었다. 즉, 당시 백인들은 비유럽인들에 의해 자신들이 꿈꾸는 진보적 민주주의와 공평한 대우를 받는 노동자들의 천국(Working men's Paradise)이라는 이상적인 사회 건설이 위협받을 것이라는 두려움에 떨고 있었다. 그 '두려움'이 바로 백호주의(White Australia)의 모태다.

초대 연방의회는 보호주의(Protectionist) 정당과 노동당(Labor)으로 이루어졌다. 물론 에드문 바튼의 보호주의 정당이 여당으로 정부를 구성하고 있었지만, 노동조합을 기반으로 한 노동당 역시 야당으로 상당한 정치적 영향력이 있었다. 현재 호주 정치로 보자면, 노동당은 우리 기준으로는 좌파 계열이라고 볼 수 있다. 그러나 1901년 당시 노동당은 자신들의 임금 수준을 지키는 것이 지상 과제였다. 그러기에 중국인을 포함한 유색인종에 대해 노동당이 더욱 노골적으로 반대했다. 심지어 노동당은 인종적 오염을 걱정하고 나아가 유색인종을 외계인 취급하기에 이르렀기에 이민 규제법 도입에 관한 노동당의 생각은 아주 무식하고 간단했다. 그냥 유색인종의 이민을 받지 말자는 것이었다. 그러나 당시 모국 영국의 눈치를 볼 수밖에 없었던 정부 입장에서는 노동당의 안을 그대로 받고 싶어도 도저히 그럴 수 없는 상황이었다. 당시 영국은 아편전쟁이라는 세계 역사상 가장 저열하고 비신사적인 전쟁을 치르고서라도 중국과의 교역이 절실했다. 그러기에 새로 탄생한 호주 정부가 중국의 심기를 거스르는 것을 허락할 수 없었다. 게다가 영국과 중국 간 협약에 따라 상호 교류가 인정되고 영국 상인들이 중국으로 입국해야만 했었기에 런던 정부는 호주가 중국인의 입국 자체를 그냥 막을 수 없다고 주장했다. 그러면 여기서 한 가지 의문은, '호주가 이미 독립적인 연방국가로 탄생했는데 꼭 영국의 눈치를 봐야만 했던 것일까?' 하는 점이다. 사실 지금도 호주는 영연방의 일원이고, 헌법상 호주를 대표(Head of State)하는 국가 수반은 국민이 선출한 수상이 아니라 엘리자베스 2세 여왕이 임명한 총독(Governor-General)이다. 헌법상 이 사람의 재가 없이는 어떠한 법률도 승인될 수 없다. 물론 지금은 이 부분이 100% 유명무실하지만 1901년 당시만 해도 지금과는 사뭇 달라서 모든 법안이 호주 총독이 아닌 심지어 런던 정부의 승인이 필요했었다. 그러기에 초대 연방 정부는 런던 정부를 설득할 만한 조치가 필요했다.

이때 에드문 바튼 수상이 들고나온 대안이 바로 '50자 받아쓰기(50-word Dictation Test)'였다. 겉으로 보기에는 차별적인 것 같지도 않고, 심지어 교육적인 것처럼 보이지만 결국 영국인과 일부 유럽인을 제외하고는 통과할 수 없는 테스트였다. 당연히 타깃은 중국인을 포함한 아시안이었다. 즉, 영국인이나 일부 유럽 백인들은 입국할 때 받아쓰기 테스트의 대상조차 아니었다. 설사 아시안 중에 전문적이고 어려운 영어 50자 받아쓰기 테스트를 통과하기라도 하면 곧바로 불어나 스페인어 등 다른 유럽피언 언어로 시험을 강제할 수 있었으니, 사실상 아시안 이민자를 받지 않겠다는 것과 같은 의미였다. 실제로 이 악명 높은 받아쓰기 테스트는 1902~1903년 사이 805차례 시행되었고 고작 46명이 통과했다. 그 후 1904~1909년 554차례 시행되어 6명 통과, 결국 점차 더 강화되어 1909년 이후로는 이를 통과한 이민자는 전혀 없었다. 결국, 1901년 9월 정부가 제안한 '50자 받아쓰기 테스트'와 야당인 노동당이 제안한 '유색인종 받지 말자.'라는 이 말도 안 되는 두 가지 안을 놓고 의회에서 투표가 진행되었다. 결과는 5표 차이로 '받아쓰기'가 노동당의 '전면적 금지'를 누르고 법률로 채택되었다. 이 이민 규제법(Immigration Restriction Act 1901) 바로 그 악명 높았던 백호주의(白濠主義), 즉 White Australia Policy의 시작이다.

호주 여행 현장 가이드

호주에서 'Fair Go'라는 것의 의미는 무엇일까요?

호주에 사시는 분이나 워킹홀리데이로 호주에서 일해 본 경험이 있는 분들은 아마 'Fair Work'이라는 정부 기관을 들어보셨을 겁니다. 노동자들이 사용자로부터 불리한 대우를 받았을 경우 약자인 노동자가 찾아갈 수 있는 기관이지요. 주로 노사관계와 최저임금 등의 관련 업무를 하는 곳입니다. 물론 'Fair go'라는 개념에서 온 것인데요, 이는 호주 건국의 기초가 되었던 'Working men's Paradise'라는 이념의 밑바탕에 깔린 기풍입니다. 일종의 평등을 추구하는 개념으로 '자, 기회를 줄 테니 너도 한 번 해봐!'라는 의미로 생각하시면 될 것 같습니다. 혹시 호주를 대표하는 스포츠로 호주식 축구 풋티(Footy)라고 들어보셨습니까? 얼핏 보면 럭비 같기도 한 이 경기는 제가 사는 멜버른에서 유래한 경기로 호주만의 독특한 룰로 진행되어 '오지룰(Aussie Rules)'이라고 불리기도 합니다. 이 경기를 보시면 일단 벌판에서 짐승 같은 남자들이 격렬한 몸싸움과 함께 뛰어다니는 모습을 보실 겁니다. 그런데 어느 순간 골대를 향해 한 선수가 단독으로 슛을 하는 경우가 있지요. 모든 선수가 지켜보는 가운데 단 한 선수가 아무 방해도 받지 않고 발로 공을 찹니다. 이것도 일종의 Fair go 정신이라고 저는 봅니다. 직전까지 그렇게 격렬한 몸싸움을 벌여도 공을 찰 기회를 얻은 선수는 누구의 방해도 없이 fair go(너도 한 번 해봐!) 하는 것이지요. 또 카페에서 바리스타로 오래 일하면서 자주 경험한 것인데, 주문한 커피를 기다리면서 호주 사람들은 주변 모르는 사람들과도 스스럼없이 대화하는 것을 좋아합니다. 한 사람은 깨끗한 정장을 멋지게 차려입었고, 그 옆 사람은 기름때 잔뜩 묻은 작업복을 입고 있어도 이 둘은 너무나 당당하게 서로 대화를 나눕니다. 아마도 정장을 입은 사람의 사회적 지위가 더 높을 수도 있겠지요. 그러나 그건 중요하지 않습니다. 사실 지저분한 작업복을 입은 사람이 더 많은 돈을 버는 경우가 호주에는 매우 빈번하기도 하고요. 이렇게 호주 사회는 평등 개념이 중요하고, 최소한 겉으로는 서로 존중하는 것으로 보입니다.

이러한 전통의 시작은 1788년 아서 필립(Arthur Philip)의 시대로 거슬러 올라 갈 수 있겠는데요. 당시 미지의 세계에 도착한 이들이 당면한 첫 번째 과제는 단연 생존이었고, 서로 돕고 공평하게 배급받지 않으면 모두가 죽을 수 있는 상황에서 평등주의(Egalitarianism)가 싹틀 수밖에 없었을 겁니다. 이런 전통하에서 호주는 1907년 최저임금법이 시행됩니다. 2021년 한국의 최저임금은 8,720원이라고 들었습니다. 그럼 호주는 얼마일까요? 2021년 기준 호주 달러 $20.33입니다. 환율 860원으로 계산하면 약 17,500원 정도 되는 것이네요. 그렇다고 부러워하실 필요까지는 없습니다. 그만큼 생활 물가가 비싸니까요. 아무튼 호주가 세계 최고 수준을 유지하는 것은 맞습니다. 이는 노동력의 절대 부족이라는 기본 전제도 있겠지만, 앞서 말한 'Working men's paradise'와 'Fair go' 정신에서도 그 이유를 찾을 수 있을 겁니다.

　1907년 제정된 최저임금에 관한 판결을 'Harvester Decision'이라고도 부르는데, 잠깐 살펴볼게요. 당시 멜버른에 'Sunshine harvester'라는 세계 최고의 농기계, 특히 콤바인을 생산하는 회사가 있었습니다. 당시 노동조합과 회사 측의 임금 조정이 결국 법원의 중재위원회로 넘어갔는데요, 이를 담당했던 판사(Justice Higgin)의 판결이 현재 호주의 높은 최저임금과 더 나아가 세계 노동자 연합의 설립에 기초가 되었습니다. 주요 내용을 보자면, 사용자는 노동자의 생계유지를 위한 책임을 다해야 하는데, 그것은 '공정하고 타당성 있는 임금(fair and reasonable wage)'의 지급이 전제가 되어야 한다는 것입니다. 여기서 말하는 임금은 인간다운 삶을 영위하는데 부합하는 정도이고, 이는 노동자뿐만 아니라 그 가족까지 포함하는 겁니다. 또한, 설사 사용자가 그만큼의 이익을 내지 못한다 해도 자신의 직원에게는 반드시 최저임금 이상을 지불해야 한다는 것을 의미합니다. 20세기 후반 미국과 영국에서 시작한 신자유주의 사상에 마비된 우리로서는 이해가 쉽지 않을 수 있겠지만, 이 역사적 판결은 호주 사회의 평등계급구조 형성에 결정적 영향을 끼쳤다고 볼 수 있습니다.

　마지막으로 Fair Go 정신을 약자에 대한 배려 측면에서도 볼 수 있는데요, 제가 호주 살면서 주변 한국분들에게 이런 말을 들은 적이 있어요. "호주는 한국보다 장애인들이 참 많은 것 같아요." 아마도 그 말에는 '여기 사람들이 유전적으로 뭔가 문제가 있어 그런가 보다.'라는 생각이 깔려있다고 저는 여겼습니다. 그러나 사실은 당연히 그렇지 않지요. 호주는 한국보다 장애인들의 사회 참여가 많은 것뿐입니다. 장애인들을 따로 모아 격리하는 한국과 달리 이곳은 함께 살아가는 경우가 더 많아서 눈에 더 자주 띄는 것이지요. 사실 이게 더 자연스럽지 않습니까? 그렇다고 호주 사회가 약자에 대한 배려에서 완벽한 것은 절대 아닙니다. 성적 소수자(LGBTQI)에 관해서는 늦었지만 2017년 동성결혼이 합법화되면서 그나마 상당히 나아졌고요. 그러나 난민 문제에 대해서는 현재도 주요 신문에서 논쟁거리인 것은 확실합니다. 이러한 문제가 계속해서 중요한 사회적 이슈가 되는 것은 그 사회가 건강하다는 방증이라고 저는 생각합니다. 다양한 의견의 충돌은 결국 합리적인 대안을 만들어내기도 하니까요. 그러기에 호주 사회에서 Fair Go 정신은 현재도 진행형인 겁니다.

제 15 장

호주의 다문화주의는 현재진행형

(2) 백호주의가 강화되던 시기 - 20세기 전반기

이민 규제법 시행과 함께 호주 정부는 이미 호주 내에 사는 유색인종들의 처리에 고민이 깊어졌다. 대표적인 예가 중국인과 호주 북쪽 태평양 연안 섬사람들(Pacific Islanders)이었다. 우선 중국인의 경우 이미 3만 명 이상이 왕성한 경제 활동을 하고 있었는데, 1901년 이민 규제법 이후 추가적인 인구 유입이 급격히 줄어들자 중국인 사회는 점차 세력을 잃어 가기 시작했고, 1920년에 들어서면 그 인구는 1901년 대비 절반으로 감소했다. 실제 Que Lan O'Hoy라는 중국인의 예를 통해 당시 백호주의가 중국 초기 이민자들에게 얼마나 가혹했는지를 알아보자. 그는 광둥 출신으로 1895년 호주로 와서 아버지의 사업을 돕기 시작했다. 사업이 어느 정도 안정되자 그는 중국으로 돌아가 결혼을 하고 자녀들도 낳았다. 그런데 문제는 이제부터다. 그사이 이민 규제법이 시행되자 부인과 자식들을 호주로 이주시키지 못하게 된 것이다. 고작 2년짜리 단기 비자로는 가족의 결합은 불가능했다. 그는 백방으로 탄원서도 내보았지만, 중국에서 태어나 살아온 부인이 받아쓰기 테스트를 통과하기란 불가능했다. 이렇게 인도주의적 가족의 결합마저 백호주의는 용납하지 않았다. 그 후 중국 내전에서 딸을 잃은 그는 모든 것을 포기하고 다시 중국으로 돌아갈 결심을 했다. 그런데 그때 마침 일본의 아시아 침략이 시작되고, 호주와 중국 간 모든 선박의 운항이 중단됐다. 그렇게 이들은 호주에 남을 수밖에 없게 되었고, 2차 대전 후 1958년 받아쓰기 테스트의 폐지와 함께 파란만장했던 그들의 호주 정착이 이루어졌다. 타국에서 이민자로 살면서 비자 문제로 고민해보지 않은 사람은 이런 이야기가 크게 와닿지 않을 것이다. 그러나 이민자들에게 이 문제는 생활 기반이 달린 매우 중요한 문제로 초기 중국 이민자들이 겪었을 정신적, 물질적 고통을 나는 약간은 이해할 수 있을 것 같다. 1980, 90년대 본격화된 한국인의 호주 이민은 어쩌면 중국인들이 처절하게 닦아놓은 기반 위에서 나름 편하게 시작했다고 말할 수도 있을 것이다.

Pacific Islanders의 경우는 중국인과는 또 다른 슬픈 역사다. 이들은 대부분 퀸즐랜드 사탕수수 농장으로 강제로 팔려 온 일종의 노예계약(Indentured Labour)의 희생자들이다. 1863년 이후 1만 명이 넘는 사람들이 말 그대로 납치되어 강제로 이주하여 온 것이다. 수십 년간 그들의 노동은 사탕수수 산업의 기반이 되었지만, 백호주의는 그들을 더는 호주에 거주하게 놔두지 않았다. 1908년까지 9천 명이 넘는 인원이 강제로 추방되었다. 심지어 호주 부인과 자식을 낳고 살고 있어도 예외는 없었다. 결국 강제로 데리고 와 착취 후 강제로 추방하는, 일종의 인종청소에 가까운 비인도적 처사였다.

호주 건국과 함께 탄생한 백호주의는 1차 대전을 거치면서 점차 강화된다. 1차 대전이 발발한 1914년은 호주 역사상 백인 비율이 가장 높았던 시기다. 당시 5백만 인구의 호주는 뉴질랜드와 함께 영연방의 일원으로서 영국을 돕기 위해 ANZAC(Australian and New Zealand Army Corps)이라는 이름으로 약 33만 명의 젊은이들을 유럽의 전쟁터로 보냈다. 불행히도 약 6만 명이 전사했다. 인구 대비 엄청난 규모의 인명 손실이었다. 이해를 돕기 위해 현재 한국과 비교해보자면, 한국 인구가 당시 호주 인구의 10배인 5천만 명이니 당시 6만 명 전사는 현재 한국군 60만 명의 전사와도 같은 비율이다. 즉, 비율로만 보자면 한국 국군 모두가 전쟁터에서 목숨을 잃은 것과 같다는 의미다. 그만큼 1차 대전은 호주 사회에 엄청난 충격을 주었다. 전쟁이 끝나고 호주 사회는 젊은 노동력이 절실했다. 결국, 최초로 대규모 이민 계획 수립에 착수하는데, 아이러니하게도 이는 호주가 아닌 모국 영국에서부터 시작되었다. 백인만의 유토피아 건설을 위한 아이디어는 영국의 제국주의 신봉자 헤가드(Sir Henry Rider Haggard)에 의해 창안되는데, 이는 영국 시민을 새로운 대륙으로 이주 시켜 '젊은 영국'을 건설하고자 했던 것이다. 당시 4억 인구의 중국을 머리 위에 놓고 있었던 호주 대륙의 영국인들은 그 위협에 대항하기 위한 강력한 국방력이 필요했고, 이를 위해서는 기존 선주민을 몰아내고 이 방대한 영토를 영국 백인으로 채울 수밖에 없다고 생각했다. 당시 영국 주요 도시에 나붙었던 호주 이민 광고의 문구는 다음과 같았다.

"젖과 꿀이 흐르는 땅으로 오세요."

"그럼 당신은 농장, 가축, 집, 모든 것을 가질 수 있어요."

"언제나 따뜻한 햇볕이 있는 곳, 호주는 정말 환상적인 곳입니다."

"Come to the land of milk and honey."

"You'll have a farm, fenced, cattle, a house, just everything."

"The sun shines all the time, it's going to be wonderful."

급속한 산업화 도시화 속 낙오한 런던의 시민 중 상당수는 이런 문구에 솔깃했을 것이다. 저 멀리 새로운 기회의 땅! 1921년 마침내 첫 번째 대규모 이주 작업이 실행에 옮겨졌다. 그러나 꿈을 좇아 호주로 온 도시 출신 영국인들에게 호주의 아웃백은 절망 그 자체였다. 22,000개 이상의 농장이 그들에게 제공되었지만, 그 중 고작 500개 정도만 정착에 성공했다. 정착률 고작 2.2%. 이것만으로도 이 대규모 이주계획은 실패를 의미했다. 당시 이 계획에 영국과 호주는 1천5백만 파운드, 요즘 돈으로 약 5억 달러 이상을 썼지만, 성과를 내지 못했고 결국 이어지는 대공항의 여파에 얹혀 이 계획은 영구적으로 묻히게 되었다.

1차 대전이 끝나고 호주는 전승국 지위로 1919년 파리강화회의에 참석했다. 베르사유 궁전에는 32개국에서 모인 72명의 대표자가 6개월간 전후 세계 질서 확립을 위한 회의에 들어갔고, 이 중 미국, 영국, 프랑스, 이태리 당시 빅4에 아시아의 일본이 포함되어 국제연맹(League of Nation) 창설에 대한 논의가 본격화되었다. 당시 일본은 유일한 아시아 국가로서 호주의 백호주의를 겨냥해 인종차별 금지 조항을 새롭게 탄생할 국제연맹 규약에 넣어야 한다는 주장을 폈다. 이로써 호주의 백호주의는 세계의 이목을 끌게 되고, 국제연맹 탄생에 있어 민감한 걸림돌로 작용하기 시작했다. 호주의 입장에서는 만약 이 조항이 받아들여진다면 백호주의는 국제규약상 불법으로 계속 유지하기에 상당한 부담으로 작용할 수밖에 없었다.

당시 호주 대표로 참석했던 이가 바로 수상 빌리 휴스(Billy Hughes)였다. 그는 호주 대중들이 무엇을 원하는지 알았고, 그것을 자신의 정치적 자산으로 이용할 줄 알았던 정치적 선동가였다. 국내 정치에서 자신의 입지를 확고히 할 수만 있다면 국제 사회에서의 어떠한 비난과 따돌림도 감내할 수 있었다. 그는 만약 국제연맹 규약에 인종차별 금지 조항이 들어간다면 6만 명의 희생 군인을 낸 전승국 지위의 호주는 파리 강화회의에서 곧바로 철수할 것이라 엄포를 놓는 동시에 일본 대표와의 회담을 회피하거나 엉뚱한 소리를 하는 등 외교상 결례 수준의 행동을 일삼았다. 당시 내심 인종차별 금지 조항을 넣고 싶지 않았던 미국 대통령(Woodrow Wilson)과 영국 수상(David Lloyd George)은 일본과의 관계를 고려해 모든 비난과 책임을 호주에서 온 돌아이 빌리 휴스에게 전가했다. 결국, 투표에서 일본의 주장이 더 많은 득표를 했으나 미국의 윌슨이 나서 만장일치가 아니니 받아들일 수 없다는 주장을 폈고, 결국 일본의 의사는 반영되지 못했다. 빌리 휴스는 어찌 됐건 대중이 원하던 백호주의를 지켜낸 것이다. 당시 호주 사회에서 백호주의에 대한 지지는 절대적이었다.

일본은 파리강화회의에서 서구열강으로부터 유색인종에 대한 차별과 멸시를 톡톡히 경험했다. 메이지 유신을 통해 이미 호주보다 강력한 경제력과 군사력을 보유했던 일본의 입장에서는 어쩌면 저 아래 동네 호주 촌놈들이 같잖아 보였을 것이다. 이때 일본이 느꼈을 수치심이 어쩌면 일본의 군국주의를 가속화하는데 일조하지 않았나 생각해본다. 일본의 아시아 침략은 결국 1942년 2월 호주 본토 다윈에 대한 폭격으로 이어졌고, 이는 호주인들에게 공포 그 자체로 다가왔다. 자신을 지켜줄 것이라 믿었던 백호주의가 결국 자신을 해치는 무기가 되어 돌아온 것은 아닐까? 당시 7백만의 적은 인구로는 방대한 호주 영토를 도저히 방어할 수 없다는 현실적인 문제가 제기되기 시작했다.

2차 세계대전이 거의 끝나 가던 1945년 7월 노동당의 벤 치플리(Ben Chifley)가 새로운 수상으로 취임했다. 직전 같은 노동당 존 커틴(John Curtin) 정부에서 재무장관을 역임했던 그는 당시 7백만 인구로는 경제적, 군사적 자립이 불가능하다는 것을 누구보다 잘 알고 있었다. 실제로 그는 인구가 최소한 3배는 증가해야 한다고 주장했고, 그 방법은 오로지 이민자를 받아들이는 것밖에 없다고 믿고 있었다. 그 결과 최초로 이민성(Department of Immigration)이 탄생하게 된다. 중앙집권적 통치 권력에 반대했던 치플리는 자신의 친구이자 정치적 동료였던 아서 코웰(Arthur Calwell)을 초대 이민성 장관에 임명하고 그에게 전권을 주고 힘을 실어주었다. 1945년 8월 초대 이민성 장관으로서 아서 코웰의 의회 연설은 호주 이민 역사에 중대한 획을 그었다. "Populate or Perish", 즉 '인구를 늘리지 못하면 우리는 생존할 수 없다.'라는 슬로건의 연설은 이민 정책의 새로운 지침이자 대중의 공포를 자극하는 훌륭한 선전 도구(Propaganda)였다. 불확실한 시대의 대중들은 당시 호주 사회가 2차 대전 후 급격한 공업화를 위해 더 많은 노동력이 필요했음에도 불구하고 급격한 변화보다는 사회적 안정을 추구했다. 수만 명의 병사들이 전쟁 후 사회로 복귀하고 있었기에 주택의 부족과 기존 임금의 하락을 우려하는 목소리에 힘이 실리고 있었던 것이다. 상황이 이런데 이민자를 급격히 늘리자고? 이는 당연히 2차 대전 후 가장 민감한 사회 이슈일 수밖에 없었다.

2차 대전은 유럽을 폐허로 만들고 수많은 난민을 양산했다. 같은 시기 이민자가 절대적으로 필요했던 이민성 장관 아서 코웰의 입장에서는 유럽의 난민들은 어쩌면 희망이었다. 그동안 영국의 도움에 전적으로 의존했던 '젊은 영국' 호주의 지식인들은 서서히 이 넓은 영토를 영국인만으로 전부 채울 수 없다는 것을 깨닫기 시작했다. 그러나 일반 대중들의 생각은 아직 거기에 미치지 못했고, 이를 잘 알고 있던 코웰은 일반 유럽 이민자 1명당 영국인 10명을 받겠다는 의지까지 피력하면서 대중을 안심시키려 했다. 물론 코웰 본인도 사실상 꼼수와 같은 이 약속이 불가능하다는 것을 알았을 것이다.

이때 홀로코스트의 참상이 드러나고 호주는 인도적 차원에서 2천 명의 홀로코스트 생존자를 호주로 받아들인다. 실제로 유대인을 실은 배가 항구에 도착하자 언론의 반응은 이성을 잃은 듯 보였다. 일부 시사만평 만화에는 코웰을 '하멜의 피리 부는 사나이'로 묘사했는데, 이는 결국 생존자들을 쥐새끼로 표현한 것과 다름없었다. 이 한 장의 그림이 말해주듯이 당시 호주 대중에게는 인류애에 기반한 배려 같은 것은 찾아볼 수도 없었고, 단지 무지와 이기심에서 비롯한 적개심만이 보였다. 1947년 2차 대전 후 일반 이민자를 태운 첫 배가 멜버른 항에 도착했다. 유럽 26개국에서 온 6백 명이 넘는 인원이었다. 코웰은 이들 중 영국 백인에게 포커스를 맞추고 싶었지만, 언론은 전쟁으로 찢긴 남유럽 난민들에게 카메라를 고정했다. 언론은 이 도착을 일종의 백호주의에 대한 도전으로 받아들였고, 반면 코웰의 입장에서는 자신에 대한 정치적 공격으로 해석하기에 충분했다. 코웰은 이민성 장관으로 취임 후 계속해서 여론의 비난을 받아왔다. 2차 대전 당시 정보부 장관 출신인 그는 자신이 처한 난국을 타개할 전략의 필요성을 느꼈다. 여론의 반대를 무마시킬 신의 한 수가 필요했다.

결국, 코웰은 본인이 직접 유럽으로 가서 이민자를 선발해올 계획을 세웠다. 코웰과 이민성 소수정예팀은 유럽의 난민캠프에 도착하고 이민자 선발을 시작했다. 앞서 언급했듯이 수상 치플리(Chifley)는 이미 코웰에게 전권을 일임한 상태였다. 영국 백인이 아닌 이민자를 받는 데 있어 어차피 자신이 속한 노동당이나 언론으로부터 좋은 소리 듣기는 힘들었고, 게다가 당시 미국, 캐나다 등이 많은 수의 난민을 받아들이고 있었기에 호주 입장에서 보다 좋은 이민자들을 받기 위해서는 무엇보다 빠른 일 처리가 필요했다. UN 난민 정책은 기본적으로 인종차별을 금지했기 때문은 코웰은 영국인은 아니더라도 일단 백인으로만 이민선을 채웠다. 코웰은 젊고, 건강하고, 금발에 예쁘고, 잘생긴 볼틱(Baltic) 3국(리투아니아, 라트비아, 에스토냐)의 백인들만 선발했다. 그들 중 일부는 의사도 학자도 기술자도 있었지만, 호주 이민성 팀은 오로지 외모와 육체노동에 적합한 사람만을 신체검사 후 선발했다. 이렇게 선발되어 온 사람들을 아름다운 볼틱 사람들이라는 의미의 "Beautiful BALTS."라 불렀다. 이들 843명을 태운 배가 호주에 도착하자 여론은 전과는 또 다른 반응을 보였다. 이들은 난민 캠프에서 왔다고 보기 힘들 정도로 세련되고 아름다웠기 때문이었다. 코웰은 이들을 언론 홍보용으로 이용했고, 여론의 비난을 잠재우는 데 어느 정도 성공했다. 물론 그 후 수천수만의 난민이 들어오지만, 그들은 더는 예쁘지도, 금발의 백인도 아닌 그저 평범한 전쟁 난민이었다.

난민 중에는 백인만 있었던 것은 아니었다. 태평양 전쟁의 한가운데 수많은 아시안도 전쟁의 고통을 겪었다. 전쟁 중 호주는 6천 명이 넘는 아시안들을 난민으로 받았고 평화가 올 때까지 거주지와 기본적 생계를 지원하는 약속을 했다. 이들은 일본의 압박을 피해 호주로 온 사람들로서 주로 중국, 인도네시아, 말레이시아, 필리핀 사람들이었다. 그리고 이들은 전쟁 중 호주를 도와 일본과 싸우는 데 노동력을 제공했다. 그 와중에 이들은 서서히 호주에 정착해갔다. 일부는 호주인과 결혼도 하고 사업도 시작했다. 어쩌면 이것이 이민의 자연스러운 과정이다. 그러나 백호주의는 유색인종을 허락하지 않았다. 전쟁이 끝나자마자 호주 정부는 이들 모두의 추방령을 내렸다. 전쟁이 끝났으니 계약에 따라 떠나라는 논리였다. 이 얼마나 추악한 인종차별인가? 백인을 구해오기 위해서는 먼 유럽까지 직접 가서 선발해왔던 호주 정부는 이미 정착해서 가족을 꾸리고 생계를 이어가는 아시안들은 억지로 추방하고 있는 것이었다. 심지어 적국이었던 독일, 이탈리아 출신 백인은 받아 주면서 일본과 함께 싸운 아시안들은 추방하는 짓을 인종차별의 추악함 그 이외에 무엇으로 설명할 수 있단 말인가? 백인과는 오월동주, 아시안에게는 토사구팽. 모순의 역사다.

제 16 장

호주의 다문화주의는 현재진행형

(3) 백호주의를 청산하고 다문화주의로 – 20세기 후반기

반세기에 걸쳐 강화되었던 인종차별 정책에도 서서히 반성과 변화의 바람이 불기 시작했다. 그 바람은 8명의 아이를 둔 한 가정에서 시작했다. 에니 제이콥(Annie Jacob)은 인도네시아 출신으로 1942년 전쟁 난민으로 남편과 8명의 아이를 데리고 호주로 왔다. 그녀의 남편은 네덜란드령 인도네시아의 정보 기관원으로 2차 대전에 참전해 전사했다. 호주 정부는 전쟁 중 이들에게 거주지를 제공했고, 이들은 여느 이민자 못지 않게 잘 적응하고 지역사회의 건실한 일원으로 생활했다. 전쟁은 끝났고 예상대로 정부는 이들의 추방을 명령했다. 그러나 문제가 그렇게 단순하지만은 않았다. 에니의 남편은 참전에 앞서 자신의 집주인에게 자기가 돌아오지 못하면 자신의 가족을 맡아달라고 부탁했고, 집주인 오키페(O'Keefe)는 이 약속을 지키기 위해 에니(Annie)와 결혼을 했다. 그러니 이제 법적으로 에니와 그 아이들은 시민권자로서 호주에 계속 머물

수 있게 된 것이다. 그러나 이민성 장관 코웰은 이 결혼의 무효를 주장하며 결국 대법원까지 이 문제를 끌고 가는데, 이 과정에서 이들 가족의 문제는 백호주의에 대한 사회적 토론의 장을 열게 되었다. 가톨릭을 포함한 종교단체 및 각종 사회단체에서 이 가족을 돕기 위해 발 벗고 나섰고, 결국 1949년 3월 멜버른 대법원은 오키페(O'Keefe) 가족의 손을 들어주었다. 이 사건은 단순히 한 가정의 문제가 아닌 50년 동안 지속해온 백호주의에 대한 심각한 재고의 필요성을 사회적으로 각인시키는 결정적 계기가 되었고, 결국 1966년 새로운 이민법 「Migration Act 1966」 제정으로 명목상 백호주의 폐지의 발판이 되었다. 겉으로 보기에는 기존 이민 규제법이 없어졌기에 백호주의가 끝났다고 볼 수도 있겠지만 현실적으로 백호주의는 그 악명을 계속 떨치고 있었다.

1949년 노동당의 벤 치플리(Ben Chifley) 정부가 물러나고 자유당(Liberal)의 로버트 멘지스(Robert Menzies) 정부가 들어섰다. 당시 상황을 보면 1949년 한 해 동안만 7만5천 명의 난민이 계약을 맺고 호주로 와서 전후 복구와 경제 성장에 이바지했다. 지금도 호주 역사상 가장 큰 토목사업으로 꼽히는 'Snowy Mountains Hydro-Electric Scheme(시드니와 멜버른 사이에 있는 산악지대에 건설된 수력발전 시스템)'도 당시에 이들의 도움 없이는 불가능했을 것이다. 실제 2차 대전 후 1949년까지 20만 명 이상의 이민자가 들어왔고, 이들 대부분은 영국인이 아닌 유럽의 백인들이었다. 영국 제국주의 신봉자로 여겨졌던 멘지스 수상은 예상과 달리 기존의 이민 정책 기조를 유지했다. 아마도 노동력에 목말랐던 호주로서는 다른 대안이 없었기 때문이었을 것이다.

1950년대 들면서 본격적으로 그리스, 이탈리아, 터키 등 남유럽 이민자들이 들어오기 시작했다. 이에 정부 내에서도 자체적으로 도대체 백인을 어디까지 인정해야 하는지 혼란에 빠졌다. 그래서 등장한 개념이 '75% 법칙(Rule)'인데 이는 유럽 혈통을 75% 이상 가진 자를 백인으로 본다는 정의다. 이것이야말로 대책 없이 외모로만 판단한다는 의미로 백호주의가 낳은 가장 멍청한 규정 중 하나라고 할 수 있겠다.

다양한 인종이 갑자기 들어오다 보니 사회는 급격히 동화주의(Assimilation)로 기울었다. 이는 자신의 문화와 언어를 버리고 영어와 호주 기존 문화에 편입되기를 강요하는 것이었다. 즉, 어느 문화, 언어권에서 왔든 간에 일단 호주에 오면 누구나 호주 특유의 엑센트로 "그다이 메이트(G'day mate),"라고 인사해야만 했던 것이다. 이러한 동화주의는 성공하기 어렵다. 단적인 예가 2015년 프랑스에서 벌어진 샤를리 에브도 총격 사건이다. 이 사건의 주범인 쿠아시 형제는 엄연히 프랑스에서 태어난, 프랑스 시민임에도 불구하고 2등 시민으로 살 수밖에 없었다. 문화의 다양성을 인정하지 않는 강압적 동화주의는 이들을 벼랑 끝으로 몰았다. 결국, 이 사건의 모든 피해자는 동화주의라는 배타적 문화가 낳은 희생자들이다.

그토록 젊은 영국을 원했던 호주에 1954년 2월 엘리자베스 2세 여왕이 방문했다. 당시 27세의 젊은 여왕은 현직 군주로서는 호주를 방문한 첫 번째 경우였다. 그러니 호주에 사는 영국 신민들이 얼마나 감격했겠는가? 당시 여왕을 맞이하는 '젊은 영국'의 엄청난 인파가 그것을 증명했다. 그러나 그 시점 '젊은 영국'은 이미 영국인만의 나라가 아니었다. 당시 호주에는 영국인 보다 2배가 많은 유럽인들의 이주가 이어지고 있었다. 기존 호주 사회가 그토록 지키고 싶었던 영국 백인의 나라는 이미 이루어질 수 없는 꿈이 되어가고 있었다.

아시아 지역 상황을 살펴보자면 2차 대전 이후 중국에서 시작한 공산화 물결이 퍼지고 있었다. 남쪽 끝 호주 시민들에게는 두려움 그 자체였다. 아시아 지역의 공산화를 저지하기 위해 호주는 한국전쟁에 영연방의 일원으로 참전했다. 약 1만7천 명이 넘는 호주 젊은이들이 한국전쟁에서 북한군과 중공군에 맞서 싸웠다. 그중 340명이 사망했고, 1,200명이 넘는 부상자가 발생했다. 호주군은 특히 1951년 가평 전투와 마량산 전투에서 혁혁한 공을 세웠다. 사실 호주에서도 한국전쟁은 '잊혀진 전쟁(Forgotten War)'으로 불리기도 했다. 아무래도 갈리폴리 전투로 대변되는 1차 대전이 호주 역사에서 너무나 강렬했고, 2차 대전 후 베트남 전쟁으로 이어지는 큰 흐름 속에서 이러한 분위기가 형성되었던 것으로 보인다. 그러나 2011년 한국에서 열린 가평전투 60주년 기념식에 당시 호주 총리 줄리아 길라드(Julia Gillard)가 직접 참석해 이 점을 반성하고 한국 전쟁 참전의 의미를 되새기는 시간을 갖기도 했다. 마침 이 글을 쓰는 시점 2021년은 한국과 호주가 수교한지 60주년이자, 가평전투 70주년을 맞이하는 해이기도 하다. 그런 의미에서 2011년 당시 길라드 총리가 가평전투 기념식에서 했던 연설의 일부를 소개한다.

"호주에게 한국전쟁은 기억해야 함에도 잊힌 전쟁입니다. 호주 정부의 수반으로서 이곳에서 당시 호주의 군인들이 이룩한 업적을 다시금 일깨우기 위해서라도 저부터 더 많은 관심을 가지려고 합니다. 한국전쟁이야말로 호주가 한국의 민주주의와 국민을 위해 싸운 중요한 전쟁입니다."

"저는 우리가 한국전 참전 용사들에게 충분한 경의와 관심을 표명하지 못했던 점을 진심으로 안타깝게 생각합니다. 한국전쟁에서 호주군은 1만7천여 명이 참전했고, 그중 340명 전사, 1천2백 명이 넘는 부상과 30명이 전쟁 포로로 잡히는 희생을 치렀습니다."

"한국전쟁은 민주주의를 지키고 성장시켰다는 점에서 호주에게는 너무나 중요한 전쟁입니다. 저는 호주인들이 한국전쟁의 중요성과 이곳에서 희생된 참전용사들과 그들이 이룩한 성과를 제대로 인식하기를 바랍니다."

"오늘 우리는 훌륭하고, 활기 넘치고, 살아있는 민주주의가 꽃 피는 곳에 서 있습니다. 서울은 세계에서도 가장 위대한 도시 중 한 곳입니다. 뉴욕과 같은 대도시를 방문할 때 느끼는 에너지를 여러분은 이곳 서울에서도 느끼실 수 있을 겁니다. 이 모든 것이 전쟁의 폐허에서 일궈낸 성과입니다. 그리고 이 모든 발전은 여기 앉아 계시는 참전 용사들의 희생이 없었다면 결코 이룰 수 없었을 겁니다. 그러기에 이런 의미를 잘 알고 있는 한국 국민들은 그 고마움을 표하고 이들의 희생으로 탄생한 현재 한국의 발전된 모습을 보여드리기 위해 지속해서 여기 계신 참전용사들을 초청하고 있는 것입니다."

"The Korean War, in Australia, is a forgotten war. We don't remember it as we should. As Prime Minister, I've been determined to put a focus on the Korean War, to remind the nation of what our servicemen and women achieved here. This was an important war, where we fought for democracy and for the people of South Korea."

"I do regret the fact that we haven't paid, in my view, sufficient honour and attention to the men who are here today and the many other men who are still alive and fought in the Korean War. 17,000 Australians fought here. 340 died, 1,200 were wounded, and 30 had prisoner of war experience."

"This was an important engagement for Australia. It was an import-ant war in fostering and keeping democracy here, in this place where we stand today and I do want Australians to understand the impor-tance of the Korean War. I want them to understand the importance of honouring our Korean War veterans who are still with us and I want them to put appropriate recognition on what was achieved here."

"We are standing in a wonderful, vibrant, lively democracy. Seoul is one of the great cities of the world. You get the same sense of energy there you do when you visit great cities like New York. All of this has been built from ruins following the War and it wouldn't have happened if men, like these men here, hadn't fought and held back an advance, here in this place, and hadn't fought in the Korean War. The Korean people are very grateful and that's one of the reasons they consistently ask our veterans back, to come and experience modern day Korea, and to see what they fought for and what they achieved."

2차 대전 직후 8백만 인구, 그중 99%가 백인인 호주로서는 아시아 공산화 도미노의 마지막이 되지 않기 위해 골몰하고 있었다. 군사적 파병과 함께 호주는 1951년 수립된 콜롬보 플랜도 적극 활용했다. 콜롬보 플랜은 이 시기 아시아, 태평양 지역 국가의 경제개발을 위한 기술적 재정적 원조를 제공하기 위한 계획이었는데, 호주는 이 중 교육적 지원의 일환으로 상당수의 아시안 유학생을 받아들였다. 호주 정부는 내심 이들 아시안 유학생들을 통해 두 가지 정도의 효과를 거두고 싶었다. 첫째는 이들이 대학 교육을 받고 자국으로 돌아가 중심 세력으로 성장한 후 자신들의 힘으로 공산화를 저지한다면 호주 입장에서는 공산화 도미노의 위협으로부터 더 멀어질 수 있을 것이라는 기대였다. 둘째는 이들이 직접 호주 사회를 경험하게 해서 백호주의로 악명 높던 호주인들이 실제로는 인종차별주의자는 아니라는 것을 확인시키고, 결국 호주의 옹호 세력으로 키우고 싶었던 복심이 있었던 것이다. 그러나 두 번째 기대는 물거품이 되었다. 오히려 이들 아시안 학생들로 인해 호주 백인 사회에 아시안에 대한 새로운 인식의 바람이 일게 되었던 것이다. 그전까지 아시안들과 접촉이 거의 없던 대부분의 호주 백인들은 아시안 하면 그저 가난하고, 못 배우고, 자신들에게 위협적인 존재로만 인식하고 있었다. 그러나 콜롬보 플랜으로 유학 온 아시안 학생들은 교육 수준도 높았고, 영어도 잘했으며, 게다가 친절하고 착해서 점점 이들에 대한 인식이 좋아지게 된 것이다. 실제 애들레이드 대학가 하숙집에는 이런 광고까지 붙을 정도였다. "Room available, Asian students only." 결국, 이들로 인해 오히려 현지 백인 학생들이 백호주의로 대표되는 인종 차별주의가 얼마나 혐오스럽고, 자국 이익에도 부합하지 않는 정책인지를 스스로 깨닫게 하는 계기가 되고만 것이다.

1964년 비틀즈가 호주에 왔다. 애들레이드 공연 당시 도시 인구의 절반이 넘는 35만 명의 인파가 공항에서 시내까지 줄지어 환영하는 모습은 호주의 지역적 고립성과 모국 영국에 대한 향수 그리고 60년대 시대상을 그대로 보여준다. 60년대는 자유와 평등 그리고 기존 체제에 대한 반동의 시기였다. 미국에서는 마틴 루터 킹 목사, 케네디 형제가 암살됐고, 호주 육상선수 피터 노만(Peter Norman)이 동조한 Black Salute 사건(올림픽 시상식에서 보여준 흑인 인권운동 차원의 퍼포먼스)으로도 유명한 1968년 멕시코 올림픽은 대회 직전 발생한 시위 군중에 대한 발포, 학살로 당시 제3세계 내 기존 체제에 대한 저항의 모습을 그대로 보여줬다. 60년대는 처절한 저항 혹은 히피의 형태 또는 도어즈의 몽롱한 음악에 빠지는 그들 나름의 방식으로 기존 체제에 맞서고 있었다.

남반부 외딴 대륙 호주에도 변화의 조짐이 조금씩 보이기 시작했다.

50년대를 거치면서 "The Ten Pound Poms."라 불리는 영국인 이주 정책은 호주 내 백호주의를 더욱 강화하는 계기가 되었다. 이는 영국인 중 호주로 이주를 원하는 경우 영국과 호주 정부가 함께 보조해주는 정책으로 단 10파운드, 현재 가치로 약 70만 원 정도만 내면 호주로의 이주를 가능하게 해줬다. 여기서 'Pom'은 'Pommy'라고도 하는데, 호주에서 영국인을 비하하는 의미로 사용되던 비속어다. 이런 상황에서 정치적으로는 노동당의 돈 더스턴(Don Dustan), 거프 휘틀럼(Gough Whitlam)으로 대표되는 신진세력과 수상 로버트 멘지스(Robert Menzies), 전직 이민성 장관 아서 코웰(Arthur Calwell)로 대표되는 구세력 간의 정치적, 세대 간 갈등이 표면화되기 시작했다. 그 갈등의 중심에는 당연히 백호주의가 있었다. 기존 구정치 세력들에게 백호주의는 너무나도 자명한 현실이자 결코 도전할 수도 없는 영역의 문제였다. 종족을 섞을 수 없다는 자연 법칙 그리고 인종을 섞었을 경우 결국에는 문제가 발생할 것이라는 믿음을 그들은 여전히 가지고 있었다. 1961년 총선에 앞서 대학생을 포함한 젊은 세대들은 백호주의를 비판하는 집회와 시위를 이어갔다. 그러나 이들의 바람은 변화를 앞당기기에는 역부족이었다. 당시 호주 국민은 멘지스 정부에게 6번째 승리를 안겨줬고, 그렇게 스스로 백호주의를 옹호했다.

그렇다고 변화의 바람이 완전히 사그라든 것은 아니었다. 1965년에 있었던 피지에서 태어난 5살 소녀 낸시(Nancy Prasad) 납치 사건은 새로운 바람을 일으키기에 충분했다. 낸시는 언니 오빠들과 시드니에서 행복한 어린 시절을 보내고 있었다. 언니, 오빠들은 호주인과 결혼해 호주에 살 수 있었지만, 5살 낸시는 피지로 돌아가야만 하는 운명에 처하게 되었다. 피지에 있는 부모는 어린 딸이 더 좋은 환경에서 형제들과 함께 행복하게 살기를 바랐다. 결국, 언니는 어린 동생을 입양하려 했지만, 이민성은 이를 받아들이지 않았다. 이들의 소식은 미디어를 통해 사회적 이슈화되었고, 이는 결국 호주의 마틴 루터 킹이라 불리던 선주민 출신 활동가 찰스 퍼킨스(Charles Perkins)의 관심을 끌기에 이르렀다. 찰스 퍼킨스는 여론을 주도하며 이민성을 압박했고, 여론은 어린 낸시의 강제 추방에 반대하는 쪽으로 기울기 시작했다. 그러나 정부의 입장은 확고했다. 심지어 이를 사회와 정부에 대한 도전으로 받아들이는 분위기였다. 낸시의 강제 추방이 있던 날 시드니 공항은 혼란 그 자체였다. 퍼킨스의 주도하에 대학생들이 공항에서 격렬한 시위를 진행하던 중 전 국민이 지켜보는 앞에서 퍼킨스는 어린 낸시를 들고 차에 올라타 공항에서 도망쳤다. 일종의 납치극을 벌인 것이다. 2시간 후 낸시의 안전이 확인되었고, 이 모든 것이 낸시 언니의 동의하에 계획된 일임이 밝혀졌다. 이들은 낸시 추방의 부당함을 알리고 종국에는 백호주의 철폐를 주장하기 위해 이런 일을 꾸몄던 것이다. 그럼에도 불구하고 낸시는 다음 날 삼엄한 경찰의 감시하에 결국 강제 추방되기에 이르렀다. 사랑하는 가족과 정든 집에서 살고 싶은 5살 꼬마의 바람은 백호주의라는 거대한 힘에 눌려 결국 산산이 조각나고 만 것이다.

이 사건 후 시드니 노동당 사무실에서는 치열한 논쟁이 벌어졌다. 돈 더스틴(Don Dustan)으로 대변되는 신세대와 아서 코웰(Arthur Calwell)의 구세대 간 백호주의를 둘러싼 논쟁이었다. 당시 집권 자유당과 야당인 노동당 간 백호주의에 대한 개념에는 미세한 차이가 있었다. 이상적, 철학적으로 백호주의를 고수했던 자유당과 달리 노동당의 경우 자신들의 기반이 되는 노동자의 권익 보호를 위해 1901년부터 백호주의에 대한 문서화된 규약이 존재했다. 노동당의 구세대 정치인들은 신세대의 요구를 철없는 이상주의자들의 위험한 요구라고 생각했다. 그들에게 아시안들의 유입은 백인 사회를 무너뜨릴 수 있는 위협으로 간주되었기 때문이다. 그러나 더스틴은 설득을 멈추지 않았다. 그는 이런 변화야말로 당의 정체성을 한 단계 업그레이드시킬 것이며, 그로 인해 호주가 아시안으로 가득 차지도 않을 것이라는 점을 계속 주장했다. 결국 코웰은 마지못해 이를 수용하기에 이르렀다. 그의 입장에서는 결코 받아들일 수 없는 생각이었지만, 이 또한 다음 세대의 몫이라 여겼던 것이다. 이런 노동당 규약의 변화는 상당히 중요한 역사적 변화였지만 실제로 노동당이 집권(1972년)하기 전까지 호주의 이민정책에는 큰 변화가 없었다.

5살 낸시가 추방되고 5개월 후 백호주의를 지키며 호주 역사상 가장 오랜 기간(총 18년) 수상을 지낸 로버트 멘지스가 은퇴했다. 드디어 변화의 모멘텀이 생기기 시작한 것이다. 1966년 1월 전 이민성 장관 출신 해럴드 홀트(Harold Holt)가 새롭게 수상의 자리에 올랐다. 그는 16년간 지속한 멘지스 체제에 대한 반동으로 새로운 이미지 구축을 시도했다. 매년 새롭게 6,500명의 숙련된 아시안들을 받아들였고, 이민법을 수정했다. 「Immigration Act 1966」은 기존의 영국인, 유럽인과는 차별 받던 아시안들에게 동등한 법적 지위를 준다는 골자로 백호주의 청산의 본격적인 신호탄이었다. 그러나 이는 호주가 백호주의를 완전히 포기했다는 의미는 아니었다. 당시 이민성 장관 휴버트 오퍼만(Hubert Opperman)은 결코 한두 방울의 작은 물방울이 큰 홍수를 만들 수 없듯이 백호주의는 지켜질 것이고, 일정 수준의 아시안 유입은 기존 백인 사회의 이익을 해치지 않을 것이라고 다짐하면서 국민들을 안심시키기 위해 노력했다. 결국, 당시 정부는 내심 대외적으로는 인종차별적 국가라는 이미지를 씻어내면서도 대내적으로는 자국민을 동요시키지 않은 데 초점을 맞추었다. 1966년 새로운 이민법 제정으로 백호주의가 끝났다고 생각하는 사람은 없었다. 아시안들에게 호주로의 이민은 여전히 힘들었다. 과거 단순한 거절, 즉 "Sorry, that's not possible."에서 일단 서류는 내보시오 "Fill out this form." 정도의 변화라고 볼 수 있겠다. 다시 말해 1960년대 말까지도 실질적으로는 큰 변화가 없었다. 여전히 'Ten pound poms'로 불리는 영국인 이주 정책에 기대어 매년 7만 명 이상의 영국인을 받아들이면서도 호주 사회는 영국인을 더 받기 위해 혈안이었다. 그렇지만 영국인이라도 다 받아주는 것은 아니었다. 1970년 초 한 영국인이 'Ten pond poms'를 신청했다. 심지어 그는 당시 호주가 가장 원했던 컴퓨터 엔지니어였다. 그러나 그의 신청은 기각된다. 왜일까? 그가 흑인이었기 때문이었다. 이렇듯 1960년대 후반 변화의 바람은 아직 기존 체제를 무너뜨리기에는 턱없이 부족했다.

1972년 12월, "It's Time."이라는 선거 구호가 말해주듯 대대적인 개혁과 변화를 주장한 노동당의 거프 휘틀럼(Gough Whitlam)이 드디어 정권을 잡았다. 무려 23년 만의 정권 교체였다. 당시 노동당은 호주 사회의 급격한 변화를 주도했다. 공식적으로 호주 내 인종차별이 불법이라는 것을 보여주기 위해 순수 영국계 백인이 아닌 스페인계 알 그라스비(Al Grassby)를 이민성 장관으로 임명했다. 그라스비는 아시아 주변국을 순방하면서 새로운 이민정책을 홍보하고 다녔고, 백호주의는 끝났다고 공언했다. 생방송 TV쇼에 출연한 그는 아직도 호주에 백호주의가 있느냐는 질문에 "백호주의? 삽 좀 주세요, 내가 아주 묻어버리게요(Give me a shovel and I'll bury it)."라는 강한 의지를 피력했다. 또한, 한 질문자가 "8년 전 5살 낸시를 기억하느냐? 다시 돌아오게 할 의사가 있느냐?"라는 즉석 질문에 그자리에서 바로 '그렇다'고 대답함으로써 선전 효과를 극대화하기도 했다. 그러나 그라시비가 아무리 백호주의는 끝났다고 외치고 다녀도 70년 넘게 유지되어온 정책이 한순간에 끝날 수 있을까 하는 의구심은 여전했고, 실제 아시안들의 이민 숫자는 크게 변화가 없는 실정이었다.

1975년 노동당의 휘틀럼 정부는 백호주의 철폐에 관한 진짜 시험대에 오른다. 그것은 바로 베트남 전쟁이었다. 수천수만 명의 난민을 어떻게 할 것인가? 당시 10만 명에 가까운 난민 중 휘틀럼 정부는 고작 1천 명을 받아들이기로 결정했다. 이는 난민캠프 현장에서 일하는 이민성 직원들도 이해하기 힘든 결정이었다. 노동당 내부의 정치 공학적 판단이 작동했던 것이다. 휘틀럼의 노동당 정권은 공산주의로부터 탈출한 베트남 난민이 호주 시민으로 정착한다면 그들은 결코 좌파 성향의 자신들에게 투표하지 않으리라 판단했던 것이다. 결국, 이 문제는 같은 해 11월 영국 여왕이 임명한 총독에 의해 호주 국민이 선출한 정부가 해산되는, 다시 말해 호주 역사상 최대의 헌정 위기였던 'The Dismissal'에 의해 탄생한 자유당의 말콤 프레이져(Malcolm Fraser)에게 넘어가게 되었다.

최근까지도 호주인들은 수평선에 난민선이 뜨면 긴장한다. 난민 문제가 선거의 주요 이슈가 되는 것은 말할 것도 없다. 호주 사회가 가진 이 뿌리 깊은 트라우마의 시작은 1976년 5명의 베트남 난민이 타고 온 작은 보트가 호주 대륙 최북단 도시 다윈(Darwin)에 도착하면서 시작되었다. 프레이져 정부는 이 배 한 척이 초래할 문제에 극도로 긴장했고, 일단 은폐를 지시했다. 자국민을 이 문제로 자극하고 싶지 않았던 것이다. 그러나 이 문제는 그냥 숨기고 넘어갈 수 있는 단순한 문제가 아니었다. 2년 후 이번에는 수천 명의 난민이 들어오기 시작했다. 호주 정부는 말레이시아에 난민 캠프를 만들어 호주로 직행하는 숫자를 최대한 줄이고자 했지만, 이미 모든 걸 잃고 목숨 건 탈출을 한 이들의 숫자는 줄어들 기미조차 보이지 않았다. 1979년 7월 인도차이나반도 일대에서는 40만 명 이상의 전쟁 난민들이 새로운 안식처를 찾고 있었다. 이제 프레이져는 중대한 결정의 갈림길에 섰다. 만약 문을 열고 그들을 받아들인다면 대중의 격렬한 반발을 피할 수 없을 것이고, 또한 70년 넘게 지켜온 호주의 정체성을 포기해야만 하는 것이었다. 만약 프레이져가 국민의 의사를 묻는 방식으로 결정을 미뤘다면 호주는 결코 난민들을 받아들일 수 없었을 것이다. 그러나 프레이져는 자신의 리더쉽을 걸고 난민 수용을 결정했다. 이는 인도적 차원에서도 옳고 향후 호주의 발전을 위해서도 피할 수 없는 결정이라고 그는 믿었다. 결국, 1979년 7월, 1만4천 명의 인도차이나 난민이 호주로 정착했다. 그 후 프레이져 재임 기간 1983년까지 7만 명 이상의 난민이 들어왔다. 프레이져의 이 같은 결정은 1850년대 골드러쉬 이후 최대의 아시안 유입으로 역사적 의미를 가진다. 그리고 이것이야말로 진정한 의미에서 백호주의의 종결이라고 할 수 있겠다. 베트남 보트피플 위기 이후 2만 명 이상의 보트 피플이 호주에 도착했고, 또한 세계 각지로부터 수백만 명의 이민자들이 호주에 정착했다. 그리고 아시아계를 포함한 이민자들이 호주 발전에 크게 기여한 것은 말할 필요도 없는 사실이다. 결국, 호주 사회는 다양한 이민자를 바탕으로 성공적인 다문화 사회를 만들어가고 있다. 2020년 현재, 호주 전체 인구 약 2천5백5십만 명 중 약 30% ,즉 7백6십만 명은 해외에서 출생한 이민자들이다. 물론 우리 가족 3명도 여기에 해당한다. 또한, 세계에서 가장 높은 민족 간 결혼율을 보이는 국가이면서 동시에 200개 이상의 민족으로 이루어진 다문화사회다. 백 년도 안 되는 기간 내에 호주는 세계에서 가장 폐쇄적이고 단일한 문화에서 가장 다원화된 문화를 가진 국가로 탈바꿈했다. 이러한 과정이 어찌 순탄할 수만 있었겠는가?

낯선 곳에서 이민자로 살면서 한국을 본다. 자세히는 모르지만, 한국 사회도 다문화를 받아들여야 하는 갈림길에 서 있지 않나 싶다. 5천 년 단일민족이라는 자부심에 금 가는 소리가 들린다. 받아들이기 쉽지 않을 것이다. 외국인을 대하는 이중적 잣대부터 바로 잡아야 한다. 이 점에서는 우리도 둘째가라면 서러운 인종차별주의자들 아닌가? 호주의 인종차별을 욕하기에 앞서 우리 자신을 돌아보자. 과연 호주를 욕할 수 있을까? 호주는 그나마 이렇게라도 다문화 사회를 이룩해 가고 있다. 이제 막 시작하려는 한국의 입장에서는 한 번쯤 참고해 볼 수 있는 모델은 아닐까.

제 17 장

백인 정착 100주년

과도한 성공에 이은 거품 붕괴의 서막

1800년대는 호주에게 경제적으로 환상적인 성장을 가져다줬다. 호주 경제는 1835년 멜버른이라는 도시의 탄생 후 1891년 경기의 정점을 찍는 순간까지 두 번의 황금기가 있었다. 첫 번째는 1842~1853년 사이 양모산업과 골드러쉬다. 당시 영국과 아일랜드로부터 배고픈 자유 정착민들이 마구 쏟아져 들어오면서 경제는 급격히 성장했다. 두 번째는 1871~1878년으로 부동산 붐이 성장을 주도했다. 결국, 1835~1891년 사이 호주의 1인당 GDP는 무려 4배가 증가했다. 빅토리아주가 이 성장을 견인했는데, 그 이유는 당연히 골드러쉬 덕이었다. 그 후 수많은 사람이 떠나지 않고 정착하면서 제조업, 건설업, 농업 등의 성장을 이끌었다. 여성들 또한 그동안 주로 했던 가정부, 하인 같은 직업에서 의류 가공업 같은 제조업으로 이동했고, 경제 성장에 본격적인 기여를 하게 되었다. 여기에 기차, 트램, 전신, 전화의 발달로 교외 생활이 용이해지면서 교외 주택 건설 붐이 일어났다. 빅토리아주의 경우 1860년대 이후 교외 주택의 크기가 커지고 1880년대 들면서부터 본격적으로 인구가 증가했다. 멜버른의 인구 변동을 살펴보자면, 1881년 28만3천 명에서 10년 후 1891년 49만1천 명으로 폭발적 증가를 기록했다. 이렇듯 백인 정착 후 100년이 지난 시점인 1888년 호주인들은 부모 세대보다 더 좋은 영양 상태로 현대인과 비슷한 체형을 갖게 되었고, 기대 수명 또한 늘었다. 1880년대 태어난 호주 아이들은 같은 시기 미국, 영국 아이들보다 기대 수명이 5년 이상 길었다. 백인 정착 100주년을 맞아 당시 시드니 모닝헤럴드에 실린 칼럼 내용은 당시 호주 백인들이 자신들의 짧은 역사를 어떻게 생각하고 있는지 잘 보여준다.

"오늘 우리는 역사를 왜곡하려 하지 않는다. 또한, 역사의 옷장 속 깊이 숨겨진 우리의 부끄러운 역사를 감추기 위해 그 옷장 열쇠를 없애려 하지도 않을 것이다. 우리는 100년 전 모국 영국의 필요에 따라 세워진 외딴 감옥에서 출발했다. 우리는 모험심 많은 식민지 개척자도, 전제 정치에 항거하는 정의로운 도망자도, 종교적 박해를 피해 신앙의 자유를 찾아 나선 성자도 아니었다. 그저 영국 사회의 골칫거리 죄수들이었다. 오늘 우리가 진심으로 스스로 자랑스럽게 생각하는 이유는 이런 태생적 한계를 극복하고, 이 축복받은 땅에 자유와 번영이 넘치는 사회를 건설했다는 것이다."

그러나 1888년 당시 호주인들이 가졌던 세상을 향한 낙관주의는 공격적인 민족주의를 내포하고 있었다. 당시 인구의 대부분은 호주에서 태어난 이민자들의 후손이었고, 그들은 경제적 번영만을 경험한 세대들이었다. 그들은 자신들의 번영이 외부인에 의해 침해받는 것을 원치 않았다. 이러한 태도를 극명하게 보여주는 것이 바로 호주를 대표하는 보수 성향 잡지 『The Bulletin(1880~2008)』이 채택했던 슬로건이다. "Australia for the White Man."이라는 표지 슬로건은 무려 1961년까지 쓰였다. 이렇게 당시 호주 백인들은 외부세계와 단절을 통해 자신들의 번영을 지킬 수 있다고 착각했던 것이다. 그러나 그들은 곧 닥칠 경제적 충격에 대해 알지 못하고 있었다. 당시 멜버른과 시드니의 부동산 시장은 그 전 10년 사이 두 배 이상의 가격 상승을 기록하면서 자체적으로 금융위기의 싹을 키웠다. 1870년대 이후 해외자본이 호주 경제에 급격히 유입되었는데, 물론 그중 절반 이상은 런던의 자본이었다. 이 자본을 이용해 호주, 특히 멜버른은 새로운 철도, 트램, 심지어 당시 세계 최초의 고층 빌딩까지 지어대고 있었다. 요즘의 두바이라고나 할까? 한국에서 여행 오시는 분들은 멜버른이라는 도시를 보통 남반구의 유럽이라 부른다. 그 이유는 당시에 지어진 건물들이 지금도 도심에 많이 남아있기 때문이다. 다시 말해 19세기 말 멜버른은 세계 최고의 부자 도시였다.

국제 금융 시장은 선천적으로 변동성이 크다. 당시 자유무역 체제하에서는 경제적 충격이 자주 발생했었다. 미국도 1873~1879년, 1882~1885년 사이 심각한 경기 침체를 경험했다. 그러나 당시 호주 식민지 정부는 그들이 누리고 있던 행복한 시절이 계속될 것이라는 착각

속에 살고있었다. 1870년대 호주 식민지들은 런던 정부로부터 이미 상당한 수준의 자치를 인정받고 있었다. 이런 자유는 결국 방종을 낳았다. 1876년 빅토리아주 의회는 금융 규제를 느슨하게 유지했는데, 예를 들어 금융기관 스스로 부동산을 사고팔 수 있게 만든 것이다. 이 조치는 당시 부동산 시장에 막대한 악영향을 끼쳤다. 또한, 금융 시장을 총괄할 믿을 만한 중앙은행 또는 감독기관이 부재한 상황에서 은행들의 부실은 쌓여갈 수밖에 없었다. 1880년대 들어 부동산 거품은 은행의 점포 수를 2배로 증가시켰고, 미숙한 은행원들과 돈에 눈먼 대중들을 마구 양산하는 결과를 가져왔다. 정부 관리들도 거품경제 창출에 한몫했다. 그들은 철도, 트램 건설 계획을 이용해서 도심 외곽지대의 부동산 투기에 열을 올렸다. 심지어 거품이 본격적으로 깨지기 직전 1889년에도 정부 예산이 흑자를 지속할 것으로 예측했고, 약 1,300km에 달하는 철도 건설 계획을 승인했다. 당시 빅토리아주 부지사 알프레드 디킨(Alfred Deakin, 훗날 연방정부의 초석을 놓았고, 호주 두 번째 총리를 역임했다. 현재 멜버른에 있는 Deakin 대학도 그의 이름에서 따온 것이다.) 또한, 자신의 아버지가 평생 모은 자금을 빌려 투자했지만, 거품 붕괴로 모두 잃었다. 이렇듯 당시 정치인, 경제인, 성직자, 교사, 일반 노동자, 돈 많은 과부 등 거의 모든 사람이 누구나 쉽게 돈을 벌 수 있다는 환상에 빠져있었다.

1830년대 이후 출생한 빅토리아주 사람들은 살면서 한 번도 경제적 어려움을 겪어보지 않았다. 그러기에 그들은 빚의 위험성을 몰랐다. 은행들은 거품 붕괴 직전 2배 이상의 신용을 창출했고, 주 정부 지출 또한 비슷한 규모로 증가했다. 기하급수적으로 증가하던 자금의 수요를 호주 내 저축으로만 감당한다는 것은 불가능했다. 결국, 런던 금융가의 수혈이 필요했다. 이로써 정치적 자치는 상당히 이루어졌었지만, 경제적으로는 다시 한 번 영국에 종속되는 결과를 낳게 된다. 부동산 붐의 또 다른 원인으로 1870년대까지 이어진 이민자의 증가를 들 수 있다. 그러나 1880년대 들어서면서 정부 보조 이민정책의 폐지와 함께 그 증가세가 급격히 떨어졌다. 해외 이주 노동자들이 자신들의 권익을 침해할 수 있다고 위협을 느낀 노동조합을 중심으로 새로운 이민자 유입을 반대하는 목소리가 힘을 얻었기 때문이다. 개방이냐, 폐쇄냐? 선택의 순간이었다.

1890년 11월 런던의 대표적인 투자은행 베어링은 아르헨티나와 우루과이에 투자했다가 파산 직전까지 내몰렸다. 영국 정부의 구제 금융 덕에 간신히 파산은 면했지만, 이 사태는 세계 금융시장의 불안을 키우기에 충분했다. 런던의 금융기관들은 앞다투어 자신들이 투자한 해외 채권의 안정성 검토에 들어가면서 포트폴리오 내 향후 파산 가능한 국가가 더 있는지에 촉각을 곤두세웠다. 이런 상황에도 호주 내 금융기관과 정치인들은 자신들은 남미 국가들과 다르며 부동산 가치는 계속 상승할 것이라고 믿었다. 마치 베스비오 화산을 앞에 놓고 누가 더 훌륭한 마운틴 뷰를 가졌는지 다투는 폼페이의 집주인들이라고나 할까? 국제 금융시장이 위축되면서 자금의 흐름이 막히기 시작했다. 순식간에 부동산 가격은 고점 대비, 멜버른은 약 50%, 시드니는 25% 이상 폭락했다. 부동산 시장이 붕괴하자 투자자들은 은행으로 달려갔다. 금융기관들이 하나둘 문을 닫기 시작한 것이다. 1891~1893년 사이 54개의 부동산 대출 전문 금융기관이 영업을 정지했다. 그중 2/3가 파산했고, 남은 곳들도 극심한 손실을 기록한 후에야 겨우 영업을 재기할 수 있었다. 시중은행의 경우 대표적으로 Federal Bank of Australia의 파산, Commercial Bank of Australia가 지급유예를 선언하면서 나머지 은행들도 거덜 나기 시작했다. 총 23개 은행 중 13개가 영업을 정지할 수밖에 없었다. 그러나 위기는 이것으로 끝이 아니었다. 가까스로 살아 돌아온 은행들은 극도로 소극적인 대출을 했고, 이는 시작도 못 한 경기 회복에 찬물을 끼얹었다. 예금주들은 예금액의 극히 일부에 대해서는 인출이 가능했지만, 은행들이 구조조정을 마칠 때까지 잔액 인출은 유예되었다. 이 유예 기간은 계속 늦춰지기 일쑤였고, 심지어 25년이 지난 1918년에 와서야 지급이 완결된 예도 있었다. 현재까지도 호주 경제사에서 최악의 경기 침체로 악명 높은 이 시기에 국민 소득은 약 25% 감소했으며, 이전 수준을 회복하는 데 무려 12년 이상의 세월이 필요했다. 즉, 호주판 잃어버린 20년이었다. 거품 붕괴 직전 세계 1위를 자랑하던 1인당 국민소득은 스위스, 미국, 영국, 뉴질랜드, 벨기에에 이어 6위로 추락했다. 당시 정확한 자료는 없었지만, 실업률 또한 두 자릿수를 훌쩍 뛰어넘었으며 1905년까지도 비슷한 수준을 유지한 것으로 보인다.

당시 호주인들이 경험했던 경제적 어려움은 시드니 초기 정착 시절 이후 경험해보지 못한 것이었다. 이렇게 경제적으로 힘든 상황에서 호주는 1901년 1월 1일 연방 국가로 탄생했다. 모두가 단결해도 닥친 어려움을 이겨내기 쉽지 않은 상황에서 연방 정부가 최초로 만든 법안이 바로 앞서 설명한 이민 규제법(Immigration Restriction Act 1901)이었다. 개방이 아닌 폐쇄, 화합이 아닌 차별을 선택한 호주는 곧 닥쳐올 또 다른 도전, 제1차 세계대전의 파고를 과연 잘 넘을 수 있을 것인가?

제 18 장

제1차 세계대전 – 연방 국가 호주의 첫 번째 도전

다소 비인간적일 수 있지만, 경제적 효과 측면에서 전쟁은 그리 나쁜 것만은 아니다. 전쟁 특수는 보통 실업률은 낮추면서 생산량은 증가시킨다. 사회적 측면에서는 전쟁터가 자국이 아닌 경우 평화 시보다 더욱 공고한 국가적 단결을 보여주는 경우가 많다. 그러나 1차 대전 당시 호주의 모습은 그렇지 못했다. 생산량은 오히려 감소했고, 실업률은 여전히 높았다. 게다가 국민들의 단결된 모습조차 볼 수 없었다. 전쟁이 끝났을 때 호주인들의 삶의 수준은 1890년에 비해 오히려 낮았다.

호주는 1901년 연방 국가로의 탄생을 전후해서 경제적으로는 잃어버린 20년을 경험했고, 정치적으로는 양당제가 단단히 뿌리내리고 있었다. 자유무역(Free Trade)과 보호무역(Protectionist)으로 나뉘었던 보수진영은 1905년 알프레드 디킨(Alfred Deakin) 주도의 보호무역주의자들이 노동당(Labor)과 힘을 합치면서 주도권을 잡기 시작했다. 결국, 자본과 노동의 거대한 밀회가 시작된 것이다. 관세로 자국 내 산업을 보호했고, 그렇게 보호받은 자본은 그 보상으로 노동자에게 높은 임금을 유지해주는 조건이었다. 산업 내 분쟁에 관해서는 정부 주도의 조정 위원회에서 일반 원칙을 만들어냈다. 어찌 보면 계획 경제에 가까운 모습을 호주 연방 초기에 볼 수 있었다. 그 후 알프레드 디킨은 자유주의라는 이질적인 집단과 합쳐 자유당(Liberal Party)을 탄생시켰다. 그러나 1910년 정당 설립 후 첫 선거에서 대중들은 자유당이 너무나 보수적이라는 이유로 노동당에 최초로 과반 이상의 지지로 정권을 안겨줬다. (호주 연방 초기 어느 정당도 의회 과반 이상을 확보하지 못했기 때문에 10년 사이 무려 6번의 총리 교체가 있었다.) 또한, 1910년 호주 노동당의 승리는 세계 최초로 노동당이 과반 이상의 승리를 거둔 선거이기도 했다. 1913년 정권의 바뀜이 있었지만, 호주는 1차 대전을 엔드류 피셔(Andrew Fisher)의 노동당 정권하에서 치르게 되었다. 그러나 불행히도 1915년 피셔 총리가 건강상 이유로 사퇴하고, 그 뒤를 이어 빌리 휴스(Billy Hughes)가 총리에 올랐다.

　문제는 휴스가 인종차별 성향이 강했고, 게다가 분열의 정치에 타고난 재능이 있다는 점이었다. 어쩌면 전쟁 상황에 가장 부적합한 인물이 총리를 맡게 되었던 것이다. 휴스는 전쟁 중 총리에 오르자마자 수천 명의 독일계 호주인을 전시 안보 차원에서 억류시켰다. 그는 독일과 전쟁을 치르고 있는 시점에 그들이 아무리 법적으로 호주인이라 해도 그들의 충성심을 믿지 못했다. 그런데 당시 호주 군대를 대표하던 전쟁 영웅 존 모나쉬(John Monash – 현재 호주 100달러 지폐 인물로 전쟁 전에는 토목 엔지니어로 명성을 날렸다. 1차 대전 때는 유럽의 전장에서 장교로 탁월한 지휘 능력을 보여줬다. 현재 호주 명문 모나쉬 대학교와 병원 등에 그의 이름이 남아있다.) 장군의 이력을 보면 빌리 휴스가 얼마나 모순적인지를 알 수 있다. 모나쉬 역시 독일계 호주인이었다. 멜버른 태생이었지만 부모가 프로이센 출신 유대인이었다. 당시 모나쉬는 프랑스 전장에서 호주의 군인으로서 충성심을 입증하고 있었다. 그러므로 휴스의 주장대로라면 당장 자신들의 전쟁 영웅부터 억류시켰어야만 했던 것이다. 또한, 독일계 호주인들은 남호주(South Australia) 건설의 주역이었다. 1911년 인구 통계를 보면 독일계 인구는 3만 3천 명으로 영국계 다음으로 큰 이민자 그룹이었다. 그리고 실제 수많은 독일계 호주인들이 호주를 위해 전쟁에 자원하기도 했다. 그러나 휴스는 독일계 남성 2만1천 명 중 7천 명을 수용소에 감금했다. 나머지를 억류하지 않은 이유는 현실적으로 이들의 기술과 능력이 전쟁 수행에 절실했기 때문이었다. 그럼에도 불구하고 휴스의 독일계 강제 억류 조치는 당시 대중들에게는 지지를 받았다.

총리가 되자 빌리 휴스는 런던으로 가서 양국 간 전쟁 협력을 다시 한 번 확인했다. 그는 귀국하자마자 징병제 카드를 꺼내 들었다. 당시 호주 법률은 자원자만을 전쟁터에 보낼 수 있었다. 군사 기획 부서에서 지원병 부족을 호소하는 보고서가 계속 올라오자 휴스는 행동을 결심했다. 바로 해외 파병을 위한 강제징집을 법률화하려는 시도였다. 자신이 속한 노동당마저 공식적으로 징집 제도에 반대하고 있었기에 휴스로서는 이 문제를 국민투표로 가져갈 수밖에 없었다. 만일 국민 절반 이상이 징병제에 찬성한다면 의회나 자신이 속한 노동당도 어쩔 수 없이 받아들일 것이라 믿었다. 사실 당시 젊은 남자들 사이에 전쟁에 대한 열기는 대단했다. 전쟁을 현실이 아닌 이상으로 생각했던 것이다. 심지어 공짜로 유럽에 갈 기회로 생각했던 이들도 상당수 있었다고 한다. 이와 같은 모습을 잘 보여주는 영화가 한 편 있다. 멜 깁슨(Mel Gibson)이 주연한 1981년 「갈리폴리(Gallipoli)」인데, 주인공 두 청년은 전쟁에 지원하기 위해 거짓으로 나이도 속이고 출정한다. 유럽으로 가는 길에 이집트에서 훈련하는 장면은 흡사 친구들과 여행을 온 것 같은 착각을 들게 할 정도다. 그러나 물론 이들은 터키 갈리폴리의 전장에서 그 참혹함을 깨닫는 순간 터키군의 기관총에 희생되고 만다. 이런 당시 분위기 속에서 징병제 없이도 호주는 1차 대전에 무려 33만 명이 참전했다. 당시 전체 인구가 5백만 명, 그중 남자가 절반인 2백5십만 명으로 가정하고 또 어린이, 노인 등을 제외하면 실제 참여율은 상당히 높았다고 볼 수 있다. 그러다 보니 호주 외곽 마을을 여행하다 보면 오벨리스크 모양의 1차 대전 기념비를 자주 볼 수 있다. 보통 그 기념비에는 그 지역 출신 참전 용사들의 이름이 적혀있다. 그만큼 당시 많은 젊은 이가 자원해서 전쟁터로 갔던 것이다.

그런데도 일반 호주인들은 국가가 국민에게 무언가를 강제하는 것 자체를 자유와 권리의 침해라고 생각했다. 국민투표는 국론을 분열시키기에 충분했다. 대영제국의 일원으로서 모국 영국에 충성심을 보여야 한다는 주장 또한 만만치 않았다. 1916년 10월에 진행된 투표 결과는 징집 반대 51.5%, 찬성 48.4% 간발의 차이로 반대 의견이 높았다. 국민투표 결과가 자신의 예상과 다르게 나오자 빌리 휴스의 정치적 입지가 심하게 흔들리기 시작했다. 그러나 그대로 물러날 휴스가 아니었다. 그는 노동당 내 자신을 따르는 의원 23명을 데리고 나와 자신이 속한 정당을 쪼개버렸다. 당시 야당인 자유당(Liberal)의 도움으로 간신히 수상직을 유지할 수 있었던 빌리 휴스는 자신을 따라나선 노동당 위원과 일부 자유당 탈당 의원을 모아 새롭게 전국노동당(National Labor Party)을 만들었다. 이것이 바로 노동당의 첫 번째 분열이었다. 1917년 빌리 휴스는 다시 자유당(Liberal)과 합당해 보수적 색채가 강한 국민당(National Party)을 창당하고 그해 총선에서 대승을 거뒀다. 그는 선거 과정에서 새로운 국민 투표 없이는 강제 징집제를 시행하지 않을 것이라고 약속했다. 그리고 전황이 연합군에게 다시 불리해지지 않는 한 국민투표도 없을 것이라고 약속했다. 그러나 이 약속은 지켜지지 못했다.

1916년 아일랜드에서는 부활절 봉기(Easter Rebellion) 사태가 발생했다. 1차 대전의 한 가운데 있던 영국은 아일랜드와의 불화로 이중고를 겪을 수밖에 없었다. 영국 방문 중 이 사태를 목격한 빌리 휴스는 징집제 국민투표 시도 실패를 내부 분열로 상쇄할 수 있다고 생각했다. 정치 공학적으로 영리했던 휴스는 모든 비난을 호주 내 아일랜드인들에게 돌리기 시작했다. 영국에 대한 타고난 반감을 품은 아일랜드 출신들이 당시 호주 인구의 약 25%를 차지했고, 이들의 반대로 국민투표가 좌절되었다고 그는 선전하기 시작했다. 자국민을 영국계와 아일랜드계로 분열시키는 책동이었다. 그러면서 1917년 독일이 승리할 수도 있다는 우려를 근거로 다시 한 번 징병제 카드를 들고나왔다. 같은 해 5월 총선에서 대승한 휴스는 자신감을 가지고 12월 국민투표를 예고했다.

이번 이슈의 중심은 아일랜드인들의 충성심이었다. 그러나 아일랜드인에 대한 공격은 민족 간 분열을 넘어 종교적 분열까지 야기했다. 보통 아일랜드인들은 가톨릭 신자들이 많았기에 그동안 나름 좋은 관계를 유지해왔던 영국 성공회와 가톨릭의 분열 모습까지 보이기 시작했다. 가톨릭은 첫 번째 국민투표 때는 영향력을 행사하지 않았다. 그러나 두 번째 국민투표 때는 상황이 달라졌다. 빌리 휴스 수상의 아일랜드계와 가톨릭에 대한 차별과 의심이 상황을 이전과는 다르게 만든 것이다. 그 중심에 카톨릭 멜버른 대주교 데니엘 매닉스(Daniel Mannix)가 있었다. 그는 아일랜드 출신으로 전쟁 직전 호주로 이주했다. 그가 징집제 반대에 사용했던 슬로건은 "대영제국보다 호주를 우선 하자(Put Australian first and the Empire second)!"였다. 매닉스는 국민투표의 프레임을 국가 주권의 문제로 재구성했다. 즉, 호주는 하나의 독립된 국가로서 싸워야지 영국의 말을 듣는 식민지로서 전쟁에 임해서는 안 된다는 주장이었다. 그는 또한 여성들에게 자신의 남편과 아들을 징집제로 부터 지켜달라고 호소했다. 양 진영 간 다툼은 심지어 폭력적으로 변해갔다. 단결되어도 모자랄 전시 상황에서 오히려 국론 분열은 깊어만 갔다. 매닉스의 영향 때문인지 두 번째 국민투표는 첫 번째보다 더 큰 표차로 반대의견이 승리했다.

빌리 휴스는 스스로 수상직에서 사퇴했다. 그러나 불행히도 당시 휴스를 제외하고는 누구도 정부를 구성할 수 있는 하원의원을 확보하지 못했기에 휴스는 곧바로 수상직에 복귀했다. 이후 가톨릭에 대한 심한 편견은 계속되었다. 휴스는 자신이 주장했던 징병제가 부결된 것도 가톨릭 아일랜드계의 영국에 대한 저항감이 기저에 깔린 탓이라고 여겼다. 각종 직능단체에서도 가톨릭 신자들을 고용하지 않는 방법으로 차별에 나섰다. 이런 종교적 분열은 1960년대까지 지속했다. 결국, 로버트 멘지스 정부에 와서 가톨릭 학교에 대한 정부 지원을 확대하면서 갈등이 다소 진정되기 시작했다. 세속적 이해관계가 종교적 신념을 넘어서는 계기를 마련한 것이다. 경제적 어려움도 사회 분열을 가속했다. 1917년 NSW 철도 노동자들의 파업을 지원하기 위해 전국 노동자들이 단결했다. 이 파업은 사회 분열뿐만 아니라 엄청난 시간의 노동 일수와 임금 등 막대한 경제적 손실 또한 기록했다. 전쟁 특수를 위해서는 제조업이 필수였지만, 1차 대전 당시 호주 내에는 전쟁 물자를 만들어낼 제조업 기반이 없었다. 그러니 1918년 호주인의 생활 수준은 1889년보다도 못했다. 잃어버린 20년을 끝내고 일어서려는 순간 전쟁이 터졌고, 멀리 유럽에서 벌어진 전쟁 수요에 올라타지 못한 호주 경제는 또다시 10여 년의 힘든 세월을 보내게 되었다.

유럽의 전쟁터에서 돌아온 참전 용사들도 경제에 큰 도움이 되지 못했다. 숫자상으로는 골드러쉬 이후 최고로 많은 사람이 몰려 들어온 것이지만 이들은 정신적, 육체적으로 온전치 못했다. 약 33만 명의 참전 군인 중 6만 명 전사했고, 16만 명 이상이 부상을 입었다. 거기에 포로로 붙잡혔던 인원이 4천 명이 넘는다. 국내에서 총성 한 발 듣지 못한 전쟁임에도 불구하고 호주는 전쟁 당사자였던 유럽 나라들 못지않은 피해를 보았다. 이로 인해 신생국 인구 구조에도 커다란 구멍이 뚫렸다. 1921년 젊은 남자의 숫자는 1911년에 비해 오히려 줄어들었다. 전쟁의 참상을 현장에서 지켜본 참전 용사들은 영국 기득권 세력에 대한 반감으로 가득 차있었다. 결국, 모국을 위해 목숨 걸고 싸웠지만 얻은 것은 없는 이 전쟁을 통해 호주인들은 영국인들에 대한 적대감을 가질 수밖에 없었다. 전쟁 직후 다시 시작된 이민 행렬에서 영국인들에 대한 평가는 최악이었다. 심지어 언론은 "영국이 자신들의 쓰레기를 호주에 버린다."라고 평가하기도 했다. 결국, 1차 대전은 호주인 마음을 더 굳게 닫게 했다.

호주 여행 현장 가이드

안작데이(ANZAC-DAY)와 갈리폴리(Gallipoli) 전투

호주에서는 매년 4월 25일이면 많은 사람이 새벽 일찍 집을 나섭니다. 제가 바리스타로 일했던 카페는 이 날이면 일부러 평소보다 이른 새벽 5시에 문을 열어요. 바로 안작데이 새벽 추모식(ANZAC Day Dawn Service)에 가는 분들에게 무료로 커피를 제공하기 위해서입니다. 카페 주인 외할아버지께서 1차 대전에 참전하신 것을 추념하기 위해서지요. 그날 하루는 군복을 입은 외할아버지의 사진을 카운터 앞에 세워놓기도 합니다. 한국의 현충일과 비슷한 날이라고 볼 수 있겠죠. 이렇듯 호주 사람들에게 ANZAC Day로 상징되는 1차 대전은 역사적으로나 정신적으로 매우 중요한 의미가 있습니다. 물론 현재는 1차 대전 희생자뿐만 아니라 호주가 참전한 전쟁에서 희생하신 모든 분을 추념하기 위한 날이기도 합니다. 아시다시피 호주는 한국전쟁 때도 참전했으니 사실 이날은 우리와도 전혀 동떨어진 날은 아니지요. 그럼 ANZAC은 무슨 뜻일까요? Australia New Zealand Army Corp, 즉 '호주-뉴질랜드 연합군대'의 약자입니다. 그럼 왜 하필 4월 25일 새벽일까요? 이날은 1915년 안작 군대가 영국군을 도와 터키의 갈리폴리 지역으로 상륙한 날이며, 실제 상륙 시각이 새벽 4시~5시경이었기에 같은 날, 같은 시각에 추모식을 거행하는 겁니다. 사실 전투 결과로만 보자면 영국, 프랑스, 호주, 뉴질랜드군이 터키군에게 패한 전투입니다. 그렇다면 호주 사람들은 패배한 전투를 왜 이토록 기억하려 할까요?

1차 대전 당시 호주는 뉴질랜드, 캐나다, 인도 등과 같은 영연방에 속해있었습니다. 영국의 전쟁은 곧 영연방 모든 나라의 전쟁이기도 했지요. 영국을 포함한 연합국은 독일을 견제하기 위해 동쪽의 러시아를 지원할 필요가 있었습니다. 그러기 위해서는 러시아로 가는 길이 필요했지요. 북해, 발트해 등 몇 가지 루트를 고려한 끝에 결국 흑해를 통해 러시아를 지원하기로 합니다. 그런데 흑해로 들어가려면 터키의 이스탄불을 거쳐야만 했지요. 당시 터키는 영국과 독일 편에서 고민하다 결국 러시아를 견제해야 한다는 명목으로 독일 편에 서게 됩니다. 즉 전쟁에서 영국의 적이 되어버린 겁니다. 이제 터키 입장에서는 목숨 걸고 영국에 대항해 나라를 지켜야 하는 처지가 된 것이지요. 영국군이 지중해를 지나 이스탄불로 가기 위해서는 터키 서쪽의 좁은 다르다넬스(Dardanelles Strait) 해협을 통과해야만 했습니다. 바로 이 해협 왼쪽이 갈리폴리 반도입니다. 터키의 아버지라 불리는 케말 파샤가 이끄는 터키군도 목숨을 다해서 이 좁은 해협을 지켰지요. 막강한 영국 해군의 전함들이 이 좁은 해협에서 침몰하기 시작하자 영국은 육군을 갈리폴리에 상륙시켜 터키 방어군을 섬멸할 필요가 있었습니다. 그러나 당시 대부분의 영국 육군은 프랑스 방어에 치중하고 있었거든요. 그때 마침 호주, 뉴질랜드에서 연합군을 만들어 올라오고 있었던 겁니다. 영국으로서는 훈련조차 제대로 받지 못한 이들이라도 당장 상륙작전에 쓸 수밖에 없었지요. 사실 당시 호주, 뉴질랜드군은 급하게 편성되어 대부분의 장병이 군대 훈련을 제대로 받지 못한 상태였거든요. 1915년 4월 25일 새벽, 드디어 안작군이 갈리폴리 해안에 상륙합니다. 상륙 시 이미 수많은 희생자가 난 것은 말할 필요도 없겠죠. 가까스로 살아남은 군인들 앞에 놓인 것은 깎아지른 듯한 산이었습니다. 어디 숨을 데도 없고, 위에서는 터키군의 총알이 날아오는 상황에서 이들은 그 무거운 장비와 대포를 짊어지고 그 고지를 올랐던 겁니다. 절박한 순간에 이들이 보여준 용기와 투지는 놀라움 그 자체였습니다. 그리고 수개월 동안 이어지는 백병전을 포함한 치열한 전투 끝에 연합군과 터키군 모두 엄청난 인명 피해를 보게 됩니다. 양쪽 모두 각각 약 25만 명의 사상자를 내는 치열한 전투였습니다. 호주군의 경우 이 전투에서만 7천6백 명이 사망하고, 1만8천 명 이상이 부상을 입었습니다.

현재 터키 갈리폴리에는 ANZAC이라는 이름의 해변이 있습니다. 물론 당시 호주군이 상륙한 해변입니다. 터키 입장에서는 왜 자기 나라에 당시 적군의 이름을 붙여준 것일까요? 게다가 지금도 매년 4월 25일이면 호주, 뉴질랜드에서 수많은 추모객이 안작 해변에서 열리는 기념식에 참석하러 찾아옵니다. 사실 이 모든 것을 가능케 한 터키의 모습이 더 아름답습니다. 케말 파샤의 터키군 역시 목숨을 다해 나라를 지켰습니다. 전쟁은 끝났고 이들은 상대의 용기와 투지 그리고 희생정신을 서로 존중하게 된 것이지요. 아픈 역사에서 교훈을 찾으려는 노력은 이렇게 매년 그 역사의 현장에서 벌어지고 있는 겁니다. 호주는 1차 대전 이후에도 여러 해외 전쟁에 참전했습니다. 2차 대전, 한국전쟁, 베트남전쟁, 걸프전 등이 대표적이지요. 그러나 1차 대전 참전 용사들만큼 영웅 취급을 받는 경우는 없습니다. 특히 베트남 전쟁 이후 호주군이 전쟁 중 미군과 함께 저지른 만행 등이 밝혀지면서 참전 용사에 대한 시선도 많이 바뀌기 시작했지요. 그러나 갈리폴리로 대표되는 1차 대전 참전 용사들은 여전히 호주에서 영웅으로 대접받습니다. 갈리폴리는 당시 호주 군인들이 보여줬던 불굴의 정신 덕분에 호주 역사에 있어 이미 위대한 서사시로 자리 잡았습니다.

〈「희생(Sacrifice)」〉
조각가 레이너 호프의 작품으로 시드니 안작 기념관 '침묵의 방'에서 볼 수 있다.

시드니에 여행 오시면 안작 기념관(The ANZAC Memorial)에 한번 찾아가 보세요. 그곳에 있는 침묵의 방(Hall of Silence)에 가시면 조각가 레이너 호프(Rayner Hoff)의 1934년 작품 「희생(Sacrifice)」를 보실 수 있습니다. 레이너 호프 역시 1차 대전에 참전했었기에 전쟁 기념관에 많은 작품을 남겼습니다. 이 작품은 용감히 싸우다 전사한 고대 스파르타 전사들이 방패에 얹혀 고향으로 귀환한다는 전설을 기반으로 만들어졌습니다. 이 작품 역시 방패 위에 칼과 함께 전사한 젊은 군인이 나체로 쓰러져 있고요. 이를 세 여인이 짊어지고 있습니다. 이 세 여인은 고향에 있던 엄마, 누이 그리고 자식을 안고 있는 부인의 모습입니다. 어쩌면 이 젊은이의 희생(Sacrifice)으로 우리는 모두 지금의 자유를 누리고 있는지도 모르겠습니다. 그들을 기억해야 하는 이유입니다. - Lest we forget -

제 19 장

제2차 세계대전 – 1차 대전과는 다른 상황이 전개되다

1938년은 백인 정착이 시작한 지 150주년 되는 해다. 이 짧은 역사 동안 우리는 호주의 국가 발전에 있어 두 가지 상반된 방향성을 관찰할 수 있었다. 그것은 바로 외부 세계에 개방하느냐, 폐쇄하느냐의 문제였다. 1800년대 호주의 발전은 눈부셨다. 성장의 엔진은 양모와 금이었다. 세계에서 가장 빠르게 성장했고, 모두의 롤 모델이었다. 그러나 1890년대 최악의 경기침체를 거치면서 호주는 폐쇄의 길로 들어섰다. 1890~1938년까지 이어진 이 시기의 경제적 실패를 단지 거품 붕괴에 따른 디플레션(Depression)과 1차 대전으로만 설명할 수는 없다. 왜냐하면, 같은 시기 다른 선진국들은 호주보다 높은 성장률을 기록했기 때문이다. 영국의 경우도 호주보다 2배 성장했고, 비슷한 정착민 사회였던 뉴질랜드, 미국, 캐나다는 3배 이상 빠르게 성장했다. 물론 폐쇄 정책의 대명사로 악명 높았던 백호주의만으로도 호주의 침체를 모두 설명할 수 없다. 그러나 최소한 백호주의 때문에 19세기 성장을 이끌었던 두 동력을 대체할 그 무엇을 찾는 데 실패했다고는 말할 수 있을 것 같다. 백호주의는 인구 증가율을 낮췄다. 이는 제조업이라는 새로운 성장 동력의 필수 요소인 충분한 내수 시장 형성을 불가능하게 만들고 말았다. 호주는 외부 세계에 대한 두려움으로 스스로 담을 쌓고 등을 돌렸던 것이다.

그러나 2차 대전은 1차 대전과는 여러 면에서 사뭇 달랐다. 일단 내부적으로 분열되지 않았고, 정치적 안정과 경제적 고난을 이겨내려는 도전으로 도약을 준비하고 있었다. 당시 수상 존 커틴(John Curtin, 1885~1945)의 인생 역정 자체가 호주의 모습을 보는 듯했다. 그는 1890년대 말 경기 불황의 중심지 멜버른에서 자랐다. 그리고 빌리 휴스의 징병제 논란 때 반대 입장을 표명하다가 철창 신세를 지기도 했다. 의회에 입성하기 위해 좋아하던 술도 힘들게 끊었다. 1914년부터 선거에서 네 번 낙선했지만 결국 1935년 노동당의 당수가 되었다. 그리고 1941년 수상의 자리에 오른 것이다. 1942년 호주 정치 시스템의 가장 큰 문제는 연방정부와 주 정부 간의 권력 분립에 관한 것이었다. 호주가 연방 국가로서 제대로 기능하려면 진정한 권한을 가진 연방정부와 이를 이끌 수 있는 리더가 절실했다. 이때 존 커틴은 역사에 남을 개혁을 추진했다. 1942년 2월 일본군이 싱가포르를 점령하고 다윈에 폭탄을 비처럼 쏟아붓던 때 그는 임금, 노동력의 배분 그리고 산업 구조조정에 관한 권한을 연방정부로 이관시켰다. 단일화된 소득세 그리고 미망인 연금, 실업 보조, 병가제도 등 사회 안전망을 구축했다. 또한, 1차 대전 당시 큰 논란을 일으켰던 징병제 문제에서도 제한적 도입을 추진했다. 이러한 과감한 개혁 작업은 국민의 호응을 얻어 1943

년 선거에서 노동당은 큰 승리를 거뒀다. 이에 보수 야당 호주연합당 (United Australia Party)은 1944년 로버트 멘지스 주도하에 자유당 (Liberal)으로 재탄생하면서 현재의 모습을 어느 정도 갖추게 된다.

존 커틴의 이러한 개혁은 정부 재정 상태의 놀라운 개선이 있었기에 가능했다. 주로 런던에서 빌려온 돈으로 치렀던 1차 대전과는 다르게 2차 대전은 새로 도입된 소득세와 온 국민의 애국심과 근검절약에 기초한 정부 채권 발행으로 자체 조달되었다. 과거 1차 대전 후 대공황의 늪에서 호주는 해외 부채에 대한 상환 비용이 전체 수출 대금의 약 40%에 달할 정도로 심각했었다. 1930년대를 거치면서 조금씩 나아지기 시작했고, 2차 대전 이후 1940년대 말에 그 수치는 10% 이하로 떨어졌다. 이로써 호주는 전후 국가 재건의 안정적 기초를 다졌다. 2차 대전은 의도치 않게 반세기 넘는 침체를 겪은 호주 경제에 활력을 불어넣었다. 매년 국민소득이 감소했던 1차 대전 당시와는 다르게 2차 대전 때는 경제 활동이 증가했다. 1943년 호주의 1인당 소득은 1938년 대비 31% 증가했다. 이는 모든 서방 국가들에서도 비슷하게 나타났다. 영국 24%, 캐나다 60%, 미국은 무려 88% 증가했다. 존 커틴이 국가 경제를 전시 동원체제로 전환했기에 실업률도 급감했다. 1939년 12.5%에서 1941년 4%로 1943년 6월이 되면 비자발적 실업은 거의 제로에 근접했다. 이렇게 커틴의 전시 계획 경제는 일자리 창출에 있어 제조업의 역할을 가장 중요하게 만들었다. 당시 제조업은 사기업 고용의 약 50% 이상을 차지했다. 주로 군용 캔 음식, 의류, 무기, 탄약, 수송 차량과 비행기 제조 산업 등에 노동력이 집중적으로 투입되었다. 전시에 정부 또한 14만5천 명(남성 6만5천, 여성 8만) 이상을 추가로 고용했다. 2차 대전은 유럽에서만 벌어졌던 1차 대전과는 달리 국내 또는 아시아 지역에서도 발발했다. 참전 군인은 39만7천 명으로 1차 대전보다 더 많았지만, 사망자는 3만5천 명으로 1차 대전 전사자 6만 명과 비교해 오히려 적었다.

그러나 여전히 문제점은 있었다. 그중 하나가 전시 적국 출신 국민들의 수용소 억류 정책이었다. 1차 대전 당시 최대 피해자는 독일계 호주인이었지만, 그 사이 이탈리아 이민자들이 늘어났기에 이번에는 그들이 주요 피해자가 되었다. 이탈리아계 호주인은 전체 수용인 7천 명 중 절반 이상을 차지했는데, 이들은 대부분 퀸즐랜드에 살던 사람들이었다. 이 수용소 내에서는 독일 출신 나치와 유대인 그리고 이탈리아 출신 파시스트, 공산주의자, 무정부주의자 등 서로 다른 이념적 성향의 사람들이 한데 묶여 생활했다. 당시 호주 정부는 이들을 미세한 부분까지 관리하지 못했기 때문이다.

호주인들의 인종적 편견을 보여주는 다른 예는 호주에 진주한 미군에 관한 것이었다. 거의 1백만 명에 가까운 미군이 전쟁 중 호주를 거쳐서 갔고, 이들의 소비는 호주 경제에 활력을 넣어줬다. 당시 미군은 호주 군인들에 비해 높은 보수를 받고 있어 특히 호주 여성들에게 인기가 높았다. 미군은 결국 호주 군인들에게 선망과 질시의 대상이었다. 이렇게 인종에 대한 편견이 상존했지만 2차 대전 당시 호주는 예상외로 좋은 성과를 거두었다. 1차 대전과 달리 전시 국내 정치 상황도 상당히 안정적이었고, 일본의 침략도 잘 막아냈다. 또한, 호주인 특유의 평등주의는 포로수용소에서도 그 빛을 발했다. 계급적 사고에 젖은 영국군과 개인주의 성향이 강했던 미군에 비해 호주군 포로들은 자신의 배급 식량을 서로 나누는 등 돕고 협력했다. 그 덕에 미군과 영국군보다 포로 수용소 내에서 생존율이 더 높았다. 2차 대전은 20세기 후반 호주를 번영의 길로 이끄는 데 초석을 놓았다. 20세기 전반기를 거치면서 호주는 고립 정책을 통해서는 자신들이 원하는 안전과 번영을 결코 이룰 수 없다는 교훈을 얻었다. 전후 호주는 전 유럽, 심지어 전쟁 때 적국이었던 사람들조차 이민자로 받아들여야만 한다는 것을 깨닫기 시작했다.

존 커틴 수상의 1944년 미국과 영국 방문에서도 호주의 백호주의는 뜨거운 감자였다. 워싱턴에서 열린 기자회견에서 커틴이 받은 질문은 "호주도 미국과 같이 중국과 인도에 대한 이민의 문을 열 수 있나?"였다. 커틴의 답은 이랬다. "우리는 아직 이민법을 바꾸지 않았다. 지금 내가 말할 수 있는 것은 진주만 폭격으로 시작한 전쟁이 아직 한창인데, 호주에서 10만 명이 넘는 일본인을 보고 싶지는 않다."였다. 물론 런던에 가서는 영국인들의 호주 이민을 적극적으로 장려했다. 인도 출신의 한 기자가 아시안 이민에 대한 견해를 묻자, 그는 "백호주의(White Australia)라는 말은 우리 헌법 어디에도 없다. (물론 그것은 사실이다.) 우리가 이민을 제한하는 것은 값싼 노동력으로부터 우리 노동자를 보호하기 위함이다."라는 원론적 답변으로 얼버무렸다. 커틴의 대답은 1차 대전 후 빌리 휴스의 답변과 별반 다르지는 않았다. 그러나 이민정책에 대한 한 가지 확실한 변화는 영국인만으로는 이 넓은 땅을 다 채울 수 없다는 것이었다. 영국 방문을 통해 그는 영국인들은 전후 재건에 바빠 호주 이민을 생각할 겨를조차 없다는 것을 직접 보고 느꼈다.

그러므로 그는 영국을 넘어 다양한 곳으로부터 이민자를 찾아야 한다고 생각했던 것이다. 그러나 호주를 새롭게 만들어보겠다는 커틴의 야망은 그의 건강 문제로 좌절되었다. 갑작스러운 심장마비였다. 병상에 누워있던 존 커틴은 2차 대전 종전을 코앞에 둔 1945년 7월 눈을 감았다. 수십만 명의 군중이 그의 장례식에 참석했다. 그의 관을 메었던 사람 중에 로버트 멘지스(Robert Menzies)를 비롯한 보수정당의 대표들이 있었다. 이것이 바로 그가 당시 호주에서는 보기 힘들게 넓은 정치적 스펙트럼을 가진 인물이었다는 점을 상징적으로 보여줬다.

이제 2차 대전이 끝났다. 전후 커틴을 이어 호주를 이끌 수상은 같은 노동당의 동갑내기 벤 치플리(Ben Chifley)였다. 그 또한 인종 문제에 대해서는 완전히 자유롭지 못했다. 그는 1920년대 전쟁에서 돌아온 참전 용사들이 있음에도 이탈리아 이민자를 더 받으려 했던 당시 정부의 이민정책을 "Dargoes Before Heroes."라고 표현하면서 강력하게 비판했었다. 여기서 'Dargo'는 당시 이탈리아 사람들을 비하하던 단어였다. 그는 이탈리아 이민자들 때문에 참전 용사들이 노동시장에서 밀려나고 있는 상황을 이런 식으로 비판했던 것이다. 그러나 세월이 지나 그는 남유럽 이민자들의 물결(Olive Waves)을 환영해야 하는 수상으로 변신해야만 했다. (참고로 여기서 언급한 '올리브 물결'은 이탈리아, 그리스 이민자를 말한다. 심지어 이들이 많이 거주하는 동네에 가보면 가로수가 올리브 나무인 경우를 자주 볼 수 있다.)

제 20 장

멜버른 – 이민자의 도시로 다시 태어나다

1947년 유럽의 전쟁 난민들이 호주로 올 무렵 호주 인구의 90%는 호주에서 태어난 앵글로 셀틱, 즉 영국과 아일랜드계열의 후손들이었다. 이들은 전후 조심스럽게 세계를 향해 문을 열 마음의 준비를 하고 있었다. 초대 이민성 장관 아서 코웰(Arthur Calwell)은 야당 자유당(Liberal)의 도움이 절실했다. 당시 멘지스는 의외로 유대인 및 전쟁 난민 출신 이민자들에게 우호적이었다. 여기에 여론을 주도하던 인사들이 호응했다. 이 중에 대표적인 사람이 바로 멜버른 대주교 데니엘 매닉스(Daniel Mannix)였다. 그는 아일랜드 출신으로 1차 대전 당시 징병제 반대 여론을 이끌었다. 이렇듯 과거 차별의 희생자였던 가톨릭이 전후 난민 출신 이민자들에게 든든한 우군이 되었다. 가톨릭은 특히 사회 내 반유대주의 정서가 만연해있음을 지적하고, 이를 근절하지 못하면 호주 사회의 분열은 계속될 것이라는 점을 분명히 밝혔다. 전후 유럽의 난민들은 1850년대 골드러쉬 이후 최대 규모의 이민 물결이었다.

보통 새 이민자들은 같은 민족이 많이 거주하는 지역으로 이주하는 경향이 뚜렷하다. 전후 본격적인 유럽인들의 이주가 막 시작될 무렵 서호주 같은 경우 해외 출생 인구 비중이 거의 20%를 차지하면서 평균보다 2배 이상 많은 이민자들가 거주하고 있었다. 퀸즐랜드는 이탈리아 이민자들이 많기로 유명했고, NSW에는 그리스 이민자들이 많았다. 당시까지만 해도 호주에서 가장 널리 알려진 도시는 단연 시드니였다. 당시 인기 있었던 이민 관련 책자에 시드니는 다음과 같이 소개되고 있었다.

"시드니는 대영제국 도시 중 손꼽히는 백인 사회이자 작은 맨해튼과도 같다. 시드니 사람들은 런던 사람들처럼 똑똑하고 바쁘게 움직이며, 시내를 다니는 자동차 중 절반은 6기통 대형 세단이다. 심지어 시드니의 청소부도 매일 뜨거운 물로 샤워를 할 수 있으며 1년에 새 정장 한 벌씩은 맞춰 입는다."

그런데도 전후 비영어권 이민자들이 가장 많이 찾은 도시는 바로 멜버른이었다. 비영어권 이민자 그룹 중 가장 큰 6개 민족은 다음과 같다. 이탈리아, 그리스, 네덜란드, 독일, 폴란드 그리고 유고슬라비아. 이 중 유고슬라비아를 제외한 5개 민족 그룹의 대부분이 멜버른을 새로운 고향으로 선택했다. 유고슬라비아 사람들은 주로 시드니에 정착했다. 전후 이런 이민자 물결에도 멜버른의 인구는 시드니를 따라잡지는 못했다. 그러나 멜버른이 이민자의 도시라는 명성만큼은 다시 한 번 확인시켰다. 1950~1967년 사이 빅토리아주 인구 증가는 1850년대 골드러쉬 이후 처음으로 NSW주를 앞질렀다.

그럼 전후 이민자들은 어떤 이유로 멜버른을 선택했을까? 우선 멜버른은 호주 내 제조업의 중심으로 경제적 측면에서 새로 이주하는 사람들에게 매력적이었다. 존 커틴의 전시체제에서 제조업은 전체 일자리의 25% 비중을 차지하면서 전후 재건을 견인했기 때문이다. 또 다른 이유는 시드니보다 상대적으로 저렴한 주거 비용이었다. 놀랍게도 멜버른은 1890년대 부동산 거품 붕괴의 영향이 계속되고 있었다. 이탈리아 이민자들이 주로 거주했던 멜버른 시내 칼톤(Carlton) 지역을 예로 들자면, 전후 인플레이션을 고려한 실질 부동산 가격은 60년 전 1890년대 가격에도 못 미치고 있었다. 또한, 멜버른이 전 세계의 관심을 받는 데는 1956년에 개최된 멜버른 올림픽도 한몫했다. 사실 당시 멜버른은 올림픽을 개최하기에는 현실적으로 역부족이었다. 호텔 등 숙소가 부족해서 멜버른의 일반 가정집을 임시 숙소로 사용하기도 했다. 그런데도 멜버른 올림픽은 최초로 TV를 통해 중계되었기에 전 세계의 잠재적 이민자들에게 희망의 메시지를 보내기에는 충분했다. 친선 게임(Friendly Games)이라는 별칭으로 불린 이 대회는 폐회식에서 최초로 모든 선수가 함께 등장해 눈길을 끌었다. 이는 폐회식 직전 존 윙(John Wing)이라는 중국계 젊은 목수의 아이디어를 주최 측이 신속하게 받아들인 결과였다.

전후 비 영국계 유럽인의 이민을 주도했던 정치인 아서 코웰과 로버트 멘지스 둘 다 우연히 멜버른 출신이었다. 그렇다고 이들이 멜버른으로 더 많은 이민자를 받고자 했던 것은 당연히 아니다. 이들이 원했던 것은 농장이 있는 외곽 시골로 더 많은 이민자가 정착하길 바랐다. 그러나 이민자들을 유혹한 것은 제조업이었다. 이렇게 멜버른의 제조업은 과거 금과 같은 역할을 했던 것이다. 이 때문에 애들레이드, 퍼스는 영국계 비중이 상대적으로 높아졌고, 전후 이민의 물결을 받지 못한 퀸즐랜드는 1971년까지 가장 다원화되지 못한 주로 남게 되었다. 다시 말해 멜버른과 시드니를 제외하고는 영국계 호주라는 의식이 강하게 만들어졌고, 이런 상황에서 자라난 정치인들의 마음속에는 여전히 백호주의가 강하게 자리 잡을 수밖에 없었다.

1949년 12월에 치러진 선거에 노동당의 벤 치플리(Ben Chifley) 정부는 놀라운 경제 성과와 이민자 증대라는 A급 성적표를 가지고 임했다. 이민자는 1947년 11,000명에서 1948년 53,000명 그리고 1949년에는 147,000명으로 늘었다. 그런데도 실업률은 오히려 2.9%에서 1.5% 수준으로 떨어뜨려 노조의 반발도 잠재울 수 있었다. 이런 결과로 여론 또한 비 영국계 유럽인의 이민을 환영하는 분위기로 바뀌기 시작했다. 그러나 이런 놀라운 성과에도 불구하고 선거에서 노동당은 자유당(Liberal)의 멘지스에게 무릎을 꿇었다. 왜일까? 보통 은행 국유화 정책 혹은 당시 전 세계적으로 부상하던 공산주의에 대한 우려 등을 들 수도 있는데, 실제로 가장 큰 원인은 다름 아닌 휘발유 배급제였다.

이를 잠시 설명하자면, 호주는 당시 영국 연방 소속으로 영국의 경제권(Sterling Area)에 속해있었다. 영연방 소속 국가들은 자신들의 돈을 런던에 맡기고 런던으로부터 대부분의 수입품을 조달하는 시스템이었다. 그러나 호주의 경우 원유만큼은 미국의 정유사를 통해 수입하고 있었다. 그러므로 원유 수입에 미국 달러가 필요했는데, 이 또한 런던에서 조달해야 했다. 그러나 문제는 영국이 2차 대전 후 경제가 거의 거덜 난 상태였기에 호주의 미국 달러 요구를 모두 수용할 수 없었던 것이다. 이에 호주 정부는 자국민을 대상으로 원유에 대한 배급제를 실시할 수밖에 없었다. 실리보다는 영국에 대한 충성심을 보이기 위한 정책이라고밖에 볼 수 없었다.

즉, 노동당 정부는 영국을 위해 국민들에게 희생을 강요한 것이다. 영국으로부터 독립한 지 이미 50년이 지났고 수많은 비 영국계 국민들이 있는 상황에서 이런 정책이 과연 통하겠는가? 동네 주유소에 기름을 넣기 위해 긴 줄이 이어지는 상황에서 멘지스는 선거 공약으로 휘발유 배급제 폐지를 약속했다. 거기에 복지정책으로 첫 아이와 그 산모에 대한 지원금 등을 제시했다. 또한 냉전의 시작과 함께 공산주의에 대한 공포에 불을 지피면서 노동당을 사회주의자, 공산주의자들이라고 공격했다. 선거 결과는 멘지스의 압승이었다. 멘지스의 시대가 열린 것이다. 그는 1949년부터 1966년 스스로 은퇴할 때까지 무려 7번의 선거를 연달아 승리하면서 16년 동안 호주의 수상을 역임했다. 여기에 1939~41년 사이 2년을 추가하면 그가 수상으로 있었던 기간은 무려 18년이다. 그가 이렇게 오랜 기간 정권을 유지할 수 있었던 것도 어찌 보면 경제가 좋았기 때문이다. 그만큼 그의 통치 기간은 2차 대전 후 호주가 안정적이고 지속적인 성장의 모습을 잘 보여준 시대였다.

제 21 장

호주 최초의 여성 수상

줄리아 길라드(Julia Gillard)의 어린 시절 호주 사회

호주의 1960년대는 너무나 조용히 넘어가서 같은 시기 미국이나 유럽이 겪었던 사회운동이나 정치적 격변은 그저 먼 나라 이야기처럼 보였다. 그러다 보니 당시 호주의 재능 있는 젊은 지식인, 예술가들은 런던이나 뉴욕에서 활동하는 예도 있었다. 60년대 가장 유명한 인물로는 여성운동의 대가 저메인 그리어(Germaine Greer)를 들 수 있다. 지금도 페미니즘 운동의 교과서처럼 여겨지는 저서 『거세된 여성(The Female Eunuch, 1970)』에서 그녀는 "혁명은 억압받는 자들의 축제다(Revolution is the festival of the oppressed)."라는 급진적이고 도발적인 언어로 여성 해방운동을 주창했고, 당시 영국 지식인 사회에서 유명인사로 급부상했다. 팔순이 넘은 요즘도 가끔 TV 토론 프로그램 등에 출연하여 각종 사회문제에 관한 자신의 의견을 펼치고 있으니 호주에 사시는 분들은 아마도 눈에 익은 분일 수도 있겠다. 극작가이자 코

미디언 베리 험프리(Barry Humphries) 그리고 호주 초기 정착 역사에 관한 대표작 『The Fatal Shore, 1986』의 작가 로버트 휴스(Robert Hughes)가 있다. 나도 호주 역사를 공부하는 데 이 책을 많이 참조했다. 물론 지금도 우리가 익히 아는 수많은 연예인이 해외에서 활동한다. 너무 많아서 대표적인 인물만 뽑자면, 니콜 키드만, 멜 깁슨, 러셀 크로우, 올리비아 뉴튼 존, 히스 레져, 케이트 블란쳇, 휴 잭맨, 카일리 미노그, 크리스 헴스워스, 미란다 커, 나오미 왓츠, AC/DC 등등 그리고 무엇보다 우리에게 친근한 샘 해밍턴을 빼놓을 수 없겠다.

19세기 말 이민자 증가는 부동산 거품을 야기했었다. 2차 대전 이후도 이민자 증가로 비슷한 현상이 있었다. 그러나 이번에는 지난번 같은 거품 붕괴는 없었다. 그 이유는 부동산 시장이 교외를 중심으로 안정적 성장을 했다는 점이다. 자동차의 보급은 교외 생활을 더욱 매력적으로 만들었다. 게다가 자가 소유 비율도 1960년대 초 70% 수준까지 상승했는데, 이는 이민자들의 자가 소유 욕구가 강했기 때문이다. 지금도 마찬가지지만 낯선 곳에서 집은 든든한 버팀목이 되어주기 때문이다. 1960년대 전형적인 이민자 가정은 여성들의 경제 활동 참여율을 높이는 데 기여했다. 전쟁 중 빈 노동 공간을 일시적으로 메웠던 여성들은 전후 돌아온 남성들에게 일자리를 넘겼다. 대부분 결혼 후에는 가정에 머물렀다. 지금의 사고로는 믿기지도 않지만, 실제 공공부문 일자리의 경우 여성은 결혼과 함께 일을 그만두는 것이 법제화되어 있었다. 'Marriage Bar'라고 불렸던 이 법은 1902년 제정되어 1966년에 와서야 폐지되었다. 호주는 가장 늦게 이 법률을 폐지한 나라 중 하나다.

그럼 이제부터 호주 여성 정치인의 대표 주자였던 줄리아 길라드(Julia Gillard)의 개인사를 통해 당시 시대 상황을 살펴보자.

줄리아 길라드는 2010~2013년 3년간 호주 수상을 역임한 인물이다. 길라드는 1961년 영국 웨일스에서 출생했다. 그녀의 가족은 1966년 호주로 이민 왔다. 당시 영국인들에게 지원되었던 'Ten-Pound Poms'라는 이민 지원 정책의 수혜자였다. 그녀의 부모는 둘 다 영국에서 경찰 공무원을 했었기에 그런 혜택을 쉽게 받을 수 있었다고 한다. 멜버른을 향해 오던 중 배에서 애들레이드로 돌아가던 웨일스 출신 커플을 만나면서 이 가족의 정착지는 변경된다. 호주에 연고가 전혀 없던 그녀 가족에게 이 커플은 유일한 호주 친구가 될 수밖에 없었기에 결국 처음 계획을 변경해 유일한 친구가 살고 있던 애들레이드로 정착했다. 그녀의 아버지는 영국인이었음에도 첫 직업을 구하는 데 애를 먹었다고 한다. 몇 가지 허드렛일을 전전하다가 결국 정신과 병원의 간호사로 교육받고 간호사가 되었다. 그녀의 어머니는 당시 보통의 여성들과는 다르게 일을 해야만 했다. 당시 사회 분위기 속에서 여성의 역할은 가정에 한정되어있었다. 그러나 길라드 가족과 같은 이민자 가정은 남자만 일해서는 생활이 어려웠다. 결국, 길라드 어머니는 집에서 동네 유아들을 돌보는 일을 시작했다. 그리고 어린 길라드가 초등학교에 가자, 그녀는 양로원에 조리사로 취직했다. 길라드가 학교를 마치면 어머니는 그녀를 픽업해서 양로원으로 데리고 왔다. 그러면 길라드와 그녀의 언니는 양로원에서 엄마가 일을 마칠 때까지 기다려야만 했다.

사실 나 개인적으로도 이런 경험이 있기에 책에서 이 구절을 읽을 때 너무나 공감이 갔었다. 나는 동네 카페에서 바리스타로 일했다. 다행히 나의 처는 한국에서부터 하던 일을 계속할 수 있었기에 초등학교에 다니던 딸은 내가 주로 보살펴야 했다. 일하던 동네 카페가 딸 학교에서 멀지 않아 학교가 끝나면 딸은 혼자 걸어서 내가 일하던 카페로 오곤 했다. 심지어 방학 기간에는 카페에 함께 와서 혼자 놀기도 했다. 커피머신 바로 앞자리에 앉아 그림 그리고, 책도 보고, 게임도 하던 모습이 아직도 눈에 선하다. 한국에서는 보기 쉽지 않은 광경이지만, 사실 호주 직장에서는 자주 찾아볼 수 있는 모습이다. 학교 방학이면 엄마, 아빠 직장에 같이 가는 모습이 그리 낯선 모습은 아니기 때문이다.

다시 길라드 이야기로 돌아가자. 길라드 본인도 "지금의 시각으로는 이상할 게 하나도 없는 일이지만, 1960년대 후반만 해도 이런 경우는 극히 드물었다."라고 회상했다. 길라드는 커가면서 양로원 식당에서 엄마를 돕기 시작했다. 그녀의 첫 번째 일은 오후에 간식을 준비하는 것이었다고 한다. 그녀는 첫 아르바이트를 엄마 밑에서 감자 껍질 까는 것부터 시작했다고 한다. 그녀는 "엄마 일하는 곳에 취직하는 것은 일종의 친인척 특혜(Nepotism)라고도 볼 수 있었다."라는 농담을 건네면서, 그때 적게나마 스스로 돈을 번 것에 대해 자랑스러웠다고 회상했다. 당시 길라드의 여자 친구들은 여전히 그들의 어머니처럼 살기를 기대했다. 젊어서 빨리 결혼하고 아이를 키우고 그 후로는 결코 바깥일을 하지 않는 것이 어쩌면 당시 여성들의 일반적 삶이었을 것이다. 그러나 길라드 세대부터 변화의 조짐이 보이기 시작했다. 1970년대 들어 여성들의 대학 진학률이 높아졌다. 이는 1972년 노동당 거프 휘틀럼(Gough Whitlam) 정부가 잠시 시행했다 폐지한 무료 대학 정책의 영향이 컸다. 결국, 1980년대 들면서 여성의 대학 진학률이 남성을 추월했다. 성비 측면에서도 1979년에 와서야 호주는 여성 인구가 남성 인구를 추월했다. 이는 비슷한 정착민 사회인 캐나다보다는 3년, 뉴질랜드보다는 10년, 미국보다는 무려 20년 늦은 것이었다. 엄마들의 사회 진출은 계속해서 빨라졌다. 1980년만 해도 대부분의 엄마는 막내가 초등학교에 가고 나서야 파트타임 형태로 직장 생활을 병행했다. 그러나 점점 엄마가 아이들을 떠나는 시기가 빨라졌다. 1990년대가 되면 아이가 3살 때, 2010년대 오면 이제 첫 돌을 지나면 엄마는 보통 직장으로 복귀한다. 한국을 포함한 전 세계적인 추세이기도 하겠지만, 호주 사회에 있어서는 일단 이민자들이 그 물꼬를 텄다고 볼 수 있다. 그리고 여성들의 교육 수준이 높아졌다는 점과 집값이 너무 비싸졌다는 것이 더 큰 원인일 수도 있을 것이다. 모기지(주택 대출금)를 갚기 위해서는 이제 남편 혼자 벌어서는 불가능한 시대가 되었기 때문이다.

2차 대전 후 이민 1세대들은 힘든 노동을 통해 호주의 재건을 도왔고, 또 그것을 통해 자신들의 보금자리를 만들어 냈다. 보통의 경우 이민 1세대의 노력은 2세대에 와서 결실을 보는 경우가 많다. 이렇게 전후 이민 2세대들이 결국 1980, 90년대 호주 사회를 블루칼라(Blue-collar)에서 핑크칼라(Pink-collar)로, 외벌이(Single-income)에서 맞벌이(Double-income)로 변화시켰던 주역이었다. 보통 비영어권 이민 2세대들은 로컬 출신보다 교육과 직업 면에서 더 좋은 성과를 내는 경우가 많다. 각종 연구 결과에 따르면 남유럽, 동유럽, 아시아 출신 이민 2세대들이 영국이나 서유럽 출신 2세대보다 대학 교육과 직업 면에서 더 좋은 결과를 내고 있다고 한다. 부모의 어려움을 보고 자란 세대들이 자신들의 어려움도 더 잘 극복하는 모습을 볼 수 있었다. 그러나 3세대가 되면 다시 기존 로컬 출신과 별반 다르지 않은 결과를 보였다. 3세대쯤 되면 이미 그들은 자신을 사회적 약자인 이민자라기보다는 주류 호주인이라고 생각하는 경향이 뚜렷해지기 때문이고, 조부모의 옛 전설 같은 이야기는 그들에게 더는 동기 부여를 주지 못하기 때문일 것이다.

제 22 장

커프 휘틀럼(Gough Whitlam)과 말콤 프레이져(Malcolm Fraser)

변화와 개혁, 개방의 시대

1950, 60년대 세계 경제의 안정성은 70년대 들어서면서 붕괴하기 시작했고, 80년대 들어서 더욱 급변했다. 1970년대 호주 사회의 변화는 1972년 거프 휘틀럼(Gough Whitlam)이 이끄는 노동당이 23년만에 정권 교체에 성공하면서 본격화된다. 당시 선거 구호 "It's Time."이 말해주듯 휘틀럼은 변화와 개혁의 바람을 몰고 왔다. 그는 미국과 영국에서 60년대 이미 진행된 진보적 사회 정책들을 도입하려 했다. 대표적인 개혁정책으로는 전 국민 의료보험 추진, 무상 대학교육, 여성과 남성의 동일 노동 동일 임금, 합의 이혼 도입, 사형제 폐지 그리고 대외적으로는 베트남 철군 및 중국 공산당 인정 등이었다.

하나씩 간단히 살펴보자면, 전 국민 의료보험 추진으로 현재 호주의 의료보험 체제인 메디케어(Medicare)의 초석을 놓았다는 것이다. 물론 이 정책은 다음 노동당 정권인 밥 호크(Bob Hawke) 수상 때인 1984년에 본격적으로 시행된다. 무상 대학교육 정책은 당시로써는 너무나 급진적이며, 특히 너무 많은 예산이 소요되었다. 결국 이 정책은 3년 만에 양당 모두 반대해 폐지되기에 이른다. 그렇지만 단 3년간의 시행만으로 대학 진학률은 25% 이상 증가했고, 특히 이 정책의 최대 수혜자 그룹은 여성이었다. 여성과 남성의 동일 임금 정책은 사실상 휘틀럼 정부의 첫 번째 사업이었고, 1974년 성인 최저임금에 여성 노동자를 포함시키는 발전을 가져오기도 했다. 합의 이혼 도입도 재미있는데, 「The Family Law Act, 1975」를 제정하면서 가정법원(Family Court)이 처음 만들어졌고, 귀책 사유가 없는 이혼(Non-fault divorce)이 가능해진 것이다. 그전까지는 누군가의 잘못이 있는 경우만 이혼이 가능했으나, 이 법 시행 후 12개월 이상 별거 후에도 더는 부부관계가 돌이킬 수 없는 상태까지 간 경우 합의에 의한 이혼이 가능하게 되었다는 의미다. 사형제는 1973년 폐지되었고, 호주의 마지막 사형 집행은 1967년이었다. 베트남에서의 철군 문제는 휘틀럼의 선거운동 중 가장 큰 자산인 반전을 상징했다. 그리고 마지막으로 그 전 자유당(Liberal) 정부가 중국 공산당 정부를 부정했던 것을 거부하고 베이징과 수교 관계를 맺음으로써 이념을 넘어 실리 차원에서 중국과의 새로운 관계를 구축했다. 개혁은 이뿐만이 아니었다. 1973년 법령집에서 백호주의와 연관된 조항을 삭제했고, 호주는 더 이상 인종에 기반한 이민자 선별을 하지 않을 것을 밝혔다. 여기에 더해 「Racial Discrimination Act 1975」라는 법률을 제정해 공식화했으며, 'Land Rights Act'를 통해 선주민들에게 그들 땅에 대한 소유권을 돌려주는 작업에 착수했다.

호주 여행 현장 가이드

호주의 의료 체계

호주의 의료보험 체계인 메디케어(Medicare) 이야기가 나온 김에 호주의 의료 시스템을 제 개인적인 경험을 통해 설명해볼게요. 일단 한국이 워낙 훌륭한 의료보험 체계를 가졌기에 호주에 사시는 한국분들도 호주의 의료체계에 불만을 표시하는 경우가 많이 있습니다. 그러나 저의 가족이 호주에서 15년 정도 살아 보니 장단점이 있더군요. 일단 호주에서 몸이 아프면 주변의 동네 의원으로 가야 합니다. 한국에서는 자신이 어디가 아프냐에 따라 이비인후과, 정형외과, 내과, 소아과, 산부인과 등등 골라 갈 수 있고, 또 바로 종합병원으로도 갈 수 있잖아요? 그러나 호주는 일단 GP(General Practitioner)라고 하는 동네 병원 의사한테 가야 합니다. 물론 치과는 달라요. 치과는 한국처럼 치과로 바로 갑니다. 제가 금으로 크라운을 해봤는데, 한국보다 한 2~3배는 비싸더군요. 진료 과정은 이렇습니다. 일단 GP가 환자를 진찰하고 나서 다음 단계를 결정합니다. 이 의사가 판단했을 때 당신은 이비인후과 전문의, 외과 전문의 등을 만날 필요가 있다고 판단되면 그때 가서 전문의(Medical Specialist)를 만나볼 수 있는 겁니다. 그럼 병원비는 어떨까요? 호주는 영주권자부터 Medicare Card라는 일종의 건강보험증을 줍니다. 이 카드가 있는 경우 공립병원의 병원비는 무료입니다. 그 대신 한국의 의료보험료처럼 여기도 소득세

외에 추가로 의료부담금(medicare levy)을 내야 합니다. 보통 자신의 연봉에 2%를 내지요. 물론 소득 2만3천 달러 이하이면 내지 않고요, 가계 소득이 18만 달러 이상이면 추가로 더 냅니다. 그러므로 시민이나 영주권자가 아닌 경우 메디케어 카드 혜택이 없는 대신 의료부담금(medicare levy)도 내지 않습니다. 엑스레이나 피검사 같은 기본적인 건강 검사도 GP가 판단했을 때 필요하다면 무료입니다. 대신 그 자리에서 바로 할 수 있는 게 아니라 본인이 다시 예약하고 가서 직접 검사를 받아야 하지요. 그럼 그 검사 결과를 가지고 GP를 다시 만나는 겁니다. 절차가 다소 복잡하고 느리고 수고롭지요. 이 부분 때문에 한국분들이 불만이 많아요.

공립병원을 이용할 경우 병원비는 거의 없다고 보시면 됩니다. 물론 오래 기다려야 하는 경우가 많지요. 왜냐하면, 호주의 공립병원은 당연히 충분하지도 않고 기본적으로 더 많이 아프고 급한 사람부터 치료해주기 때문이죠. 일례로 제 처가 자궁 내 폴립 제거 수술을 받은 적이 있는데요, 진찰 후 약 8개월 정도를 기다렸습니다. 의사가 판단했을 때 급한 수술이 아니었던 것이지요. 중간에 검사도 받고 의사도 몇 번 만나고 수술도 받았지만, 공립 병원을 이용했기 때문에 돈을 내지는 않았습니다. 그렇다고 약값까지 무료는 아닙니다. 약은 한국과 같이 의사로부터 처방전을 받아서 따로 약국에서 사야 해요. 일반적인 해열제, 항생제, 감기약 같은 약의 가격은 한국과 크게 다르지 않은 것 같더라고요.

또 한 가지 특이한 점은 응급실 문턱이 대단히 높다는 겁니다. 제가 호주에 온 지 얼마 되지 않았을 때 일인데요, 당시 4살짜리 제 딸이 갑자기 다리가 아프다는 거에요. 이유도 모르겠고, 갑자기 아이가 못 걷겠다고 하면서 아프다고 우는 겁니다. 급한 마음에 동네 근처에 있는 종합 병원이 생각났어요. 거기 가면 한국처럼 응급실이 있겠지 싶어 그냥 애를 태우고 밤 중에 병원으로 갔습니다. 응급실은 다행히 한가해보였고, 유리창 너머로 간호사 한 분이 앉아 계셨습니다. 자초지종을 설명했더니, 내일 아침에 GP한테 가라는 거에요. 아니! 어린애가 아파서 왔는데, 의사 얼굴도 못 보고 돌아가라는 겁니다. 저는 그때 너무 화가 났지요. 뭐 이런 나라가 다 있나! 사정해도 통할 것 같지도 않더라고요. 결국, 집으로 돌아왔습니다. 그런데 신기하게도 딸이 괜찮다는 거에요. 그러면서 다시 걷고 심지어 뛰고 놀더라고요. 황당했지요. 딸이 별이 없어서 다행이었지만 그래도 당시 응급실 간호사에게는 화가 풀리지 않더군요.

　나중에 안 이야기이지만 호주에서 응급실은 진짜 응급한 환자만 갈 수 있고, 보통의 경우 엠블런스로 온다고 합니다. 그리고 그 야속했던 간호사 역할은 보통 경험이 많은 간호사가 한다고 하더군요. 그 간호사가 일단 환자를 보고 판단한다고 합니다. 제 딸은 그 간호사가 보기에는 전혀 급한 게 아니었던 거죠. 결과로 봐서는 물론 그 간호사가 옳았어요. 엠블런스의 경우도 한국처럼 119 또는 개별 병원마다 있는 게 아닙니다. 여기는 주 정부에서 엠블런스를 관리해요. 그리고 함부로 부를 수도 없습니다. 왜냐하면, 엠블런스 보험이 따로 없다면 한번 타는데 약 110만 원 정도 내야 하거든요. 그래서 보통의 경우 호주 사람들은 개인적으로 엠블런스 보험을 별도로 가입합니다. 그렇게 비싸지 않거든요. 사실 제가 한국에 살던 때만 해도 길에서 비상등을 켜고 달리는 엠블런스를 솔직히 의심의 눈초리로 봤던 기억이 있습니다. 물론 지금은 그렇지 않겠지만요. 그러나 호주에서 엠블런스가 비상등을 켜고 달리면 그건 진짜 급한 겁니다. 그래서 모든 차가 비켜줘야 해요. 그냥 남을 돕자고 하는 게 아니라 법적으로 양보해야 하고, 그 주변의 차들은 시속 40km로 감속해야만 합니다. 그래도 응급실에 꼭 들어가고 싶다면 제가 팁을 하나 알려드리지요. 시드니에 사는 제 친척 동생에게 들은 이야기인데요, 동생이 너무 아파서 응급실에 갔더니 역시나 안 받아주더랍니다. 저도 겪어봐서 알지만, 그 상황이 참 화나거든요. 그때 제 친척 동생이 울음을 터뜨려버린 겁니다. 아파서보다는 아마도 억울하고 화나서 그랬겠죠? 그랬더니 응급실에서 바로 받아줬다는 거예요. 왜냐하면, 응급실은 제 친척 동생에게 정신적 쇼크가 왔다고 판단했던 겁니다. 그럴 경우에는 또 받아주나 봐요. 아무튼 무슨 일이 있어도 꼭 호주 응급실에서 의사를 만나고 싶다면 그냥 서럽게 울어버리세요. 농담 같지만, 실화입니다.

그럼, '호주 사람들은 개인적으로 의료보험 가입하지 않나요?'라고 물어보실 수 있는데, 많은 사람이 사보험 역시 가지고 있습니다. 공립병원에서 기다리기 싫고 사립병원을 바로 이용하고 싶은 사람들은 비싼 사보험을 따로 가입하지요. 아니면 조금 저렴하게 개인보험에 가입하는 경우도 있습니다. 저도 이 경우로 최근에 바꿨는데, 큰 병은 공립병원으로 가고, 각종 자잘한 의료혜택을 위해 가입하는 거죠. 앞서 얘기했던 엠블런스도 커버되고, 1년에 한 번씩 안경 맞출 때, 치과 검사나 스케일링, 물리치료, 카이로프렉터 등을 이용하고 싶을 때 가입합니다. 그렇지만 한국처럼 암보험 같은 건 따로 없어요. 왜냐하면, 암이나 백혈병 등 중증 환자의 경우 공립 병원에서 무료로 치료받을 수 있기 때문입니다. 제가 앞서 말씀드렸듯이 공립병원은 아픈 사람 위주라고 했지요? 제가 아는 친구의 파트너가 희귀한 심장병을 앓고 있었습니다. 결국, 심장 이식 수술을 받았지요. 다행히 지금은 건강하다고 합니다. 이 경우도 무료였어요. 메디케어가 다 처리해준 겁니다. 그 친구가 호주에서 현재 간호사인데요. 그 친구 말이 자신의 파트너가 먹던 약을 자기가 검색해봤는데, 한국에서는 복제약으로밖에는 구할 수도 없고 가격도 엄청나게 비싸다고 하더군요. 그 친구 말이 자기 파트너가 한국에 살았다면 아마도 집안이 거덜 났거나 죽었을 거라 하더군요. 아무튼 결론을 말씀드리자면, 호주의 의료 체계는 감기같이 약한 병 치료에는 번거롭고 불편한 게 사실입니다. 그러나 큰 병에 걸렸을 때는 살릴 수 있을 때까지 나라에서 책임져준다는 겁니다. 한국의 편한 시스템이 부러울 때도 있지만 그렇다고 불편하고 번거로운 호주의 의료체계가 완전히 나쁜 것만은 아니죠?

휘틀럼은 백호주의를 폐지하면서 호주를 유라시아 미래의 한복판에 넣고 싶었지만, 그 또한 실천에 직면해서는 과거 전통 호주 백인들의 사고에서 완전히 벗어나지는 못했다. 그의 한계를 보여주었다. 1975년 베트남 전쟁 말미에 미국과 야당의 말콤 프레이져(Malcolm Fraser)는 남베트남으로부터 더 많은 난민을 받아들이라고 휘틀럼 정부를 압박했다. 그러나 휘틀럼은 그 요구를 묵살하고 말았다. 당시 노동당은 또다시 이 문제를 구태의연하게 정치 공학적으로 받아들였던 것이다. 공산주의가 싫어서 떠나온 사람들은 자신들과 같은 좌파 정당에 반대할 것이라는 논리였다. 그는 다음과 같이 말했다. "I'm not having hundreds of fucking Vietnamese Balts coming into this country with their political and religious hatreds against us." 여기서 'Balts'는 러시아를 옆에 둔 발틱 국가들의 반공주의자들을 의미하고 전체 문장을 간단히 해석하자면 다음과 같을 것이다. "나는 정치적으로나 종교적으로 우리 같은 좌파 세력을 증오하는 수많은 반공주의 베트남 xx들을 받아들이지 않을 거다." 물론 이 말은 이민성 장관과의 사적인 대화라는 점을 고려해야 하지만 그를 포함한 노동당 집권 세력의 당시 심경을 적나라하게 들어냈다고 볼 수 있다. 거기에 더해 휘틀럼 정부는 좌파 성향의 난민들은 더 받아들였다. 사이프러스에서 8천 명, 칠레에서는 6천 명을 받아들였지만, 베트남에서는 고작 2천 명을 받는 데 그쳤다.

결국, 베트남 난민 문제를 해결하면서 백호주의를 실질적으로 끝낸 사람은 'The Dismissal'이라는 정치적 혼란 속에 수상에 오른 자유당

(Liberal)의 말콤 프레이져(Malcolm Fraser) 였다. 그는 1850년대 이후 지속되어 온 호주의 인종적 외관을 근본적으로 바꿨다. 프레이져는 베트남 난민들이 처한 입장에 공감했다. 그는 베트남 전쟁 중 국방 장관을 역임했었다. 그는 '만일 전쟁이 끝나고 호주 군대가 철수한다면, 우리를 도와 함께 싸웠던 베트남 사람들은 어찌 되겠는가?'라는 윤리적, 도덕적 의무감을 가졌던 것으로 보인다. 난민을 태운 첫 배가 다윈에 도착했을 때를 프레이져는 기억했다. 그는 부수상을 직접 보내 상황을 살피게 했다. 그는 다음과 같이 지시했다. "Make sure they've got medical attention, make sure they've got food, make sure they're billeted somewhere comfortable and we'll take it all from there." 즉, '난민들이 적절한 의료 지원을 받게 하고, 충분한 음식과 편안한 숙소를 제공하라. 이제부터는 우리가 그들을 보살필 것이다.' 정도로 해석할 수 있겠다. 1976년 3척의 배가 도착했다. 그리고 다음 해 24척의 배가 또 호주로 왔다. 이 중에 22살 휘우 반 리(Hieu Van Le)라는 청년이 타고 있었다. 그는 1977년 부인과 함께 남베트남을 탈출해서 말레이시아를 거쳐 호주 다윈으로 온 보트피플이었다. 그는 다윈에서 만난 첫 호주인들을 다음과 같이 기억했다. "우리가 다윈의 해안가로 막 들어가고 있을 때 작은 배에 두 명의 호주인이 우리에게 다가왔어요. 손을 흔들며 바로 코앞까지 다가온 그들은 맥주를 들어 올리며 건배하듯 이렇게 말했지요." "G'day mate, Welcome to Australia." 당시 22살의 보트피플 청년은 현재 남호주(South Australia)주의 총독(Governor)이 되었다.

276 | 알고 떠나는 호주 여행 지식 가이드

호주 여행 현장 가이드

호주 정치 제도의 이해

'The Dismissal', 즉 해고 또는 기각이라는 뜻의 용어를 제가 이미 몇 번 언급했는데요. 1975년 호주 헌정 사상 최대의 위기라고 할 수 있었던 이 사건을 통해 노동당의 거프 휘틀럼(Gough Whitlam) 정부가 3년 만에 자유당의 말콤 프레이져(Malcolm Fraser)로 넘어가게 됩니다. 그럼 이 사건을 통해 당시 상황과 더불어 현재 호주의 정치 제도에 대해 말씀드리겠습니다. 우선 이 사건을 이해하기 위해서는 한국과 달리 내각책임제를 시행하고 있는 호주의 정치 제도에 대한 이해가 필요할 것 같습니다. 기본적으로 호주의 정치 제도는 영국의 제도인 웨스트민스터 시스템(Westminster System)을 가져왔기 때문에 영국과 거의 동일하다고 보시면 됩니다. 호주는 6개의 주(State)와 두 개의 준주(準州, Territory)로 이루어진 연방 국가입니다.

연방의회(Parliament of Australia)의 구성부터 살펴볼게요. 호주 의회는 하원(House of Representatives)과 상원(Senate)로 구성됩니다. 하원은 보통 3년 임기로 우리의 지역구 국회의원 개념이라고 보시면 쉬울 것 같고, 총 151명으로 구성되어 있습니다. 인구 비례에 따라 배정되기에 아무래도 인구가 많은 시드니가 위치한 NSW(New South Wales)주나 멜버른이 있는 빅토리아주가 가장 많은 하원의원을 가지고 있지요. 이 하원의 과반을 차지하는 세력이 정부를 구성하게 됩니다. 2021년 현재 자유당(Liberal)과 국민당(National)의 연합정당 (Coalition)이 과반을 차지하고 정부를 구성하고 있습니다. 그 반대편 야당은 노동당(Labor)입니다. 하원이 하는 일은 새로운 법률을 기안 하고 내각을 구성해 정부(Government)를 꾸려 나라를 통치하는 것 입니다. 그럼 상원(Senate)은 어떨까요? 상원은 76명으로 구성되어있 는데, 선출 방식이 하원과는 다릅니다. 우리의 비례대표 방식이라고나 할까요? 정당별 득표 비율에 따라 배분되는 겁니다. 그런데 재밌는 것 은 주별로 같은 수의 상원의원이 선출된다는 겁니다. 다시 말해서 인 구비례 원칙을 따르지 않아요. 이는 연방 국가의 특성상 주별로 상원 에서라도 동등한 권한을 갖기 위해서입니다. 인구가 적은 주의 경우 인구가 많은 주의 영향력에 끌려갈 수 있기 때문이죠. 그러면 각 주의 독립성이 훼손될 수 있다고 판단한 겁니다. 이 문제는 연방 탄생 전 10년 동안의 각 주(State) 간 논의 과정에서 합의된 것이지요. 기본 임기는 6년인데, 매 3년 연방 총선 때마다 절반씩 선출합니다. 즉, 3 년마다 절반씩 교체되는 것이지요. 물론 이 상원과 하원을 모두 해산 (Double Dissolution)하는 정치 이슈가 발생하면 임기를 다 못 채울 수도 있어요. 하는 일은 하원과 달리 법을 기초하는 권한은 없지만, 하원에서 올라 온 법을 심의 의결합니다. 그러니 사실 막강하죠. 상원 에서 틀면 하원도 꼼짝 못 하는 신세가 되는 겁니다.

그럼 한국의 대통령과 비슷한 호주의 수상은 어떻게 선출할까요? 수 상 혹은 총리(Prime Minister)라고도 부르는데, 하원에서 과반을 차지 한 정당의 대표가 직을 맡습니다. 임기는 따로 정해져 있지 않고요, 해 당 정당이 계속해서 선거에서 승리하고 자신이 그 정당의 대표를 계속 유지한다면 오래도록 수상 자리에 있을 수 있는 겁니다. 앞서 나왔듯이 로버트 멘지스(Robert Menzies)는 무려 18년을 수상의 자리에 있었습니다. 그러나 똑바로 못하면 조기 총선(Snap Election)을 통해 국민의 심판을 받고 금방 권력을 잃을 수도 있고, 또는 정당 자체 내에서 의원들의 투표를 통해 대표에서 물러날 수도 있습니다. 대표에서 쫓겨나면 자연스럽게 수상에서도 내려와야지요. 그리고 자당 의원들에 의해 선출된 새 대표가 호주의 수상이 되는 겁니다. 다시 말해서 국민의 투표 없이 정당 내 의원들의 투표만으로도 호주의 리더를 바꿀 수 있다는 것이죠. 내각제의 역동적인 모습을 볼 수 있는 이 절차를 Leadership Challenge 혹은 Leadership Spill 이라고 부릅니다. 어찌 보면 일종의 정치적 쿠데타라고도 볼 수 있겠죠? 왜냐면 국민들의 선택 없이 수상을 의원 자기들 멋대로 하룻밤 사이에 바꿔버리는 것이나 마찬가지니까요. 그나마 Leadership Challenge 이후 보통의 경우 새로운 수상이 곧바로 조기 총선을 실시하는 경우가 대부분입니다. 일단 일 저지르고 난 다음에 국민들에게 뜻을 묻는다고나 할까요. 권력에 대한 정당성을 확보해야 할 테니까요.

그럼 이런 정치적 사건이 자주 있었을까요? 네! 특히 2010년 이후 호주 정치는 Leadership Challenge 풍년이었습니다. 2010년 노동당 출신 첫 여성 총리 줄리아 길라드(Julia Gillard)가 수상 케빈 러드(Kevin Rudd)를 밀어냈고, 2013년 다시 러드가 길라드를 밀어냅니다. 2015년 자유 연립에서도 말콤 텀블(Malcolm Turnbull)이 토니 에봇(Tony Abbott)을 쫓아냈지요. 그리고 지금 수상 스콧 모리슨(Scott Morrison)이 2018년 말콤 텀블을 밀어냈으니 2010년 이후 토니 에봇을 제외한 모든 수상이 전직 수상을 Leadership Challenge 로 밀어냈던 겁니다.

그런데 재밌는 것은 호주의 수상은 정부 수반으로 연방정부만을 대표합니다. 한국의 대통령이 국가의 수반인 것과 다르지요. 그럼 호주에서 국가 수반은 누구일까요? 헌법상 호주를 대표하는 사람, 즉 Head of State는 따로 있다는 겁니다. 바로 영국에 계시는 엘리자베스 2세 여왕 할머니께서 임명하시는 총독(Governor-General)입니다. 호주는 아시다시피 영연방 소속 국가에요. 그래서 전혀 힘도 없고 일반인들은 사실 누군지도 잘 모르는 그런 사람이 총독이랍시고 앉아있지요. 그런데 호주 헌법상 이 양반의 권한이 막강합니다. 형식적이지만 총독의 재가 없이는 정부가 제대로 할 수 있는게 없어요. 수상을 포함한 대부분 주요 공직 임명도 이분의 서명이 필요합니다. 그래서 호주에서 수상이 되면 제일 먼저 해야 하는 일이 총독 앞에 가서 임명장을 받아야 하는 겁니다. 또한, 하원에서 만들고 상원에서 통과시킨 모든 법률도 이 양반 승인 없이는 실행이 안 돼요. 거기에 더해 상.하원 모두를 해산시킬 수도 있어요. 이 말은 호주 정부를 해산시킬 수 있다는 의미입니다. 심지어 호주 군대의 총사령관도 총독입니다. 그렇지만 실제 이런 권한을 사용한 경우는 극히 드물지만 앞으로 말씀드릴 'The Dismissal' 사건에서는 총독의 역할이 짱짱합니다. 실제로 호주 국민들이 뽑은 수상을 한 방에 날려버렸으니까요.

다음으로는 호주의 특이한 선거제도에 대해 말씀드릴게요. 저도 시민권을 받고 투표를 처음 해봤을 때 몇 가지 놀라운 점이 있었습니다.

우선 본인 확인이 없더라고요. 저는 나름 운전면허증도 가져갔지만 보여달라고도 안 하더라고요. 그리고 투표를 연필로 합니다. 「사랑은 연필로 쓰세요」라는 노래 아시죠? 하기야 이 노래를 아시면 연식이 좀 되신 분들이죠? 아무튼 호주에서 기표는 연필로 합니다. 그리고 투표 용지를 받고 기절하는 줄 알았습니다. 사이즈가 거의 A4 용지 3장 정도를 옆으로 길게 붙여놓은 정도였거든요. 그 안에 빼곡히 각 정당과 상원 의원에 나온 후보자들의 이름 등이 적혀있더군요. 접어서 투표함에 넣기도 힘들 정도로 큰 사이즈였습니다. 그리고 사전투표 기간도 엄청 길고 물론 우편으로도 가능합니다. 선거 당일 아무 투표소나 가서 투표해도 무관하고요. 한국도 비슷하지요? 아무튼, 선거 안 할 수 있는 핑계를 최대한 제거하려는 것이겠죠. 왜냐하면, 호주는 의무투표제(Compulsory Voting)를 시행하기 때문에 투표 안 하면 벌금을 내야 하거든요. 연방 선거의 경우 약 7만 원 정도 벌금을 내야 합니다. 호주 선거제도의 첫 번째 특징인 의무투표제는 만 18세 이상 호주 시민이면서 선거인 명부에 자신의 이름을 등록한 사람이라면 의무적으로 투표를 해야만 한다는 겁니다. 의무 투표가 싫다면 선거인 명부에 자신의 이름을 등록하지 않으면 됩니다. 그렇게 하면 물론 선거권, 피선거권 모두를 포기해야겠지요.

두 번째 특징이 핵심인데요, 바로 선호 투표제(Preference Voting)를 실시하고 있다는 겁니다. 이게 다소 복잡해보이지만 차분히 이해해보면 상당히 합리적인 투표 방식입니다. 가령 지역에서 하원의원 한 명을 뽑는다 치죠. 후보자는 A, B, C, D 총 4명이라고 가정할게요. 유권자는 자기가 좋아하는, 즉 선호(Preference)하는 순서로 후보자

옆에 번호를 매깁니다. 예를 들어 저는 B가 제일 좋고 다음으로 C, 다음으로 D, 마지막으로 가장 싫은 사람이 A라고 한다면, B 옆에 1, C 옆에 2, D 옆에 3 그리고 A 옆에 4라고 표기하면 투표가 끝나는 겁니다. 자, 그럼 개표를 해보죠. 1순위 득표만으로 당선자가 되려면 규칙상 과반 50%를 넘겨야 합니다. 즉 A 후보자가 1순위 합계 51%를 얻었다면 개표는 그걸로 끝나고 A가 당선되는 것이죠. 그런데 만약 1순위 득표 결과가 A 45%, B 40%, C 12%, D 3% 이렇게 나왔다면 한국과 같은 방식에서는 A 후보가 당선이죠. 그러나 호주에서는 얘기가 달라집니다. 1순위 투표 집계만으로는 과반 득표자가 없는 관계로 1순위 최하득표 D 후보를 1순위로 찍은 표의 2순위를 집계해서 앞 3명의 후보에게 더해줍니다. 가령 3% 득표 중에서 2%포인트가 A 후보에게, 1%포인트가 B 후보에게 갔다고 한다면 결과는 이제 A 47%, B 41%, C 12% 이렇습니다. 아직 과반 득표가 없지요. 그럼 또 마지막 C 후보를 1순위로 찍은 표의 2순위를 집계합니다. 가령 C 후보의 12% 득표 중 10% 포인트가 B 후보에게 2%포인트가 A 후보에게 갔다면, 최종 결과는 A 49%, B 51% 가 되는 겁니다. 결국 당선자는 A가 아니라 B가 되는 것이죠. 이게 너무 복잡하다면 A, B, C, D 대신 한국의 과거 대선주자들을 넣고 생각해보시면 이해가 조금은 쉽게 되실거에요. 이게 무슨 소리일까요? 한국의 정치 상황으로 얘기해보자면, 사표 심리 없이 자신의 1순위를 명확히 표시할 수 있다는 의미입니다. 이렇게 되었다면 2012년 대통령 선거에서 안철수 후보는 눈물의 사퇴를 할 필요도 없었고, 기타 소수의 진보, 보수정당 지지자들도 사표 심리 없이 자신의 의사를 명확히 표시할 수 있었다는 의미입니다. 더 확실한 예는 1987년 대선이었지요. 노태우의 어부지리 당선은 이런 합리적인 시스템하에서는 있을 수도 없었던 것입니다. 물론 개표가 복잡하고 시간이 더 많이 걸리겠죠. 그런데 투표 결과가 며칠 늦게 나온다고 뭐가 그리 큰 문제일까요? 국민의 정확한 의사를 파악하는 것이 투표의 본질이라 본다면 절차가 다소 복잡하다는 것과 결과가 며칠 늦게 나오는 것 정도는 감수할 수 있는 문제라고 저는 생각합니다. 호주에서 하고 있다면 한국에서도 당연히 할 수 있습니다. 그러기에 이 제도를 다소 길게 말씀드렸습니다.

자, 그럼 본격적으로 1975년에 있었던 'The Dismissal'이라는 사건에 대해 살펴보겠습니다. 시간을 1972년으로 돌립니다. 당시 노동당의 거프 휘틀럼은 새로운 변화와 개혁을 갈망하는 시민들의 뜻을 모아 "It's Time.", 즉 "때가 왔다."라는 유명한 선거 캠페인 구호로 23년간 이어졌던 자유당(Liberal) 정권을 무너뜨립니다. 가까스로 과반 의석을 확보해 하원을 장악한 노동당은 자신들이 공약했던 개혁을 힘차게 추진하려 하죠. 그러나 아쉽게도 당시 상원은 아직 자유당의 영향력 하에 있었어요. 이들이 내세웠던 개혁들은 사회적 합의와 공적 자금 지출이 수반되는 힘겨운 정책들이었죠. 때마침 오일쇼크로 촉발된 전 세계적 경기 침체와 인플레이션은 사회적 혼란을 부추기면서 개혁을 더욱 힘들게 만들기 충분했습니다. 1974년 야당인 자유당은 결국 노동당이 추진하려는 개혁 추진 법안 6개의 상원 통과를 저지합니다. 결국 상, 하원 동시 해산(Double dissolution)이라는 혼란 끝에 다시 선거가 치러지고 노동당은 다시 과반을 간신히 얻습니다. 이에 다시 한 번 해당 법안을 상정하지만, 여전히 상원에서 부결되지요. 결국 상, 하원 모든 의원이 한자리에 모여 투표하는 Joint Sitting까지 가게 됩니다. 결국, 여기서 노동당은 개혁 법안들을 통과시키죠. 이런 절차 자체는 헌법에서 정한 절차를 따른 것입니다만 이에 따른 사회적 비용과 혼란은 막대할 수밖에 없었겠지요. 이런 상황에서 노동당에 치명적인 정치적 사건이 발생합니다. 바로 40억 불에 달하는 해외차관(Overseas Loan Affair) 게이트인데, 이는 정부에서 광산업 지원을 위해 해외에서 자금을 조달하려는 프로젝트였습니다. 문제는 돈을 빌리는 과정에서 약간 사기꾼 기질의 파키스탄계 브로커가 끼면서 커미션 문제 등이 발생한 겁니다. 게다가 자금 자체도 공신력 있는 국제 금융기관으로부터 빌리는 것이 아닌, 듣도 보도 못한 아랍계 오일머니를 받아 오려다 딱 걸린 사건이었죠. 이에 담당 장관들이 해임되고, 휘틀럼 정권은 결정적 타격을 받게 됩니다.

탄력받은 야당의 말콤 프레이져는 자신들이 장악한 상원을 이용해서 여당의 예산안 심의를 거절하고 조기 총선을 요구합니다. 휘틀럼 입장에서는 상황이 1년 전과는 사뭇 달라 총선에서 승리를 장담할 수 없었지요. 그러니 야당의 요구를 묵살하고 그냥 버티기 작전으로 들어갑니다. 이런다고 해결될 문제가 아님에도 이 고지식한 두 정치적 거물들은 그저 자신들의 권력을 위해 똥고집만 부리고 있었던 겁니다. 예산안 통과가 지연되자 정부는 당장 연금 및 공무원, 군인 월급조차 주기 힘든 상황에 부닥칩니다. 급한 정부는 시중은행에서 돈을 빌려보려 하지만 은행들은 가차 없이 거절합니다. 결국 정부는 돈이 말랐고, 의회는 정치적 합의를 도출하지 못하는 이른바 정치적 교착상태(Deadlock)까지

가게 됩니다. 이때 바로 유명무실한 존재처럼 보였던 총독(Governor-General) 존 커(John Kerr)가 등장합니다. 휘틀럼은 자신이 지명한(물론 형식적으로 임명은 영국 여왕님이 하십니다.) 존 커가 자신을 배신할 거라고는 믿지 않았어요. 그런데 존 커는 누구도 예상치 못했던 칼을 꺼내 듭니다. 바로 헌법에 규정되어있기는 하지만 한 번도 사용된 적이 없고, 그 후에도 사용할 일 없는 자신의 헌법적 권한을 행사해버린 겁니다. 바로 국민이 선출한 수상 휘틀럼을 날려버리고 야당 당수 프레이져에게 다음 선거까지 수상직을 임시로 맡긴 것이지요. 모두가 놀랐습니다. 국민들은 자신들이 뽑은 수상을 영국 여왕의 대리인이 해임하는 것을 보고 도저히 믿을 수 없다는 반응이었지요. 다음 총선까지 한 달 동안 사회는 극도의 혼란을 겪습니다. 결국, 선거에서 국민들은 혼란만 초래한 노동당을 버리고 자유당의 말콤 프레이져를 압도적으로 지지했습니다. 호주 정치 역사상 가장 큰 사건이자 위기였습니다. 이제 더는 이런 일은 없을 거예요. 요즘처럼 다양한 미디어들이 정치인들을 쉴새 없이 감시하는 상황에서는 여론의 힘에 압도되어 이런 정치적 치킨게임은 더욱이 불가능하겠지요. 휘틀럼은 2년 후 정계를 은퇴하고, 프레이져는 그 후 7년간 호주의 수상을 역임합니다. 그럼 총독 존 커는 어찌 되었을까요? 그는 2년간 총독직을 더 유지했지만, 그 후 호주 내에서보다는 해외에서 더 많은 여생을 보냅니다. 프레이져와 휘틀럼 이 두 거물은 권력을 놓고 서로 끝까지 가는 싸움을 했지만, 말년에는 친한 친구 사이가 되지요. 이걸 보면 그래도 옛날 정치인들이 요즘 정치인들보다는 더 넓은 아량을 가졌던 것일까요? 아니면 그저 시간이 약이었을까요?

제 23 장

밥 호크(Bob Hawke), 폴 키팅(Paul Keating) 그리고
존 하워드(John Haward)

호주는 세계로, 아시아는 호주로

1970년대 세계 경제의 화두는 단연 스태그플레이션(Stagflation)이었다. 그전까지는 경기가 좋아져서 물가가 오르면 대신 실업률은 떨어지는 게 보통이었다. 그러나 스태그플레이션은 경기가 나쁜데도 불구하고 물가가 오르는 것이었다. 결국, 이로 인해 20년 이상 지속하던 전후 경제성장은 그 끝을 보게 되었다. 그러나 불행히도 호주는 이런 사태에 전혀 준비되어있지 못했다. 1970년대는 호주에게 경제적으로 가혹한 10년이었다. 전후 20년간 잘 작동했던 구식 계획 경제 모델은 더는 쓸모가 없어 보였다. 1974~75년, 1982~83년 두 번의 극심한 경기 침체는 첫 번째는 노동당 때, 두 번째는 자유당 때 들이닥쳤다. 이를 혹독하게 경험한 양쪽 진영 모두 산업과 임금 보호 정책은 더는 작동하지 않는다는 것을 깨닫기 시작했다. 1983년 선거에서 전국 노동조합 위원장

출신 밥 호크(Bob Hawke)가 노동당을 이끌며 정권 교체에 성공했다. 그는 2인자 폴 키팅(Paul Keating)과 함께 기존의 노동당에서는 볼 수 없던 경제 개혁, 개방 정책을 추진했다.

우선 환율에 대한 정부 통제를 풀었다. 즉, 호주 달러의 변동환율제가 채택된 것이다. 또한, 금융시장을 본격적으로 해외에 개방했고, 보호 관세 장벽 또한 낮췄다. 그야말로 과감한 호주판 세계화 정책이었다. 노조 위원장 출신이 직접 노동자에게 불리해보이는 정책들을 추진했다. 그때까지 노사 간 임금 조정은 정부 차원에서 통제되고 있었다. 즉, 전국연합 노동조합이 모든 노동자를 대신해서 단체 협약에 나섰기에 그만큼 협상력도 강했고, 이 협상을 정부가 주도해서 사용자 측과 체결함에 따라 그만큼 정부 통제력과 노조의 힘이 사용자 측보다 강력했다. 밥 호크는 이를 개별 사업장 단위 협상으로 바꾼 것이다. 즉, 사용자 측에게 더욱 우호적인 개혁 방안이었다. 그러나 밥 호크는 노동자들에게 의료보험 도입과 같은 더 많은 후생 복지 정책을 약속하면서 노.사.정 대합의(The Accord)를 끌어내는 정치력을 발휘했다. 친시장 정책은 폴 키팅의 'Banana Republic' 발언으로 밀어붙였다. 키팅은 만일 호주가 계속해서 국제 경쟁을 회피한다면 결국 아시아에 위치한 경제적 속국 신세가 될 것이라는 자조 섞인 경고를 했다. 그렇지만 호크 정부는 모든 통제를 내려놓지는 않았다. 사회복지정책, 의료보험, 직장연금제도 그리고 최저임금 같은 사회 안전망은 정부의 강력한 통제하에서 추진했다. 이런 호크 정부의 경제 개혁은 1990년대 말에 와서야 진가를 발휘하기 시작했다. 1997~98년 아시아 금융위기, 2000~01년 닷컴 버블 때도 호주 경제는 거침없는 성장을 이어갔다. 결국, 호주는 당시 세계화의 위험을 과거 개혁 정책 덕분에 잘 넘겼다. 그러나 밥 호크와 폴 키팅의 노동당 정부 때(1983~1996) 추진했던 개혁 정책의 여파로 호주 경제는 당시 세계 경제 성장보다 뒤처졌었다는 점을 간과해서는 안 된다. 3보 전진을 위한 1보 후퇴였다. 이 기간 실업률은 미국보다 항상 높았고, 1990~91년 세계 경기 침체를 가장 혹독하게 경험했다. 1차 오일 쇼크가 있었던 1973년부터 1993년까지 약 20년은 어쩌면 1890년 이후 잃어버린 20년의 기시감마저 들게 했다.

과거 두 번의 경기침체(Recession), 즉 1891년 그리고 대공황 당시 호주는 스스로 외부와의 고립을 선택했었다. 그러나 호크-키팅 정부가 전과 달랐던 점은 보수 야당의 도움으로 경제를 외부로 활짝 여는 개혁을 추진했다는 점이다. 이것이 과거 두 번의 실패와는 다른 성공 요인이다. 그러나 경제 정책에 관한 초당적 협력은 이민의 문제로는 연결되지 못했다. 보수 자유당이 이제는 과거 노동당과 같은 인종적 편견을 보여줬다. 호크-키팅 정부의 개혁으로 일자리를 잃은 블루칼라 노동자들은 아시안 이민자를 향한 새로운 버전의 백호주의를 원했던 것이다. 이런 상황에서도 아시안은 1980년대 호주 이민의 물결을 주도했다. 중국인들이 본격적으로 들어오게 되는 첫 시대였다. 또한, 처음으로 가장 많은 이민자 집단 5개가 모두 먼 유럽이 아닌 호주 인근 국가들로 포진했다. 80년대 가장 많은 이민자 그룹은 우선 10만 명 이상의 뉴질랜드, 중국(홍콩 포함) 9만5천 명, 베트남 8만 명, 필리핀 6만 명, 말레이시아

4만 명이었다. 1984년 자유당(Liberal) 쪽에서 최초로 이 문제를 제기한 정치인은 앤드류 피콕(Andrew Peacock)이었다. 그는 호주가 가진 유러피언 성향이 너무 많은 아시안의 유입으로 위협받고 있다고 주장했다. 그는 아시안 이민을 줄일 것이 아니라 더 많은 유러피언 이민을 장려해야 한다고 주장했다. 이런 발언은 자신의 당내에서도 많은 반발을 불러왔고, 결국 그는 자신의 주장을 굽힐 수밖에 없었다. 그 반대의 중심에 프레이져 정부 때 재무장관을 지낸 존 하워드(John Howard)가 있었다. 그는 인종에 관한 정치적 쟁점화에 반대했다. 그런 그도 4년 후 자신의 주장을 스스로 뒤엎었다. 1988년 야당 당수가 된 존 하워드는 심지어 자신이 비판했던 앤드류 피콕보다 강한 주장을 하고 나섰다. 심지어 아시안 이민자 숫자를 줄여야 한다고 주장했던 것이다.

1980년대 여론을 살펴보면, 보수 정당을 지지하는 국민들이 노동당을 지지하는 국민들보다 이민 문제에 관한 더 큰 우려를 나타내고 있었다. 1960년대만 해도 노동당 지지자들이 이민 문제에 더 민감했었다. 그러나 노동당 내 새로운 이민 지지자 그룹이 생기면서 상황이 변했다. 이들은 주로 호주 출생 전문직과 남유럽에서 온 이민자들이었다. 반면 보수 정당 지지자들은 이민 찬성에서 반대로 돌아섰다. 미국의 트럼프 대통령을 지지했던 러스트 벨트의 백인 노동자들과 비슷한 상황이라고 보면 이해가 쉬울 것이다. 이런 상황에서 노동당의 밥 호크 수상은 자유당의 존 하워드를 아시안 이민자를 정치적으로 이용하는 포퓰리스트라고 비판하고 나섰다. 이에 하워드는 자신의 주장을 인종차별적 시각으로 판단하는 호크에 분노를 표시했다. 그는 자신의 주장은 인종적 문제가 아님을 강조했다. 단지 너무 빠르게 진행되는 아시안 이민자 유입이 가져올 사회적 변화에 우리가 얼마나 준비가 되어있느냐의 문제라는 점을 부각했다. 1989년 이 논쟁으로 하워드는 정치적으로 큰 비용을 치러야만 했다. 일단 야당 당수에서 물러날 수밖에 없었고, 훗날 하워드는 자신의 주장에 상처받은 아시안들에게 사과해야만 했다. 왜냐하면, 시드니에 위치한 그의 지역구 베넬롱(Bennelong)이 마침 한국인을 포함해 수많은 아시안 이민자들이 거주하는 곳이었기 때문이었다.

반면 같은 해 밥 호크 수상은 천안문 사태에 대한 보고를 받은 후 인도적 차원에서 중국 유학생들에 대한 연민의 정을 표시했다. 그는 당시 호주에 있던 중국인 유학생들이 원한다면 호주에 남을 수 있게 했다. 이 긴급 조치에 따라 4만 명 이상의 중국 유학생이 호주에 남을 수 있었는데, 밥 호크는 당시 존 하워드와의 논쟁으로 이 결정이 국민들 사이에서 더 쉽게 받아들여질 수 있었다고 회상했다. 중국 유학생에 관한 결정을 발표했을 당시 놀란 실무자들이 밥 호크에게 이렇게 말했다고 한다. "총리님, 이렇게 하시면 곤란합니다(Prime Minister, you can't do that)." 여기에 밥 호크의 답은 간단명료했다. "It's done." 당시 밥 호크는 정치적 책임을 지고 신속하고 단호한 결정을 내리는 진정한 지도자의 모습을 보여주었다.

1980년대 말, 밥 호크의 결단과 존 하워드가 야당 당수에서 물러남으로써 인종 문제는 더는 설 자리를 잃은 듯싶었다. 그러나 1990~91년 지독한 경기 침체는 당시 정치인들에게 다시 한 번 과거 때 묻은 인종 문제를 들춰내게끔 유혹하기에 충분했다. 그 대상은 선주민이었다.

논란의 중심은 선주민이 살던 땅에 대한 권리를 최초로 인정한 '마모 판결(Mabo Decision)'이라고 불리는 1992년 대법원 판결이었다. 당시 수상은 직전 1991년 12월 당내 Leadership Challenge를 통해 밥 호크를 밀어내고 선거 없이 수상에 오른 폴 키팅(Paul Keating)이었다. 영리한 키팅은 이 판결을 자신의 정치적 입지를 굳히는 것으로 활용했다. 취임 1년 만에 시드니 레드펀(Redfern)에서 있었던 그의 연설은 최초로 선주민에게 정부가 공식적으로 잘못을 인정하고 사과했다는 측면에서 역사상 큰 의미를 지닌다. 1993년 총선에서 힘겹게 승리한 키팅은 그 후 선주민들의 땅 찾기 운동을 적극적으로 지원했다. 이 조치는 이미 땅에 대한 법적 소유권을 가지고 있던 일반인들과 그곳에서 목축업, 광산업 등을 하고 있던 대기업 등의 강력한 저항을 받을 수밖에 없었다. 그러나 실제 선주민들이 이 조치로 자신들이 살아왔던 땅에 대한 권리를 얻는다고 해도 그것은 실질적, 경제적 권리라기보다는 명목적, 상징적 권리에 불과했다. 그러므로 기존 백인들이 가지고 있던 법적 권리가 침해받는 것도 아니었음에도 이들의 우려는 쉽게 가라앉지 않았다. 이 문제는 폴 키팅의 노동당 내에서도 강력한 반발을 일으켰다. 주로 서호주, 퀸즐랜드 아웃백 지역 출신 의원들이 반대에 앞장섰다. 그러나 반대에도 불구하고 키팅은 「선주민 토지 권리법(Native Title Act 1993)」을 밀어붙여 법률화했다.

이 문제로 노동당이 내홍을 겪는 사이 자유당(Liberal)에도 변화가 있었다. 1989년 아시안 이민자 입국을 줄여야 한다는 주장으로 자리에서 물러났던 존 하워드가 1995년 당 대표로 복귀했다. 그는 키팅이 추진했던 선주민의 땅에 대한 권리 찾기를 포함한 시장 개방과 열린 사회 정책 등 대부분의 정책에 협조했고, 아시안에 대한 자신의 과거 발언 또한 사과했다. 의외로 중국인 사회는 1996년 선거에서 존 하워드를 지지했다. 당시 호주로 온 중국인 대부분은 공산주의에 반대하는 입장이었다. 그러므로 자연스럽게 보수정당인 자유당에 가까웠다고 볼 수 있다. 반면 전체주의 파시즘이 싫어서 온 이탈리아 사람들은 주로 좌파 계열의 노동당을 지지하고 있었다. 비록 노동당이 과거 자신들을 비하하고 차별했음에도 그들은 반파시즘, 친 노동조합 성향을 나타내고 있었다.

1996년 선거는 밥 호크와 폴 키팅으로 이어진 13년간의 노동당 집권을 끝냈다. 당시 경제 상황은 1991년 리세션에서 회복하여 강하게 반등하며 성장하고 있었다. 그러나 실업률은 여전히 8%대로 높은 수준이었다. 이 시기 직장에서 쫓겨난 25만 명의 노동자들은 대부분 그 이후 다시는 그와 비슷한 직장을 갖지 못했다. 이들은 노동당에 그 책임을 물었다. 또한, 폴 키팅의 아시안 및 선주민 친화 정책으로 자신들이 피해를 봤다고 생각했다. 선거에서 승리한 존 하워드는 이들을 달래기 위해 단순히 키팅의 정책과 반대로 가지는 않았다. 선주민과 아시안 이민자에 대한 기존 정책을 유지하면서도 실업으로 고통받는 과거 노동당 지지자들을 끌어안아야만 했다. 그렇지 않으면 그들이 극보수화될 수 있기 때문이었다. 마침 노동당이 강세를 유지하던 퀸즐랜드 옥슬리(Oxley) 선거구에서 무소속의 폴린 핸슨(Pauline Hanson)이 당선됐다. 그녀는 처음에는 자유당(Liberal)의 공천을 받았지만, 선주민과 아시안에 대한 비하 발언으로 선거 직전 하워드에 의해 제명되었으나 무소속으로 나와 당선되었다. 그녀는 첫 의회 연설에서 호주가 아시안으로 덮이고 있다고 경고하면서 케케묵은 백호주의를 다시 들고나왔다. 폴린 핸슨은 현재 'One Nation'이라는 정당을 이끌면서 호주 극보수의 전형을 보여주고 있는 인물이다.

폴 키팅이 선주민 권리 찾기 운동을 정치적 탈출구로 이용했듯이 존 하워드는 총기 규제법으로 자신의 정치적 입지를 굳혔다. 1996년 태즈메이니아의 대표적 관광지 포트 아서(Port Arthur)에서 35명이 사망하고 23명이 부상당하는 최악의 총기 난사 사건이 발생했다. 이후 총기 규제에 관한 논의가 본격화된다. 보수 집단의 반대에도 불구하고 하워드는 총기 규제법을 강하게 밀어붙여 통과시켰다. 결국, 이 법은 지금까지 호주를 총기에서 안전한 나라로 만들었고, 어쩌면 하워드의 11년 재임 기간 중 최고의 업적이라고 나는 생각한다. 그러나 총기 규제법에 반대했던 극보수 폴린 핸슨의 정치적 입지도 동시에 강화되었다. 이 때문에 그녀의 고향 퀸즐랜드주는 1990년대 아시아와 유럽으로부터의 이민 물결에 올라타지 못하게 된다. 1996년까지 퀸즐랜드는 호주에서 유일하게 호주 출생 인구가 80%를 넘는 주로 남았다. 참고로 내가 봤을 때 현재 호주에서 가장 진보적 색채가 강한 주는 멜버른이 있는 빅토리아주인 것 같다. 단적인 예로, 대표적인 진보 정당이라고 볼 수 있는 녹색당(Green)은 현재 151명의 하원의원 중 단 1명을 보유하고 있다. 그 지역구가 바로 멜버른 시티다. 반대로 가장 보수적인 주는 아마도 폴린 핸슨이 있는 퀸즐랜드주일 것이다.

호주 여행 현장 가이드

호주는 여행하기에 안전한 곳인가요? 혹시 총기 소유가 가능한가요?

　한국에서 해외여행을 나가실 때 그 나라가 얼마나 안전한지 다들 관심이 많으시죠? 특히 코로나 이후 동양인을 대상으로 한 묻지 마 폭행 등이 뉴스에 나올 때면 더 그렇지요. 호주로 여행 오신 분들도 인종 차별에 따른 폭행은 없는지, 또 호주에서 총기 소유는 가능한지 등을 자주 물어보십니다. 일단 인종 차별 부분은 솔직히 아직 호주도 완전히 자유롭다고 볼 수 없겠지요. 과거에 워낙 악명 높았던 곳이기도 하고요. 그러나 확실히 말씀드릴 수 있는 것은 예전과는 다르다는 것입니다. 시드니, 멜버른, 브리즈번 등 호주 내 주요 도시를 여행해 보시면 아시겠지만, 호주의 주요 도시들은 이미 다문화, 다인종으로 바뀌었습니다. 솔직히 대도시 시내에서는 백인보다 우리 같은 아시안을 더 많이 보실 거예요. 그리고 시내에는 경찰들도 자주 순찰을 하고 있으니 너무 밤늦게 다니지만, 않으신다면 큰 문제 없다고 자신 있게 말씀드릴 수 있습니다.

　다시 총기 문제로 돌아와서요, 1996년 4월 28일 관광지 포트 아서에서 한 남성이 반자동 소총을 난사했습니다. '포트 아서의 대학살(Port Arthur Massacre)'로 악명 높은 이 사건은 당시 호주뿐 아니라 전 세계를 경악시켰지요. 세상에 대한 불만으로 가득 찼던 외톨이 한 명이 총을 가지고 저지른 이 사건은 35명의 사망자와 23명의 부상자를 낳은 호주 역사상 최악의 총기 사건으로 기록되고 있습니다.

범인 마틴 브라이언트(Martin Bryant)는 당시 28살의 평범한 백인 남성처럼 보였어요. 당시 그는 지역 신문 광고를 통해 반자동 소총을 면허 없이 살 수 있었습니다. 그의 아버지가 호바트 근처 바닷가에 숙소와 아침 식사를 제공하는 Bed & Breakfast를 구매하려는 과정에서 다른 구매자와 다툼이 있었고, 결국 그 부동산 구매에 실패하지요. 그 이후 좌절한 아버지는 실패를 거듭한 끝에 1993년 결국 자살합니다. 이에 불만을 품은 마틴은 이후 그 B&B를 구매한 사람들에 대한 불만을 계속 키웠지요. 사건 당일 아침 자신의 노란색 볼보 세단에 소총과 탄약을 가득 싣고 그 B&B에 찾아가 그들을 죽이고, 유유히 포트 아서의 관광지로 가서 관광객들에게 무자비하게 소총을 난사했습니다. 결국, 인질극 끝에 체포되었고, 그는 법정에서 '35 life sentences' 형을 선고받습니다. 이게 얼핏 들으면 35년 형으로 들릴 수 있는데 사실은 '35번의 종신형'을 선고받았다는 의미입니다. 호주의 경우 1973년 사형제 폐지 후 살인의 경우 종신형을 선고하는데요, 이 종신형의 기간은 때에 따라 다른데, 보통 30년을 전후해서 범인의 나이 등이 고려됩니다. 마틴의 경우 35명 사망자 각각의 경우에 모두 종신형을 받은 것이고 체포 과정에서 방화로 인한 살인 미수까지 더해져 실질적인 형량은 무려 1,625년 형을 받은 것이지요. 2021년 기준 25년을 복역하고 있으니, 아직 1,600년이 남은 겁니다. 이는 호주 역사상 가장 큰 형벌에 해당합니다.

사건이 있기 약 한 달 전 새롭게 정부를 구성한 존 하워드(John

Howard) 총리는 곧바로 총기 사용에 관한 법률안 개정에 착수합니다. 이런 개혁은 임기 초에 바짝 밀어붙여야겠죠. 그 덕에 어쩌면 현재 호주는 그나마 세계에서 가장 엄격한 총기 규제법을 가진 나라 중 하나가 되었습니다. 당시 연방 정부의 총기 규제에 관한 권한은 해외에서 국내로 수입되는 총기에 한정되어있었지요. 즉, 국내에서 유통되는 총기에 관한 법률은 각 주 정부에 따라 상당히 달랐던 겁니다. 가령 총기 면허 발급, 면허 발급 전 신원 조사, 소유 가능한 총기류 등에 관한 사항이 주마다 달랐다고 보시면 됩니다.

사건 직후 호주 사회는 총기 소유에 대한 찬성과 반대로 혼란스러웠습니다. 이런 상황에서 새로 집권한 존 하워드 정부는 각 주 정부들이 모두 동일한 총기 규제법을 갖게 하는 방향으로 정책을 추진합니다. 이를 통해 더는 포트 아서와 같은 비극이 없도록 하자는 것이었죠. 새로운 총기 규제법은 자동, 반자동 소총과 같이 살상력이 높은 총기의 소유를 금지했고, 총기 판매 공급자에게 최소한으로 면허를 발급해 그 숫자를 조절했습니다. 면허 취득 조건을 대폭 강화했고, 총기 보관에 관한 규정 또한 엄격히 강화했죠. 또한, 총기 소유 면허 발급 전 쿨링오프제 기간을 28일로 해서 면허 취득 후 바로 총기를 구매할 수 없도록 했고, 혹시나 문제의 소지가 있으면 그 면허 발급을 정부가 취소할 수 있게 만들었습니다. 거기에 더해 안전교육을 의무화했고, 총기 소유에 대한 정당한 사유 없이는 면허 발급 자체를 못 하도록 만들었습니다. 예를 들어 기존의 '자기 보호(Self defence)' 같은 이유는 더는 총기 보유의 정당한 사유가 되지 못하는 겁니다.

〈존 하워드 총리가 정장 속에 방탄조끼를 입은 채 야외 대중 연설을 하고 있다.〉
사진 출처: NSW 대학교 The Howard Library

하워드 수상은 이 법안을 만들기 위해 각 주를 돌아다니면서 대중을 만나 설득하는 노력을 보였습니다. 특히 빅토리아주 Sale이라는 작은 시골 마을에서 이 법안 추진에 반대하는 사람들 앞에서 연설할 때 정장 상의 안에 입었던 방탄조끼가 그 당시 살벌했던 분위기를 잘 보여주지요. 4개월 이상의 혼란과 지루한 설득 과정을 통해 하워드 정부는 결국 모든 주 정부를 설득했고, 「총기규제법(National Firearms Agreement, 1996)」을 탄생시켰습니다. 그 직후 기존 총기 회수를 위한 정부 구매(Buy Back)와 기존 불법 총기 소지에 대한 사면이 시행되었지요. 이를 통해 무려 70만 개가 넘는 총기류가 회수되었습니다. 이는 당시 전체 총기류의 약 1/3 이상으로 추정되었습니다. 다행히 이 법률 제정 이후 호주에서는 포트 아서와 같은 대규모 총기 사고는 더는 발생하지 않고 있습니다. 물론 완전히 없어진 것은 아니지만, 그래도 총기 관련 살인, 자살 사건이 눈에 띄게 감소했습니다.

최근 2020년 캐나다 노바스코샤에서 벌어진 총기 사건으로 23명이 목숨을 잃었습니다. 캐나다도 이번 사건을 계기로 호주가 했던 것과 비슷한 법 개정을 추진 중인 것으로 알고 있어요. 이렇게 해외에서 불행한 총기 사고가 발생할 때마다 호주 내 총기 반대론자들의 집회는 계속되고 있습니다. 호주는 총기 사고 면에서 우리나라만큼은 아니지만 그나마 상대적으로 안전한 나라에 속합니다. 그러나 총기 소유 찬성론자들이 대정부 로비를 지속하는 한 우리의 안전을 위해 눈 부릅뜨고 총기 관리법을 지키고 강화해 나가야겠지요.

제 24 장

21세기 다시 찾아온 경제적 호황과 난민 문제의 도전

2차 대전 이후 유럽인 이민의 물결은 주로 멜버른으로 향했다. 그러나 1980~1990년대 아시안 이민의 물결이 향한 곳은 시드니였다. 2001년 기준 호주 내 중국 출생 이민자는 2십만 명에 달했고, 이 중 절반은 시드니에 거주했다. 심지어 존 하워드 수상의 지역구인 시드니 베넬룽(Bennelong)은 호주 내 두 번째로 중국인이 많이 거주하는 지역이었다. 이제 아시안 이민자는 더는 변수가 아닌 상수일 수밖에 없다. 21세기 들어서면서 인종 문제에 있어 새로운 변수는 아프가니스탄, 이라크 등 중동 지역에서 오는 환영받지 못한 난민들이었다. 2001~2015년 사이 작은 배에 목숨을 의지해 대양을 건너온 이들의 숫자는 6만3천 명에 달했다. 한편 같은 시기 호주는 273만 명이 넘는 이민자를 받아들이고 있었다. 물론 우리 가족도 여기에 속한다.

1990~1991년 리세션을 거치면서 폴 키팅의 이민정책은 기술 이민에 초점을 맞췄다. 존 하워드 역시 이를 계승했기에 1990년대 이민자들은 직업을 찾는 데 큰 무리가 없었다. 즉, 이들은 기존 호주 시민들과 마찬가

지로 열심히 일하고 세금도 잘 내는, 다시 말해 사회에 도움이 되는 존재로 인정받았던 것이다. 물론 이들 대부분은 중국과 인도 사람들을 포함한 아시안들이었는데, 이들의 성공은 의도치 않게 중동에서 오는 난민을 향한 동정심을 약하게 만드는 쪽으로 작용했다. 왜냐하면, 번듯한 직업을 가지고 사회에 기여하는 아시안들과는 다르게 중동 난민들은 도착과 함께 정부 지원에 전적으로 의존했기 때문이다. 국민들은 설사 그들이 국제 사회가 인정하는 합법적 난민 지위를 가졌더라도 자신들의 피땀 어린 세금을 축내고 사회를 불안하게 만드는 불청객으로 여기기 시작했다. 과거 개방 개혁 정책으로 피해를 본 극보수화된 사람들은 이들을 자신들이 받아야 할 정부 지원 혜택을 빼앗아가는 경쟁자로 보기 시작했다.

사실 폴 키팅이 수상으로 있던 때(1991~96)까지는 중동 난민 문제가 거의 없었다. 이는 당시 인도네시아와 좋은 관계를 유지하고 있었기에 가능했다. 중동 난민들이 호주로 오기 위해서는 반드시 인도네시아를 경유해야만 했는데, 당시 인도네시아 정부가 이들을 대신 막아주었던 것이다. 그러나 1999년 동티모르 독립 사건 때 하워드 정부가 인도네시아 편을 들어주지 않자 양국 관계가 급속히 냉각되었고 그 후 상황은 달라졌다. 1998년 17척의 배에 200여 명의 난민이 호주에 도착했던 것에 비해 1999년 86척의 배에 3,721명의 난민이 몰려오기 시작했다. 이는 인도네시아가 더는 난민들을 막는 수고를 하지 않았기 때문이다. 2000년 들어 전년 대비 약 3천여 명의 난민이 더 들어오고 있었는데도 사실 이 문제는 크게 쟁점화되지 않고 있었다. 왜냐하면, 당시 여론을 들끓게 하던 이슈는 다름 아닌 우리의 부가가치세 개념인 GST(Goods and Service Tax) 도입 문제였다. 누구도 새로운 세금을 좋아하지 않듯이 이 문제는 도입 시도와 함께 엄청난 파장을 일으켰고, 2000년 7월 시행과 함께 2001년 11월 선거의 최대 쟁점일 수밖에 없었다. 선거를 코앞에 둔 8월 프레임 전환 차원인지는 몰라도 하워드는 난민 문제를 본격적으로 들고나왔다.

난민 문제에 관해서도 지역적 특성을 찾아볼 수 있다. 당시 난민 문제에 크게 반발했던 지역은 주로 호주 출생 비율이 높고, 실업률이 높은 지역이었다. 브리즈번 주변 퀸즐랜드 외곽지대 그리고 시드니 서쪽 시골 지역에서 특히 반대가 심했다. 반면 대부분의 대도시와 빅토리아 주는 이들을 인도적 차원에서 받아들이자는 입장이 강했다. 2차 대전 이후 본격적인 이민의 물결이 시작된 이후 이민자에게 우호적인 정책을 추진했던 쪽은 오히려 보수진영 자유당(Liberal)의 로버트 멘지스나 말콤 프레이져 였다. 둘 다 이민자의 도시 멜버른 출신이었다. 반면 존 하워드의 경우 자유당 소속 수상 중 최초의 시드니 출신이었다. 시드니는 역사적으로 유대인 이민자들에 대한 강한 반대와 1930년대 NSW 주지사를 지낸 잭 랭(Jack Lang)과 같은 종족주의 정치인을 배출했다. (잭 랭은 대공황 이후 시드니 경제를 위해 해외 채무에 대한 디폴트를 선언하려다 NSW 총독에 의해 주지사에서 쫓겨나기도 했다. 당시 랭은 해외 채무를 변제할 돈으로 국내 경제를 우선 살려야 한다는 입장을 고수했는데, 만일 그의 주장대로 디폴트를 선언했다면 아마도 호주는 국제적 신뢰를 잃어 오히려 이후 경제 성장에 악영향을 미쳤을 것이다.) 반면 멜버른은 유대인 출신 난민 시드니 마이어(Sidney Myer – 마이어 백화점의 창업자이자 멜버른 보타닉 가든 내 위치한 최고의 야외 음악 공연장인 시드니 마이어 홀 역시 그의 기증으로 만들어진 것이다.)가 사업적으로 성공한 곳으로 그는 지금까지도 호주인들의 사랑을 받고 있다.

난민 문제에 관한 하워드 수상의 입장은 단호했다. 이에 자신의 정치적 선배인 말콤 프레이져 마저 그를 비판했고, 프레이져는 결국 자유당에서 탈당해버린다. 이런 와중에 하워드에게 정치적 동아줄이 내려왔다. 2001년 8월 템파(Tampa)라는 이름의 노르웨이 선박이 호주와 인도네시아 사이 바다에서 표류하던 난민선을 구출하는 사건이 발생했다. 이들은 433명의 아프가니스탄 출신 난민들로 인도네시아를 떠나 호주로 오던 중 조난를 당했던 것이었다. 난민들은 호주 본토 밖에 있는 호주령 크리스마스 섬(Christmas Island)으로 가서 그곳에서 난민 신청을 원했다. 당시 노르웨이 선박의 선장은 이들을 인도적 차원에서 돕고자 했다. 그러나 하워드는 난민들을 인도네시아로 돌려보내려 했다. 결국, 해안 경비대를 출동시켜 호주 해역으로 들어온 노르웨이 선박을 강제로 나포했다. 이는 노르웨이와 외교적 마찰까지 일으켰다. 또한, 인도네시아와도 외교적 실랑이가 벌어졌고, 결국 호주 북동쪽 태평양 한가운데 있는 작은 섬나라 나루(Nauru)의 수용소로 이들을 보냈다. 하워드 수상은 무작정 배를 타고 불법적으로 오는 난민은 수용하지 않겠다는 의지를 천명한 것이다. 하워드는 이 사태를 자국 주권의 문제라는 정치적 프레임으로 만들었다. 얼마 후 미국에서 9/11 사태가 터지고, 호주 국민들 사이에서는 아프가니스탄 출신 난민들을 테러리스트와 동일시 하는 현상이 발생했다. 사실 이들은 탈레반으로부터 도망쳐 온 사람들인데도 말이다. 당시 선거 유세 중 존 하워드의 연설은 지금도 해안선에 환영받지 못할 배가 뜰 때마다 TV 뉴스에 자주 등장한다. "We will decide who comes to this country and the circumstances in which they come", 즉 불법으로 배를 타고 호주 입국을 시도하는 난민을 받아들이는 데 있어 호주 정부가 주체적으로 판단하여 결정할 것이라는 의미다. 주권 국가로서 국경을 스스로 지키겠다는 의지의 표명이라고 볼 수도 있지만, 인도적 차원에서는 너무나 가혹했다는 비판에서 벗어날 수 없었던 발언임은 분명하다. 그러나 9/11사태로 촉발된 안보 위기 속에 치러진 2001년 11월 선거는 GST 도입 문제로 인기를 잃어 가던 존 하워드를 극적으로 살려냈다.

2001년은 호주 연방 탄생 100주년이 되던 해였다. 부동산 시장은 과열 양상을 보였고, 정부는 지금까지 잘 나가던 경제가 혹시나 잘못되지 않을까 고심했다. 비록 2001년 닷컴 버블 붕괴로 촉발된 위기는 모면했지만, 국내 자산 가격 버블 문제는 여전히 고민거리였다. 거품 붕괴 위험은 중앙은행이 적절히 금리를 올리면서 통제되었고, 당시 부상하던 중국은 호주의 새로운 성장 동력이 되기에 충분했다. 21세기 들어 호주 경제가 호황을 누리게 되는 데는 독특한 두 가지 요인이 있었다. 첫 번째는 광물자원이다. 중국과 인도가 전 세계 경제의 성장 엔진이 되자 호주의 철광석과 석탄은 과거 골드러쉬 때의 금과 같은 역할을 하게 된다. 이에 따라 1850년대 골드러쉬 이후 최고 수준의 경상수지 흑자를 달성했다. 그렇지만 광산업은 대도시와 멀리 떨어진 곳에서 진행되고,

고용 측면에서도 약 2.5% 수준밖에 차지하지 않기에 사회 변화에 큰 역할을 하지는 못했다. 실제로 호주로 사람들이 몰려오게 만든 것은 두 번째 요인인 교육산업이었다. 중국, 인도 등에서 몰려든 유학생들은 학업을 마치고 호주에 정착하는 경우가 많았다. 1999~2003년 사이 5년 동안 이민자의 숫자는 6십만 명 증가했지만, 그사이 공부를 마친 유학생들이 이민을 결정했던 2004~2008년 사이 그 숫자는 1백만 명을 넘어섰다. 이민자 증가세가 이어지자 호주는 2010년 이후에도 성장을 계속할 확률이 높아졌다. 2008년 세계 금융위기 속에서도 이민자 증가와 광산업 호황이라는 백신을 맞은 호주는 그 위기를 피해 나갔다.

미국에서 시작한 금융위기는 호주가 이미 1890년대 겪은 거품 붕괴와 비슷했다. 사람들은 부동산 가격이 계속해서 오를 것이라는 희망 속에 감당하지도 못할 빚을 지고 있었다. 당시 여의도 투자금융사에서 일하며 이 사태를 현장에서 직접 경험했던 내가 보는 2008년 세계 금융위기는 한마디로 인간의 욕심이 낳은 재앙이다. 모기지(Mortgage) 은행은 상환 능력도 없는 사람들에게 돈을 빌려주고 보너스를 챙겼다. 그리고 그 부실 채권을 굴지의 투자은행으로 넘긴다. 그 투자은행은 부실 채권을 모아 파생상품이라는 금융공학적 마술을 부려 부채담보부증권 CDO(Collateralized Debt Obligation)라는 멋진 이름의 금융상품을 만들어낸다. 그러면 다시 보너스에 목마른 채권평가기관들은 월가의 투자은행들을 믿고 AAA 등급이라는 도장을 찍어준다. 투자은행의 직원들은 이를 시장에 되팔아 또 막대한 보너스를 챙겼다. 이러한 시스템은 인간의 끝 없는 탐욕(Greed)을 자극하기에 충분했다. 그렇게 우리는 위험을 계속해서 다른 사람에게 전가하며 곧 무너질 탐욕의 바벨탑을 쌓았던 것이다.

다행히 호주의 금융 시스템은 나름 미국보다는 잘 관리되었다. 그 덕에 서구 선진 금융 시스템이 무너질 때 호주는 버틸 수 있었다. 앞서도 언급했지만, 여기에 중국 경제의 영향을 빼놓을 수는 없다. 일부에서는 2008년 호주는 중국 경제가 하사한 산소호흡기 덕에 살아남았다고 한다. 그 영향이 매우 큰 것은 사실이지만 꼭 그것만이 전부는 아닐 것이다. 호주 중앙은행은 2000년 초반부터 꾸준히 금리를 올려 거품 붕괴에 대비한 금리 버퍼를 만들어 놓았다. 결국 위기에서 금리 조절 정책을 충분하고 과감하게 쓸 수 있었다. 기준 금리를 2001년 12월 4.25%에서 2008년 8월 7.25%까지 올려놓았고, 그 후 8개월 만에 3%까지 낮출 수 있었다. 당시 거의 제로 금리에 근접했었던 미국에 비해 호주는 상당한 금리 버퍼를 가지고 있었다고 볼 수 있다. 그뿐만 아니라 호주는 직전 존 하워드 정부 때 충분한 흑자 재정을 달성해놓은 상태였다. 그 덕에 후임자였던 노동당의 케빈 러드(Kevin Rudd) 수상은 신속한 현금 지급 등 경기 부양책을 쓸 수 있었다. 당시 우리 가족의 계좌에도 900달러 정도의 현금이 그냥 들어왔던 기억이 있고, 이는 호주 시민이나 영주권자가 아니더라도 세금을 내는 사람이라면 누구나 받았던 것이었다. 정책 담당자들은 만약 이러한 과감한 재정정책을 추진하지 못했다면 아마도 리세션에 빠졌을 것이라고 회고하면서 중국의 산소호흡기 논리에 선을 그었다. 또한, 당시 호주의 은행들은 튼튼했다. 정부에서도 즉각적으로 은행의 지급을 보증했고, 이에 예금주들이 은행으로 달려가는 모습은 전혀 없었다. 또한, 호주는 이미 미국이나 유럽보다는 아시아 경제에 말뚝을 박아놓은 상태였기에 미국, 유럽발 위기에서 더 안전할 수 있었다. 여기에 지속적인 이민자 증가도 중요한 요인이었다. 2009~2013년 5년간 110만 명의 이민자가 증가했다. 내 기억에도 당시 한국에서 호주로 사업 비자를 받아 이민 오는 경우를 많이 봤었다. 만일 호주가 과거처럼 폐쇄되고 통제된 경제 시스템을 계속 가지고 있었다면 아마도 21세기 광산 붐은 인플레이션 유발과 함께 호주 경제를 나락으로 빠뜨렸을 것이다. 그러나 소비자들은 2010년경의 호황을 물가 하락으로 느낄 수 있었다. 세계 철광석 가격의 폭등은 광산 붐을 주도했고, 무역수지 흑자를 이어갔다. 그에 따라 호주 달러도 강세를 유지했다. 2021년 현재 호주 달러 환율은 약 860원 정도이지만 2012년 당시에는 미국 달러보다도 강한 최고 1,216원까지도 갔었다. 덕분에 중국에서 들어오는 각종 수입품의 가격이 더욱 싸게 느껴졌던 것이다. 간단한 예로 설명하자면, 2005년 철광석을 실은 배 한 척이 벌어온 돈으로 수입산 TV 2,200개를 살 수 있었다면, 5년 후 2010년에는 그보다 10배 많은 22,000개를 살 수 있었던 것이다.

AUSTRALIA'S TOP 25 EXPORTS, GOODS & SERVICES (a)
(A$ million)

Rank	Commodity	2017-18	2018-19	2019-20	% share 2019-20	% growth 2018-19 to 2019-20	5 year trend
	Total (b)	**403,391**	**470,810**	**475,240**	**100.0**	**0.9**	**9.4**
1	Iron ores & concentrates	61,392	77,520	102,864	21.6	32.7	14.1
2	Coal	60,379	69,595	54,620	11.5	-21.5	12.2
3	Natural gas	30,907	49,727	47,525	10.0	-4.4	28.6
4	Education-related travel services (c)	32,602	37,824	39,661	8.3	4.9	14.1
5	Gold	19,293	18,867	24,394	5.1	29.3	10.1
6	Personal travel (excl education) services	21,332	22,450	16,368	3.4	-27.1	-0.9
7	Beef, f.c.f.	7,963	9,476	11,258	2.4	18.8	4.5
8	Aluminium ores & conc (incl alumina)	9,448	11,358	8,875	1.9	-21.9	8.6
9	Crude petroleum	6,506	8,494	8,568	1.8	0.9	5.8
10	Copper ores & concentrates	5,700	5,969	6,854	1.4	14.8	6.8
11	Professional services	5,196	5,591	6,107	1.3	9.2	4.0
12	Telecom, computer & information services	4,219	5,050	5,909	1.2	17.0	15.8
13	Financial services	4,569	4,967	5,696	1.2	14.7	8.0
14	Meat (excl beef), f.c.f.	4,526	5,151	5,520	1.2	7.2	9.0
15	Technical & other business services	4,436	4,714	5,154	1.1	9.3	6.7
16	Wheat	4,652	3,657	3,847	0.8	5.2	-8.4
17	Aluminium	4,096	4,248	3,761	0.8	-11.5	1.1
18	Other ores & concentrates	3,140	3,523	3,678	0.8	4.4	-3.2
19	Pharm products (excl medicaments)	1,583	2,954	3,631	0.8	22.9	42.8
20	Copper	2,891	3,939	3,433	0.7	-12.8	0.9
21	Alcoholic beverages	3,111	3,374	3,265	0.7	-3.2	9.6
22	Medicaments (incl veterinary)	2,343	2,628	2,912	0.6	10.8	9.1
23	Edible products & preparations, nes	3,007	2,944	2,757	0.6	-6.3	16.2
24	Other transport services (e)	2,828	2,898	2,656	0.6	-8.4	0.6
25	Fruit & nuts	1,880	2,422	2,523	0.5	4.2	12.0

〈호주 외교통상부 자료〉

철광석 이야기가 나온 김에 호주의 주요 먹거리 산업에 대해 잠깐 살
펴보고자 한다. 호주에 여행 오신 분들이 자주 질문하는 것이 "호주
는 도대체 뭐로 먹고 사냐?"는 것이다. 우리나라의 삼성이나 현대와 같
은 눈에 띄는 세계적인 기업이 없다 보니 잘 사는 나라인 것은 분명한
데 그 원천이 무엇인지 궁금해하는 것이다. 대부분 관광이나 유학 산업
을 떠올리는데, 사실은 땅 파서 먹고 사는 광산업이 주요 수출 산업이
다. 전체 수출에 차지하는 비율로 보자면 철광석이 1위로 전체 수출의

21.6%, 그다음으로 석탄(11.5%), 천연가스(10%), 유학 관련(8.3%), 금 (5.1%), 여행(3.4%), 소고기(2.4%) 순이다. 시쳇말로 한국과 달리 땅을 파면 먹을 게 나오는 나라다. 그중 철광석은 세계에서 가장 많은 양이 묻혀있으며 전 세계 생산량의 절반 정도는 호주에서 공급한다. 물론 한 국은 중국, 일본, 인도와 더불어 철광석의 가장 큰 수요처이다. 그러다 보니 BHP, Rio Tinto, Fortescue 같은 호주의 광산 기업이 우리로 보 자면 삼성이나 현대인 것이다.

2010년 당시 총리 케빈 러드(Kevin Rudd)는 천연자원을 통해 천문 학적 수익을 내던 광산 기업으로부터 세금을 더 거두어 혜택을 모든 국 민들에게 돌리고자 새로운 세금을 도입했다. 일명 'Super Profits Tax' 로 불렸던 이 세금 도입에 대부분 국민들은 찬성했다. 천연자원은 호주 국민 모두의 것이므로 광산기업의 지나친 폭리는 부당하다는 명분이었 다. 그러나 거대 광산기업들은 당연히 반대했다. 이들이 가진 자본과 로 비력은 상상을 초월했다. 심지어 프라임 시간대 TV 캠페인을 통해 이 세금의 부당성을 알리면서 정부와 맞섰다. 결국, 케빈 러드 총리는 이 문제로 노동당 내 리더십 챌린지를 통해 줄리아 길라드에게 쫓겨났다고 볼 수 있다. 거대 기업이 정치 권력을 밀어낸 것이다. 땅 파면 돈이 나오 는 나라, 그러면서도 '자원의 저주(Resource Curse)'에 쉽게 빠지지 않 은 나라가 바로 호주다.

모두가 부러워할 만한 경제 성장을 거듭하던 호주는 2009년 다시 난 민 문제로 정치적 혼란이 야기된다. 2001년 하워드의 난민 정책 '퍼시

픽 솔루션(Pacific Solution - 배를 타고 오는 불법 난민들을 해상에서 나포해 남태평양의 작은 섬 나루(Nauru)의 수용소로 보내 호주 본토로의 입국을 사전 차단했던 정책)' 덕분에 호주 해안선에는 8년 가까이 난민선이 보이지 않았다. 그러나 78명의 스리랑카 난민을 태운 배가 크리스마스 아일랜드로 들어오면서 묵었던 문제가 다시 터져 나왔다. 침몰 위기에 빠진 이 난민선은 호주 해군에 의해 구조되어 인도네시아로 되돌려질 운명이었다. 그러나 이 배의 난민들은 완강히 거부했다. 당시 수상 케빈 러드는 금융위기를 슬기롭게 극복했다는 평을 받고 있었지만, 이 난민 문제에 대해서는 주춤했다. 난민들과 정부의 대치는 한 달 가까이 계속되었고, 결국 케빈 러드 정부는 이들 난민을 받아들였다. 이 결정은 인도네시아와의 외교 관계를 적극적으로 고려할 수밖에 없었기 때문이었다. 인도네시아는 더는 호주가 원하지 않는 사람들을 받아주는 난민 처리장이 되고 싶지 않았던 것이다. 정부 입장에서는 아시아권에서 중국, 인도에 이은 인구 대국이며, 경제적으로도 급성장하는 이웃 인도네시아를 자극하는 것이 외교적, 경제적 실익이 없다고 판단했다. 그러나 여론의 비판은 지난 2001년보다 더 가혹했다.

러드 정부는 새롭고 확실한 난민 정책이 필요했다. 그래서 등장한 것이 'PNG Solution'이다. 이는 과거 하워드의 'Pacific Solution'보다 오히려 더 강력했다. 기존 정책은 태평양의 가난한 작은 섬나라 나루(Nauru)나 파푸아 뉴기니(PNG)에 난민 수용에 필요한 비용을 호주 정부가 지급하면서 그곳에서 난민 신청 절차를 진행했다. 그리고 난민으로 판정을 받는 경우 호주나 뉴질랜드로의 입국이 허용되는 시스템이었다. 그러나 러드의 새로운 정책은 파푸아뉴기니(PNG)나 캄보디아에 호주 정부가 돈을 줘서 난민들에게 새로운 삶의 터전을 마련해준다는 것이었다. 다시 말해서 합법적 난민조차도 이제는 호주로 결코 입국할 수 없게 만들었다는 것이다. 그 후 2013년 보수 연립정당의 토니 에봇(Tony Abbott)이 노동당으로부터 정권을 찾아온 후 무작정 배를 타고 호주로 오는 보트 피플에 대한 정책은 '오퍼레이션 소버린 보더스(Operation Sovereign Borders)'로 명명했고, 지금까지 유지되고 있다. 이는 군사 작전으로 과거 'Pacific Solution'과 흡사하다. 결국, 보수 정권이 들어오면서 환영받지 못하는 배의 숫자는 거의 제로에 근접했다. 유난히 긴 해안 국경을 가진 호주는 국경 통제(Border Control)에 극도로 민감한 것이 사실이다. 현재 호주는 합법적이고 인도주의적인 난민 수용 정책에서는 나름 제 역할을 하고 있지만, 무작정 배를 타고 바다를 건너는 불법 난민들을 수용하는 측면에서는 한없이 야박한 나라이기도 하다.

2010년대 호주 국민은 난민을 구분해서 보기 시작했다. 정식 법적 절차를 거쳐오는 난민과 배를 타고 무작정 들어오는 난민을 다른 눈으로 봤다. 게다가 당시 배를 타고 오는 난민들은 대부분 무슬림이었기에 호주 사회 내 이들에 대한 반감도 일어나기 시작했다. 호주 내 무슬림에 대한 의심의 눈초리는 2015년 수상 토니 에봇의 TV 발언에서도 찾아볼 수 있다. 1차 대전 당시 빌리 휴스(Billy Hughes)에 버금가는 도발적 수상으로 평가받던 그는 공영방송에 나와 무슬림 사회에 대한 편견을 그대로 보여줬다. 그는 이렇게 말했다. "나는 서방 사회의 리더들이 무슬림을 '평화의 종교'라고 하는 말을 자주 듣는다. 나는 무슬림의 리더들이 그 말을 더 자주 했으면 한다. 진심으로!" 최근의 무슬림 혐오와 관련해서 호주 사회도 예외라고 할 수 없겠지만, 그나마 무슬림과 화합하는 사회를 이룰 수 있는 곳 또한 호주 사회라고 생각한다. 호주는 역사적으로 다른 종교와 민족 간 불화를 넘어 화합의 사회를 만든 경험이 있다. 영국과 아일랜드, 유럽과 아시아, 2차 대전 적국이었던 이탈리아와 그리스, 1979년까지 전쟁을 치렀던 중국과 베트남 등 지금까지도 서로 화합하면서 평등과 다양성의 인정이라는 가치 속에 안정적 다문화 사회를 유지했다. 아직 어떤 이민자 민족 그룹도 경제적으로 절대적 가난의 위치에 놓이지 않았다. 빈곤, 건강, 교육 등 모든 면에서 평균 이하의 성취를 보이는 유일한 집단은 선주민 사회다. 그리고 선주민을 제외하고 가장 열악한 그룹은 아마도 호주 출신 백인 싱글맘일 것이다.

제 25 장

21세기 호주의 새로운 도전

누구나 살고 싶은 유라시아(Eurasia) 국가 건설

1881년 영국의 한 식민지 퀸즐랜드의 상황은 현재 호주라는 나라의 미래를 들여다볼 수 있는 좋은 예다. 당시 퀸즐랜드에는 유럽인보다 아시안 이민자가 더 많았다. 19세기 후반 이런 다양성은 백인 노동자들의 천국을 만들고 싶었던 호주 건국의 아버지들에게는 두려움 그 자체였고, 그 두려움이 바로 백호주의를 탄생시킨 원인이었다. 역설적이게도 오늘날 19세기 말 퀸즐랜드가 보여줬던 인종의 다양성은 퀸즐랜드를 제외한 호주 모든 주에서 나타나고 있다. 아시아 출신 인구는 전체 인구의 약 10%를 차지하면서 가장 큰 이민자 그룹을 형성했다. 빅토리아주와 NSW주는 평균보다 높은 12% 수준이고, 반면 퀸즐랜드는 6% 미만이다. 시드니는 이미 중국인들이 영국 출신을 제치고 가장 큰 이민자 그룹을 형성했고, 멜버른은 인도와 중국 출신 이민자들이 영국 출신보다 더 큰 그룹을 형성하고 있다. 1947년 전체 인구의 10% 수준을 차지했던 이민자는 1970년대 22%, 1999년 23%, 2014년 28%, 2020년 30% 수준을 형성했다. 이는 인구 증가와 함께 높아진 비율이기에 그만큼 많은 이민자가 유입되었다고 볼 수 있다. 2020년 기준 전체 이민자 중 아시안은 약 40%, 영국, 뉴질랜드, 남아공, 이탈리아 등 백인 그룹이 약 35% 이상을 차지하고 나머지는 다양한 국가들로 구성된다. 참고로 호주 내 한국 출생 인구는 약 11만 명 수준이다.

호주 내 대도시 지역 이민자 비율은 평균 40% 내외로 전체 이민자 비율 30% 수준보다 더 높다. 게다가 대도시 시내(CBD) 지역을 살펴보면 이민자 비율은 약 70% 수준을 보인다. 이렇게 도심 내 해외 출생자 비율이 높은 이유는 유학생들이 많기 때문이다. 최근의 추세를 비춰볼 때 이들 중 상당수는 아마도 호주에 남을 확률이 높아보인다. 현재 호주로 오는 이민자의 경제적, 교육적 수준 또한 상당히 높다. 주변 아시아 지역의 경제가 급속히 발전하면서 그 나라의 중산층 이상의 엘리트들이 인구과밀, 환경오염 등을 피해 더 나은 삶을 찾아오고 있기 때문이다. 현재와 같은 추세로 이민자를 받아들인다면 호주 인구는 2050년경 약 3천8백만 수준이 될 것으로 전망된다. 이제 이민정책은 더는 정치인들이 자의적으로 조절할 수 있는 문제가 아니다. 호주 경제가 튼튼하고 사회가 계속해서 높은 삶의 질을 유지한다면 이민자들의 행렬은 계속될 것이다. 그러나 그들이 환영받지 못한다고 느끼면 오지 않을 것이다. 그들의 빈자리는 경제적으로 수요와 생산의 감소 그리고 사회적으로는 창조적 에너지의 축소로 귀결될 것이다.

그렇다면 호주의 정치 시스템은 이민자에 의한 급속한 사회, 경제적 변화를 잘 따라가고 있는 것일까? 2013년 자료에 의하면 전체 상.하원 연방의원 중 이민자 비중은 약 12% 수준이다. 게다가 이 중 절반 정도는 영국이나 뉴질랜드 출신이다. 아시아계는 인구수보다 극히 적은 것이 현실이다. 이와 같은 정치에서의 인종적 다양성 부족은 반드시 시정되어야 할 문제라고 생각한다. 사실 다양성의 부족은 정치 분야뿐만은 아니다. 정부 기관, 언론, 노동조합 등 아직도 많은 부분에서 아시안들의 입지는 넓지 못하다. 물론 아시안 이민 2세대를 중심으로 변호사, 의사, 회계사 등 전문직 종사자들이 늘고 있는 것도 사실이다. 다행히 진정한 다문화주의에 어울리는 인종적 다양성을 늘리기 위한 노력은 계속되고 있다. 정부 기관이나 대기업 등의 채용 안내문을 보면 이런 분위기를 읽을 수 있다. 선주민을 포함한 다양한 백그라운드를 가진 사람들을 찾고 있다. 나와 같은 이민 1세대에게는 언어적, 문화적 장벽이 분명히 존재한다. 아무리 노력해도 넘을 수 없는 그 벽이 아직은 존재한다. 그러나 여기서 교육받고 자란 2세대들에게는 분명 다른 세상이다. 2차 대전 이후 이민 온 그리스, 이탈리아 이민자들의 자녀들이 지금은 호주 주류 사회의 일원이 되었듯이 아시안 이민 2세들도 조만간 그렇게 될 것이다. 주류 사회의 인종적 다양성이 확보되는 시점이야말로 호주에서 진정한 다문화주의가 완성되는 때라고 생각한다.

영국 시사주간지 『이코노미스트』는 매년 '세계에서 가장 살기 좋은 도시'를 발표한다. 호주의 주요 도시들은 언제나 상위권에 오르고 있다. 심지어 내가 사는 멜버른은 2011년부터 7년 연속으로 1위 자리를 지

컸다. 그러나 오래 가지 못할 것이라는 예상은 이미 하고 있었다. 결국 2018년 오스트리아 빈에 1위 자리를 내주었고, 2021년에는 8위까지 하락하고 말았다. 물론 아직은 상위 10개 도시 중 호주 주요 도시 4곳이 들어있다. 그러나 이민자 증가와 장기적 도시계획 부족은 지금은 살기 좋은 호주의 주요 도시들에는 분명한 도전이자 위협이다. 교통체증은 이미 시작되었고, 버스나 지하철 같은 대중교통 수단은 너무나 부족하다. 멜버른에 13년밖에 살지 않은 나도 도시 내 급격한 인구 증가에 따른 사회적 인프라 부족을 충분히 느낄 수 있다. 미래를 향한 장기적, 건설적 토론이 필요한 시점이다. 그러나 최근 들어 더욱 짧아진 지도자들의 정치적 수명과 미디어의 단발적 관심 등이 장기적 도시계획 수립을 불가능하게 만들고 있다. 2010년 캐빈 러드가 'Big Australia'를 주창하고 나왔을 때만 해도 마찬가지였다. 캐빈 러드 자신의 내각에서조차 미친 소리라는 반발이 나왔다. 즉, 이러한 장기적 미래를 향한 정치적 제안이 받아들여지는 분위기가 안 되었던 것이다. 사회적 인프라가 부족해졌으니 이민자를 줄여야 한다는 목소리가 힘을 얻어서는 안 된다. 정부가 제대로 된 장기 계획을 세우고 이를 꾸준히 실천할 때만이 호주의 주요 도시들은 지금보다 더 활기차고 문화적 다양성을 지닌 누구나 살고 싶은 도시로 남을 수 있을 것이기 때문이다.

에필로그

20세기 초 호주는 유럽인들에게 새로운 세상이었다. 아일랜드를 대표하는 작가 제임스 조이스의 『더블린 사람들』에 나오는 '이블린'은 멜버른으로 떠난 아버지 친구의 이야기를 들으면서 답답한 현실에서 벗어나고 싶어 했다. 결국, 프랭크라는 남자를 만나 그가 정착한 부에노스아이레스로 몰래 떠나려 한다. 그러나 그녀는 떠나는 배 앞에서 결국 새로운 삶을 포기한다. 왜일까? 그녀는 자신이 그토록 싫어하던 현실에 마비되어있었기 때문이다. 어쩌면 우리는 모두 '이블린'과 크게 다르지 않다. 삶이라는 무거운 족쇄가 일상이라는 이름으로 우리를 마비시키고 있다.

그럼 어쩌란 말인가? 일상을 버리란 말인가? 진정한 자유를 위해 모든 것을 버릴 수 있는 용기가 있다면, 한 번뿐인 인생, 솔직히 그리스인 조르바처럼 살아보고도 싶다. 그러나 그럴 수 없는 것이 또한 현실 아닌가? 그래서 우리는 책을 읽고, 영화를 보고, 여행을 한다. 잠시나마 일상을 벗어나 전지적 작가 시점으로 나를 볼 수 있는 실현 가능한 선택이기 때문이다. 떠나야 한다! 가능한 한 자주 그리고 멀리! 낯선 공간을 새로운 시각으로 만나야 일상에 마비된 우리의 감각을 깨울 수 있다.

호주에서 여행 가이드로 일하면서 아쉬운 점이 있다. 그것은 호주라는 나라가 가진 문화적 자산의 상대적 빈약함이다. 가령, 러시아는 톨스토이, 도스토옙스키의 문학이 있고, 스페인은 벨라스케스, 피카소 등의 미술이 있다. 또한, 이탈리아는 고대 로마의 역사와 유적, 르네상스를 대표하는 건축물들이 있듯이, 이들 구세계에 속한 나라들은 그들만의 문화와 역사의 이야깃거리가 풍부하다. 그러나 기록된 역사가 짧은 신세계 호주는 그만큼 한국 여행객의 관심을 끌 만한 강력한 스토리가 없다. 그러기에 호주 여행의 포커스가 주로 자연경관을 즐기는 휴양의 개념에 맞춰지는 것 또한 받아들일 수밖에 없다.

이런 상황에서 호주 여행에서만 얻을 수 있는 색다른 시각을 찾기 위해 고민했다. 이 책을 쓴 이유이기도 하다. 우선, 호주 선주민들이 가진 독특한 문화와 그들이 겪었던 역사적 비극이다. 또한, 유럽인으로 대표되는 비 선주민들이 수만 년간 유라시아 구세계와 동떨어진 이곳으로 어떻게 찾아와 현재의 모습으로 변모시켰는지를 살펴보았다. 그 과정에서 겪었던 인종차별과 반목의 역사 그리고 그 모든 역경을 뚫고 결국, 세계에서 가장 살기 좋은 나라로 탈바꿈한 호주만의 스토리를 찾고 싶었다. 선주민을 제외한 호주인 모두는 이민자거나 그들의 후손이다. 즉, 더 나은 삶을 찾아 고향을 떠나온 사람들이다. 그래서 호주인들은 행복한 삶을 위해 누구보다 더 노력했을 것이다. 그래야 이곳까지 온 정당성을 찾을 수 있었을 테니 말이다.

그렇다고 여행자만을 위한 책은 아니길 바란다. 2021년 한국과 호주의 관계는 모든 면에서 이미 떼려야 뗄 수 없을 정도로 강화되고 있다. 인적, 물적 교류가 증대되는 이 시기에 호주에 대한 이해의 폭을 넓히는데, 이 책이 조금이나마 도움이 되길 기대한다. 또한, 이 책을 준비하면서 한 가지 바람이 더 있었다. 2019년 기준, 약 750만 명의 재외 교포들이 전 세계에 흩어져 살고 있다. 이 정도면 웬만한 나라 하나는 거뜬히 세울 수 있는 규모다. 더 넓은 세상을 한국인의 눈으로 이해한다는 차원에서, 해외에 사는 한국인이 자신의 경험을 바탕으로 쓴 그 나라에 관한 다양한 소개서가 더 많이 나왔으면 좋겠다. 어쩌면 해외 각 나라에 사는 한국인 이야말로 그곳에 관한 가장 훌륭한 정보원이 아니겠는가?

바이러스 하나가 세상을 멈춰 세웠다. 멜버른에 살면서 260일이 넘는 세계 최장기 락다운을 경험했다. 모두가 마찬가지겠지만, 이제는 어떤 생활이 정상이고, 비정상인지 헷갈릴 정도다. 사실 울룰루를 포함해 내가 직접 여행을 하면서 현장감 있게 책을 구성하고 싶었지만, 락다운으로 그렇게 하지 못한 아쉬움이 크다. 부족한 부분은 앞으로 유튜브를 통해 계속 채워나갈 계획이다. 그래도 코로나 덕분에 바쁘다는 핑계로 생각만 하고 실천하지 못했던 이 책을 이렇게나마 마무리할 수 있었다. 버킷 리스트 중 하나를 마쳤으니 이 기간이 허송세월만은 아니었다고 믿고 싶다. 일상은 회복될 것이다. 그리고 멀지 않은 시점에 여행객들을 다시 만날 것이다. 호주를 보는 새로운 시각을 여러분께 드릴 수 있기를 고대한다.

그렇다! 여행을 꿈꾸고 준비한다면, 이미 그 여행은 시작한 것이다. 낯선 곳에서 느껴지는 심장의 쫄깃한 긴장감! 여행을 통해 우리는 세상을 배운다. 그리고 여행이 끝나는 곳에서 삶은 새롭게 시작한다.

2021년 11월

호주 멜버른

동네 도서관에서

참고문헌

⟨The Making of Australia⟩ David Hill, 2014, Penguin Random House

⟨Australia's Second Chance⟩ George Megalogenis, 2015, Penguin Random House

⟨Australia - A Cultural History⟩ John Rickard, 2017, Monash University Publishing

⟨The Fatal Shore⟩ Robert Hughes, 2003, Vintage

⟨Why Australia Prospered⟩ Ian W. McLean, 2013, Princeton University Press

⟨The Australian Moment⟩ George Megalogenis, 2016, Penguin Random House

⟨Still Lucky⟩ Rebecca Huntley, 2017, Penguin Random House

⟨Immigration Nation⟩ 다큐멘터리, 2011, 호주 공영 방송 SBS

⟨First Contact⟩ 다큐멘터리, 2014, 호주 공영 방송 SBS

⟨First Australian⟩ 다큐멘터리, 2008, 호주 공영 방송 SBS

⟨중국의 조용한 침공⟩ 클라이브 헤밀턴, 김희주 역, 2021, 세종서적

⟨거대한 전환⟩ 칼 폴라니, 홍기빈 역, 2009, 도서출판 길

⟨미국사 다이제스100⟩ 유종선, 2012, 가람기획

⟨사피엔스⟩ 유발 하라리, 조현욱 역, 2015, 김영사

⟨임페리얼 크루즈⟩ 제임스 브래들리, 송정애 역, 2010, 프리뷰